국가폭력과 유해발굴의 사회문화사

'빨갱이'가 된 인간의 뼈, 그리고 유해발굴

국가폭력과 유해발굴의
사회문화사

노용석 지음

산지니

아직까지 구천을 떠돌고 있는 많은 피학살자 영혼들을 위해
이 책을 바칩니다.

머리말

장면 1

2015년 2월 23일, 여러 개의 시민사회단체로 구성된 '한국전쟁기 민간인 학살 공동조사단'(이하 공동조사단)은 대전시 동구 낭월동 일대의 '대전형무소 재소자 학살지'에 대한 유해발굴을 시작하였다. 발굴이 시작될 때 수십 명의 사람들은 포클레인의 땅파기 광경에 집중하고 있었다. 포클레인의 삽이 땅을 파헤칠 때마다 모여 있던 사람들은 혹여나 땅속에서 무엇인가 발견되지 않을까 신경을 곤두세웠으며, 조금씩 지층이 내려갈수록 더욱 집중하였다.

노구를 이끌고 현장에 온 78세의 김OO은 이 광경을 더욱 애절하게 바라보고 있었다. 그가 찾고 있는 것은 다름 아닌 아버지의 시신이었다. 김OO의 아버지는 1949년 음력 2월경, 충청남도 대덕군 북면지서 습격사건에 연루되었다는 혐의로 체포되어 대전형무소에 수감되었으며, 한국전쟁 발발 직후인 1950년 7월경 현재 포클레인 작업이 진행되고 있는 곳 어딘가에서 대한민국 군경에 의해 처형되었다. 하지만 그는 발굴에서 아버지의 시신을 찾을 수 없었다. 공동조사단은 매장 추정지에 대한 발굴을 실시하여 약 20여 구의 유해를 찾았으며, 또한 추가적으로 계속 유해가 나타남에도 불구하고 재정과 인력의 문제점을 감안하여 일주일 만에 발굴을 마감하였다. 공동조사단은 짧은 기간의 발굴을 마감하면서, 전체 규모의 완전한 발굴이 이루어지기 위해서는 가해자인 국가의 개입이 반드시 필요하다는 의견을 내놓았다. 사실 대전형무소 재소자 학살에 대한 발굴은 민간보다는 국가 차원에서 실시되어야 한다. 왜냐하면 2010년, 진실·화해를 위한 과거사정리위원회(이하 진실화해위원회)는 1950년 6월 28일부터 7월 17일 사이에 대전형무소 재소자들이 대전시 동구 낭월동 일대로 끌려와 대한민국 국군(충남지구 CIC, 제2사단 헌병대)과 대전지역 경찰에 의해 학살되었으며, 학살된 인원이 최소 1,800명 이상이라고 발표하였기 때문이다. 또한 진실화해위원회는 이 사건에 대해 "비록 비상시기(전시)였다고는 하나 국민의 생명과 재산을 보호해야 하는 국가가 좌익 전력이 있거나 의심된다는 이유만으로 형무소에 수감된 재소자와 보도연맹원들을 법적인 절차 없이 집단 살해한 것은 명백한 불법행위"로 보고, 국가의 공식 사과 및 위령사업의 지원, 평화·인권 교육의 강화 등을 권고하였다. 물론 권고사항에 포함된 위령사업에는 피학살자들의 유해를 수습하는 내용이 직접적으로 언급되어 있지는 않지만, 이 부분까지도 포괄하는 것으로 볼 수 있다. 이렇게 사건의 진실은 국가 공권력의 명백한 잘못이었음이 입증되었다. 그러나 2015년의 발굴은 정작 국가기구가 아닌 민간단체에 의해 실시된 것이다.

장면 2

2015년 11월 16일, 공동조사단은 충남 홍성군 광천읍 담산리 인근에 위치한 폐광에서 한국전쟁 당시 대한민국의 군경에 의해 학살당한 이들의 시신을 찾기 위해 시굴조사를 개시하였다. 시굴조사인지라 개토제 당시 많은 이들이 참여하지 않았지만, 발굴팀과 몇 명의 유족들, 그리고 '홍성지역대책위원회' 관계자들은 누구나 할 것 없이 이번 시굴에서 피학살자들의 유해를 찾고 사건의 전모를 밝히기를 희망하였다. 개토제 당시 사회를 맡았던 이는 행사의 마지막 즈음에 크게 외쳤다. "밝은 곳으로 모시겠습니다."

　위 광경은 노무현 정부로부터 본격화되었던 한국의 과거사 청산이 현재 어떻게 진행되고 있는가를 보여주는 좋은 예라고 볼 수 있다. 한국전쟁 전후 민간인 학살 문제와 관련한 과거사 청산은 2008년 이명박 정부 이후부터 현재까지 조금의 진전도 없이 표류하고 있으며, 당시 피학살되었던 유해는 아직까지 국가에 의해 발굴되지 못하고 있다. 하지만 이 글은 단순히 표류하고 있는 한국의 과거사 청산 문제를 꼬집기 위함만은 아니다. 오히려 과거사 청산이 함의하고 있는 보다 큰 영역의 문제를 공론화하기 위함이다. 국가기관의 조사결과와 사죄, 그리고 피해자에 대한 금전적 배상은 과거사 청산의 주요 로드맵 가운데 하나라고 할 수 있다. 그러나 이러한 '공식적' 절차의 진행이 과거사 청산의 완결을 상징한다고 볼 수 없다. 과거사 청산은 독재 혹은 권위주의 통치하에서 아무런 저항도 하지 못한 채 숨죽여 왔던 피해자들의 '사회적 기억' 및 '대항기억'을 공식적 역사 속에 위치 지우고, 이를 통해 화합과 번영된 미래를 만들어 나가는 데 그 목적이 있다. 그러므로 과거사 청산은 사건의 조사 및 법률적 판단 이외에도 억눌려왔던 과거의 기억을 끄집어내 이를 사회에 각인한다는 목적을 지닌다.

　사실 많은 시간 동안 한국전쟁기 민간인 학살의 피해자들은 사회의 밝은 부분으로 나오지 못하고 있었다. 학살당한 후 암매장된 희생자의 시신은 차치하더라도 가족이 억울한 죽음을 당했다는 이유 하나만으로 연좌제의 고통 속에 숨죽이고 있었던 유가족의 인생은 어떻게 설명할 수 있겠는가? 하지만 다행스럽게도 2018년 현재 우리 사회는 이들의 죽음이나 고통스러웠던 생활에 대해 조금이나마 화답을 하고 있는 상태이다. 진실화해위원회 조사 등을 통해 일부 민간인 학살 피해자 가족들이 국가에 의해 진실규명 결정을 받거나 소액의 배·보상을 받았고, 사회의 전반적인 분위기도 한국전쟁기 민간인 학살의 진실을 조금은 이해하고 있기 때문이다. 하지만 민간인 피학살자 유족의 근본적인 요구나 바람은 아직까지 진행 중이다. 이것은 결국 죽음을 해결하기 위해서는 유해라도 찾아 바르게 안장해야 한다는 바람이 있기 때문이다. 하지만 현재 한국 사회에서 한국전쟁 전후 민간인 피학살자 유해발굴 문제는 심심찮게 구설수에 오르고 있다. 상당수의 민간인 집단 학살 사건이 진실화해위원회에서 진실규명 되었지만, 정작 유해발굴이 실시된 곳은 10여 곳에 그쳤고, 또한 이 시기 발굴된 유해도 아직까지 안장이 되지 못한 채 정부에서 지정한 모처에서 임시 보관되고 있는 실정이다.

2000년대 이후부터 한국 사회에서는 크고 작은 유해발굴이 끊임없이 이어지고 있다. 대개는 한국전쟁기 민간인 학살에 관련된 발굴이 많지만, 이를 제외하더라도 상당히 많은 형태의 유해발굴이 진행되고 있다. 그렇다면 현재 진행되고 있는 유해발굴은 우리 사회의 역사와 어떠한 연관성을 가지고 있으며, 또한 어떠한 문화적 상징성을 내포하고 있는가? 사실 다양한 지역에서 아직까지 백골이 된 유해를 발굴하고 있다는 것은 그만큼 현시기가 상당한 변화와 이행의 시기를 걷고 있다는 징표이기도 하다. 이 책에서는 유해발굴의 과정과 결과 이외에 이 시기의 특징과 상징성을 어떻게 해석할 수 있느냐의 복합적 함의를 담고 있다. 유해발굴에서 '밝은 곳으로 모시겠다'는 의미는 억울한 죽음의 '해원'일 수 있지만, 그러한 과정을 통해 발굴된 유해의 의미는 결코 단순하지 않으며 복잡한 사회적 표상을 내포할 수밖에 없다. 이러한 의미에서 유해발굴은 '억압된 기억의 사회적 출현'이라는 측면에서 상당히 중요한 의미를 지니고 있다. 왜냐하면 65년간 땅속에 묻혀 있다 발굴된 유해는 단순히 새롭게 드러난 '증거물'로서의 역할만을 하는 것이 아니라 묻혀 있던 '억압된 기억'의 출현으로 볼 수 있기 때문이다. 그러므로 민간인 피학살자에 대한 유해발굴 혹은 기념 및 위령사업의 미비는 '국가의지의 부족'이라는 측면보다는 우리 사회 내에 '기념과 위령을 위한 문화'가 부재하기 때문에 나타난 현상이라 본다.

필자는 2006년부터 2010년까지 진실화해위원회에서 유해발굴 업무를 담당하면서 다양한 지역의 유해발굴을 주도하였다. 발굴을 실시하면서 역시 느낀 점은 발굴된 유해가 우리 시대에 어떠한 표상으로 작용하고 있는가였다. 발굴된 유해의 표상을 확인하기 위해서는 단지 유해발굴의 결과만을 바라봐서는 안 된다. 더욱 중요한 것은 발굴이 누구에 의해서 어떻게 진행되고 있으며, 또한 어떠한 사회적 상징성을 가지는가이다. 유해발굴 현장은 항상 많은 사람들로 북적거린다. 발굴을 직접 지휘하고 있는 연구원들은 보다 효율적인 방법으로 사건의 전모를 밝히기 위해 지층을 살피며 제토를 실시한다. 만일 지층에서 유해가 발견되면, 연구원들은 트롤과 붓 등을 이용해 사체를 서서히 노출시키고 주변에서 발견되는 각종 유품과 탄피 등을 보면서 사망 당시의 상황을 재구성하게 된다. 발굴장 주변에는 간혹 유족들이 나와 발굴 과정을 지켜보고 있고, 연구원들은 발굴을 진행하면서 과거 국가폭력 양상을 좀 더 심도 있게 이해할 수 있다. 상당히 정적이라 할 수 있는 발굴 광경이지만, 이러한 일련의 과정을 통해 상당히 많은 결과물이 탄생할 수 있으며, 그것은 개인과 사회의 인식을 포함하고 있다.

이 책은 필자가 기존에 작성하였던 몇 편의 논문과 강연을 토대로 하고 있으나, 책의 구성을 위해 대부분 새롭게 쓰거나 최근 정보를 삽입하여 재구성하였다. 책을 구성하기 위해 사용한 논문과 강연은 다음과 같다.

2005. 「민간인 학살을 통해 본 지역민의 국가인식과 국가권력의 형성」. 영남대학교 박사학위논문.

2007. 「민간인피학살자유족회의 결성과정과 유족의 역사인식에 대한 연구」. 『제노사이드연구』 창간호. pp.73-103. 한국제노사이드학회.

2010. 「죽은자의 몸과 근대성」. 『기억과 전망』 23. pp.234-259. 민주화운동기념사업회.

2010. 「라틴아메리카의 과거사 청산과 유해발굴-아르헨티나, 엘살바도르, 과테말라 사례를 중심으로」. 『이베로아메리카』 12. pp.61-94. 부산외국어대학교 중남미지역원.

2015. 「'장의'에서 '사회적 기념'으로의 전환: 한국전쟁 전후 민간인피학살자 유해발굴의 역사와 특징」. 『역사와 경계』 95. pp.207-242. 부산경남사학회.

2017. 「라틴아메리카 유해(遺骸) 정치의 특징과 의미」. 『폭력과 소통-트랜스내셔널한 정의를 위하여』. pp.79-100. 세창출판사.

2017. "La Historia y las caracteristicas de la excavación de cadáveres de las victimas del genicidio durante la gurra de Corea", 멕시코국립대학 라틴아메리카 카리브 연구소 초청강연(La conferencia de Centro de investigación sobre America Latina y el Carribe, México, UNAM, 1월 30일)

책의 말미에는 라틴아메리카 여러 국가의 유해발굴 현황과 의미에 대해 서술하였다. 라틴아메리카의 유해발굴 사례를 언급한 것은 본디 한국과의 비교 고찰을 통해 다른 문화권 차원에서 진행되고 있는 유해발굴의 특수성을 지적하고자 함이었다. 하지만 이 책에서 섬세한 비교연구까지 이르지 못한 것은 아쉬운 점이다. 모두 필자의 능력에 기인한 것이다. 하지만 라틴아메리카 사례는 냉전이라는 동시대 역사적 배경에 의해 타지역이 어떠한 고통을 받았고, 이를 극복하는 과정은 세계사적 구조하에서 어떻게 다양한가를 알아볼 수 있는 정보를 제공할 수 있다. 또한 한국이나 라틴아메리카에는 정치적 변화와 무관하게 과거 국가폭력에 의해 희생되었던 피해자들의 유해가 아직까지 방치되어 있으며, 그 가족들은 심리적으로 상당한 고통을 받고 있다. 이러한 '원한'을 사회에 그대로 남겨둔 채 우리는 공동체를 발전시킬 수 있을까? 또한 사회의 '원한'을 해결하기 위해서 우리에게 남겨진 과제는 항상 새로운 법적 장치의 보완과 같은 활동일까? 전 세계의 다양한 지역에서 고통을 극복하기 위한 각자의 방법은 무엇이었는가? 이와 같은 질문들은 냉전이라는 동일한 폭력적 시기에 서로 다른 지역에서 어떠한 방식으로 각기 사회적 고통을 치유했는가에 대한 트랜스내셔널한 결과들을 보여줄 것이다. 미처 이루지 못한 두 지역의 심층적 비교분석은 다음의 연구과제로 돌릴까 한다.

마지막으로 이 책을 쓰는 데 도움을 주신 많은 분들에게 감사의 말을 전한다. 너무나 많은 분이 도와주셨기에 모두 언급하기는 힘들 것 같다. 하지만 민간인 피학살자유족회 여러분과 유해발굴에 참여하였던 모든 시민사회단체 관계자들께는 이 자리를 빌려 특히 고마움을 전하고 싶다. 개인적인 바람으로 이 책이 한국의 국가폭력 역사를 정리하고 극복하는 데 조그마한 도움이라도 되었으면 하는 생각이다.

2018년 4월

노용석

차례

의례과정으로서의 과거사 청산
: 국가폭력의 새로운 극복

2007년 진실화해위원회는 경산코발트광산의
유해발굴을 종료하면서 현장설명회를 개최하였다.
현장설명회 당시 공개되었던 발굴 유해의 모습

정치적 영역으로서의 과거사 청산

표면적으로 보자면 한국의 과거사 청산 정국은 2010년 종료되었으며 2018년 현재 상당히 침체되어 있는 것이 사실이다. 2003년 노무현 정부가 시작되던 시기에 한국 사회는 과거사 청산의 전기를 맞이하고 있었다. 이러한 상황은 라틴아메리카를 포함한 다른 대륙에도 비슷하게 적용될 수 있다. 불과 10여 년 전 라틴아메리카발 '신좌파' 열풍이 대륙 전체를 뜨겁게 달구었으며, 이에 많은 라틴아메리카 국가에 좌파 정권이 들어서게 되었다. 라틴아메리카 좌파 정권은 그동안 정국 전반에서 제외되었던 각종 정책을 실행하는 과정에서, 과거 독재정권 혹은 군부통치 하에서 억압되어 있던 사회를 개선하기 위해 과감한 과거사 청산을 시도하게 되었다. 이러한 사례에 들 수 있는 국가로는 아르헨티나, 페루, 볼리비아, 칠레, 브라질 등을 꼽을 수 있다.

과거사 청산의 열기는 어떤 세력이 정권을 잡는가에 따라 달라졌다. 예를 들어 2018년 현재 라틴아메리카의 과거사 청산 열기는 식어가는 '좌파 정권'의 열기를 대변하고 있다. 한국 역시 2008년부터 약 10여 년 동안 변화하기 시작한 정치지형으로 말미암아 과거사 청산의 열기는 빠른 속도로 식어갔지만, 2017년 정권 교체와 함께 다시 고개를 들기 시작하였다. 그렇다면 과연 과거사 청산의 문제는 항시 정치적인 부분에만 기대고 있는 것일까?

국가폭력과 연관된 죽음의 연구 경향 역시 지금까지 정치적 영역의 범주에서 주로 언급되었던 것이 사실이다. 예를 들어 한국이나 라틴아메리카에서 전쟁 중이나 독재정권 당시 발생했던 학살이나 고문, 실종자의 죽음에 대한 연구는 이 죽음의 원인과 기원, 가해자를 찾기 위한 과정, 죽음의 원인에 대한 정치적 해결 방안 등이 주요 주제로 제시되었다. 특히 국가폭력과 연관된 억울한 죽음이 이후 어떠한 정치적 경로를 통해 공식적 역사와 사회적 담론으로 기록되는가에 초점이 맞추어져 있었다. 제노사이드라는 측면에서 볼 때도 정치와 이데올로기라는 요소를 거의 필수적으로 포함한다. 이것은 '인종청소' 계획이나 민간인에 대한 대규모 집단 학살이 대부분 가해자의 정치적 이득 및 이데올로기적인 측면과 결부되어 있기 때문이다. 그러므로 많은 학자들은 제노사이드의 발생 배경을 고찰하면서 정치·이데올로기적인 접근을 시도한다.

의례과정으로서의 과거사 청산

그러나 좀 더 폭넓은 인식의 범주에서는 정치와 이데올로기 역시 인간의 문화라는 측면에서 고찰될 수 있다. 인류학의 주요 연구 개념인 문화는 인간이 획득한 물질문화뿐만 아니라 사회를 변화시키는 사고 혹은 관념의 총체까지 포함하고 있기 때문이다. 문화적 측면에서 국가폭력을 분석하면 정치나 이데올로기 등 국가폭력이 가지는 몇 가지 특성 이외에 좀 더 광범위한 측면, 즉 인간 문화의 보편성 위에서 국가폭력이라는 특수한 행위를 고찰함으로써 정치 혹은 이데올로기 체계가 다른 하위문화와 어떠한 상호관련성을 가지는가에 대해 설명할 수 있다는 이점이 있다. 예를 들어 한국 사회에서 발생한 민간인 학살의 문화적 분석은 단순히 학살의 규모 혹은 참혹성, 정치와 이데올로기 차원의 고찰을 넘어 한 개인, 가족, 공동체와 같은 하위문화 및 사회 체계의 변동 현상까지도 깊이 고찰할 수 있게 해준다. 이 책은 바로 이러한 입장에서 한국 사회에서 발생한 국가폭력의 실상과 이에 수반된 하위문화의 변동과정을 역사인류학적으로 조명하는 데 그 목적이 있다. 또 연구 결과를 타사회의 경우와 비교함으로써 국가폭력으로 인해 공동체가 겪을 수 있는 문화의 보편성과 특수성도 확인하고자 한다.

그러므로 국가폭력에 의한 억울한 죽음이 공식적인 사회담론으로 자리 잡는가에 대한 논의는 결국 그 죽음이 해당 사회가 설정해놓은 의례의 범주로 들어올 수 있는가 없는가의 문제이기도 하다. 가까운 사례를 들어볼 때, 5.18 광주 민주화운동의 피해자들은 그 진실이 정치적으로 공표되고 나서야 국가의례의 과정 속에 진입할 수 있었다. 그 이전까지 광주 민주화운동의 피해자들은 단지 비공식적 기억의 범주에서만 떠도는 '유령'이었으며, 정상적인 의례 행위를 거치지 않았다고 볼 수 있다. 그러므로 국가폭력과 연관된 비공식적 죽음의 연구에서는 이 문제가 어떤 정치적 타협을 통해 공식적 지위를 갖는가에 대한 논의도 중요하지만, 그보다도 새로운 지위를 부여받을 수 있는 의례과정과 이 기제의 함의성에 대해 분석하는 것이 상당히 중요하다.

또한 이 책에서는 의례과정의 일환으로서 국가폭력과 연관되어 사망하였던 피해자들의 유해발굴을 주목하고 있다. 전 세계의 사례를 볼 때, 일반적으로 대규모 집단 학살 및 국가폭력 살인은 매장지를 남기는 것이 대부분이다. 법의학적 측면에서 볼 때, 매장지의 존재는 사건의 재구성과 진실규명이 더욱 용이함을 말하며, 그러므로 피학살자 및 피해자들의 유해를 발굴한다는 것은 국가폭력의 제1차적 증거를 찾는다는 의미를 가지고 있다.

하지만 인간의 유해가 언제나 진실을 규명하기 위한 '수단'으로만 쓰이는 것은 아니다. 더구나 그 '뼈'가 60여 년간 '이적(利敵)'

의 낙인과 '한(恨)'을 품은 채 산천에 버려져 있던 것이라면 더욱 그러하다. 앞서 언급한 바와 같이, 대부분의 사회에서 어떤 이가 실종되어 시신을 찾지 못했다는 것은 죽은 자와 산 자 모두에게 엄청난 고통이다. 그러므로 가족들은 실종자의 신체가 발견된 후 보다 정상적으로 매장되어 영혼이나마 위로할 수 있는 방법을 강구할 것이다. 이때 유해발굴은 '죽음을 처리하는 관습'의 측면에서 60여 년 동안 방치되었던 희생자들의 영혼 및 육체에 안식을 준다는 복합적인 의미를 가지고 있다. 국가폭력에 의한 희생자들의 육체를 폭력 이전의 상태로 원상회복할 수는 없겠지만, '죽었으되 죽지 않은 생명'(권헌익 2003: 39)이 되어버린 피학살자들의 유해를 발굴하여 이들에게 새로운 지위를 부여함으로써 사회로의 '재통합(reintegration)'이라는 의미를 주는 것이다. 이렇듯 유해발굴은 단순히 국가폭력의 진실을 조사 과정에서 행해지는 '실지조사'[1]나 사건의 재구성을 위한 증거물 찾기, 땅속에 매몰된 유물을 찾는 고고학적 발굴, 혹은 발굴된 유해의 골격을 연구하는 체질인류학적 실험 주제로 실시되기도 하지만, 한편으로 산 자와 죽은 자 모두의 '과도기의 한(恨)'을 풀어주는 주요 기제 및 일종의 의례의 역할을 내포한다고 볼 수 있다.

이 책에서는 피해자 유해발굴을 의례기제의 일환으로 보고 심층적으로 분석할 예정이다. 즉 유해발굴이 진행되게 된 계기와 사회적 배경, 유해를 바라보는 해당 사회의 특수한 문화적 인식, 유해

---

1) 법적인 측면에서 진실화해위원회 당시 한국의 유해발굴은 '진실·화해를 위한 과거사정리 기본법' 제23조 3항 '실지조사' 규정에 근거해 실시되었다. 이때 '실지조사'란 사건의 조사를 위해 증거물 및 자료 등을 수집하거나 혹은 확보하는 행위를 말한다.

발굴 기법의 차이점, 발굴된 유해를 취급하는 문화 및 종족적 특성, 발굴된 유해의 재매장 과정 및 사회적 인식, 유해를 둘러싼 새로운 사회적 담론의 생산과 이에 대한 사회의 반응 등이 주요 주제가 될 것이다.

죽음과 의례

인간에게 죽음은 피할 수 없는 숙명이다. 죽음은 생명체가 가지는 고유한 특성으로서 자연의 보편적 성격에 속한다. 하지만 인간의 의식과 문명이 발전하면서, 죽음이라는 개념은 단지 불가피하게 맞이해야 할 자연적 현상이 아니라 인간의 손에 의해 '다루어질 수 있는' 특이한 유무형의 문화적 산물이 되었다. 인간은 자연적인 죽음에 대해 특별한 의미를 부여하기 시작했고, 죽음은 자연의 영역을 떠나 문화적인 범주에 들어서게 되었다. 하지만 죽음이 문화적 범주에 들어섰다고 하여 원천적인 죽음에 대한 공포가 완전히 사라진 것은 아니다.

인류학을 비롯한 많은 학문분야에서는 인간의 죽음과 관련한 문화적 현상들을 연구하기 위해 노력해왔다. 여기서 인간의 죽음은 단순한 생물학적 현상이 아니라 다양한 신념체계와 감정, 의례들이 결합된 과학적으로 연구되어야 할 중요한 사안으로 취급되었다(Hertz 1960: 27). 인간이 죽음을 문화적으로 인지하기 시작한 이후부터, 타인의 죽음은 인간에게 무한한 슬픔을 안겨주게 되었다. 하지만 인간 문화에 있어서 죽음에 대한 슬픔은 단순히 생물학적인 '비애'의 표현만은 아니었다. 이러한 슬픔은 좀 더 사회문화적으로 융합된 제도로 발전하였으며, 이를 의례(ritual)의 규범 속에서 발견할 수 있다. 이러한 죽음에 대한 의례는 전 세계 모든 문화권에서 공통적으로 확인되고 있다.

에밀 뒤르켐은 인류가 발전시켜온 타인의 죽음에 대한 의례가 단지 개인을 대상으로 이루어진 것이 아니라 상당히 사회적이고 집합적으로 이루어졌음을 말한다. 뒤르켐은 그의 저작 『The Elementary Forms of Religious Life』에서 호주 원주민들의 죽음 의례를 조사하면서, 원주민들의 죽음에 대한 의례가 철저히 공동체에 의해 기획되고 조정되고 있음을 밝히고 있다. 뒤르켐의 이러한 죽음 의례에 대한 설명은 죽음의 처리가 개인에 의해 결정되는 것이 아니라 철저히 집단적으로 운용됨을 보여준다.

또한 1920년대 초기 인류학에서 멜라네시아 제도의 트로브리안드(Trobriand) 섬을 조사하며 본격적인 현지조사의 기틀을 마련하였던 말리놉스키는 그의 저서 『The Andaman Islanders』에서 뒤르켐과 마찬가지로 안다만 섬 원주민들의 죽음 의례 방식이 철저하게 사회적 혹은 집단적으로 조직되어 있음을 밝히고 있다.

이렇듯 많은 연구들은 인간의 죽음을 '신체 및 정신적 종결'의 의미로 보지 않고 '사회적 재통합(reintegration)'의 의미로 보았으며, 이 과정에서 행해지는 다양한 의례들을 연구대상으로 삼았다. 대표적으로 반 제넵(Van Gennep: 1961)은 죽음을 처리하는 방식인 장례를 '통과의례(rite of passage)'의 한 부분으로 보면서, 의례의 구조가 기존 지위에서의 '분리(separation)', '리미날 기간(liminal period)', '재통합(reintegration)'이라는 삼분 구조로 되어 있고 망자와 산 자 모두 장례와 같은 의례를 통해 새로운 지위로 재통합한다고 보았다.

특히 그는 의례 구조에 있어서 리미날 기간의 중요성을 강조했다. 그는 이 기간은 새로운 지위로 통합되기 이전의 '이것도 저것도 아닌' 극도의 부정이 수반된 상태로서, 이를 극복하고 새로운 지위를 획득하기 위해서는 수많은 금기를 지키고 의례를 수행해야 한다고 보았다. 헤르츠(1960)의 연구에서도 이러한 리미날의 중요성이 언급되고 있다. 헤르츠는 인도네시아 보르네오 섬의 원주민들이 행하는 이중장제를 언급하면서 1차 매장과 2차 매장 사이의 '중간단계의 기간(intermediary period)'을 강조하였다. 이 기간에 망자의 영혼은 '조상의 세계(the land of the ancestral spirits)'로 들어가지 못하고 주변을 떠돌게 되며, 'tivah'[2]라 불리는 마지막 의례(final ceremony)와 더불어 영구적인 매장(second burial)을 하면서 비로소 조상의 지위를 획득하게 된다. 중간단계 기간은 수개월에서 10년까지 다양하게 나타날 수 있지만, 대개 사체가 부패하여 뼈에 살이 하나도 남지 않게 되는 기간보다 긴 것이 일반적이다.

'중간단계 기간'과 '리미날 기간'은 모두 죽음 이후 새로운 지위를 얻기까지 과도기의 특성을 나타내고 있다. 인간은 이러한 과도기를 거치면서 새로운 지위를 부여받으며, 이것은 망자 또한 마찬가지이다. 즉 산 자는 죽은 자를 위한 의례의 의무로부터 벗어날 수 있으며, 망자는 사령(ghost) 상태에서 '조상의 지위'를 획득하여 마침내 '죽은 자의 세계'로 들어가는 것이다(김경학 2008: 14, Hertz 1960: 54). '사령' 상태라 함은 극도의 부정이 수반되는 시기로서, 보통 시신의 살점들이 부패하는 기간을 말한다. 이렇듯 살점이 부패하는 시기에 극도의 부정이 수반될 수밖에 없으므로, 모든 살점들이 썩어 없어지고 깨끗하게 유해만이 남았을 때 비로소 제2차 매장

---

2) 헤르츠의 연구에서 보면, 인도네시아 말레이 군도의 장례 의례를 가리키는 말은 다양하게 불리고 있다. 본 논문에서 사용하는 'tivah'는 'Olo Ngaju'족에서 행해지는 마지막 장례 의례의 명칭이다.

을 실시하는 것이다. 즉 중간단계 기간이라 함은 죽은 이에게 새로운 지위를 획득하게 하는 과정이며, 위와 같은 과정을 통해 '조상의 지위'를 획득한 죽음은 자신의 영혼이나 자손들 모두에게 긍정적인 상징으로 남을 수 있는 것이다.

비정상적 죽음(uncommon death)과 국가폭력

만약 어떠한 죽음의 사례에서 위의 의례적 과정들이 진행될 수 없는 상황이 연출된다면 어떻게 될 것인가? 만약 죽음 이후 리미널 기간을 벗어날 수 있는 적절한 의례가 행해지지 않는다면 죽은 자와 산자 모두에게 어떠한 일이 발생할 것인가?

'인간 죽음의 사회사'에 대해 연구한 아리에스는 인간의 죽음에 대해 언급하며, "인간들은 죽음을 미리 예견하고 있다. 자신이 죽어가고 있다는 사실을 미처 깨달을 시간도 없이 죽지는 않았다는 것이다. 그렇지 않은 경우가 간혹 있었는데, 그것은 페스트로 인한 죽음이나 갑작스런 죽음의 경우였으며, 따라서 여기에는 예외적인 것으로 인정하고…"라고 기술하고 있다(필립 아리에스 2004). 여기에서 아리에스는 인간이 자신들의 죽음에 대해 어느 정도 인지할 수 있고 대비할 수 있음을 피력하고 있으며, 이러한 현상을 인간 사회의 '정상적 영역'에 포함시키고 있다. 다만 페스트와 같이 질병에 의한 갑작스러운 죽음은 정상적 영역에서 벗어난 다소 '비정상적 영역'에 포함시키고 있다.

이처럼 죽음을 정상적인 것과 비정상적인 것으로 구분한다는 것은 죽음의 예견 가능성과도 상당한 연관이 있지만, 죽음 이후 새로운 지위로의 전이가 얼마나 원활하게 이루어지는가의 문제와 직결된다. 로벤(Robben 2004a: 5)은 인간의 죽음을 '좋은 죽음(good death)', '나쁜 죽음(bad death)', '비참한 죽음(tragic death)'으로 분류하면서, '좋은 죽음'은 빠르고 고통 없는 죽음이고, '나쁜 죽음'은 길고 고통스러운 죽음이며, '비참한 죽음'은 전혀 예상치 못한 일이 갑자기 발생하여 살아 있는 유족들에게 깊은 상처를 남기는 죽음이라 하였다. 이 중 비참한 죽음은 뒤르켐(1995) 등에 의해서도 다루어졌던 자살, 살인, 인신공의(sacrifice), 마법에 의한 죽음(sorcery) 등과도 관련이 있는데, 이러한 죽음은 비록 생물학적으로는 자연적 죽음과 동일하지만 사회적 규범을 어기거나 의례과정이 생략되어 죽은 자와 산 자 모두 새로운 지위를 부여받지 못할 가능성이 많은 죽음을 말한다. 즉 죽은 자의 영혼이 이승과 저승 양쪽 모두로 가지 못하고 '어중간하게 떠도는 상태(perpetual liminality)'를 말한다(Kwon 2006: 12). 이러한 죽음을 흔히 비정상적 죽음(uncommon death)이라 한다. 많은 사회에서는 이러한 비정상적 죽음을 범주화하고 있는데[3], 한국의 경우에도 통과의례를 마치지 못한 죽음과 집 밖에서의 객사, 예기치 못한 죽음, 죽은 후 자손으로부터 제사를 받을 수 없어 원혼(冤魂)이 발생할 수 있는 죽음 등을 비정상적 죽음으로 취급하여왔다. 즉 비정상적 죽음이란 비록 생물학적으로는 자연적 죽음과 동일하지만 사회적 규범을 어기거나 의례과정이 생략되어, 죽은 자와 산 자 모두 새로운 지위를 부여받지 못할 가능성이 많은 죽음을 말한다. 한국 사회에서 비정상적 죽음은 원혼을 발생케 하는 주요 원

---

3) 예를 들어 베트남 사회에서는 적어도 72가지 이상의 비참한 죽음에 대한 범주를 가지고 있다(Kwon 2006: 13).

인으로 인식되며, 대개 통과의례를 마치지 못한 이의 죽음과 객사, 자살, 그리고 죽음 이후 자손으로부터 의례나 제사를 받을 수 없는 경우를 말한다(최길성: 1986).

위와 같은 죽음의 분류로 볼 때 국가폭력과 연관된 실종 (disappearance), 학살, 고문에 의한 죽음 및 암살 등은 비정상적 죽음의 대표적인 유형으로 볼 수 있다. 이 죽음의 대부분은 국가폭력과 연관되어 비밀리에 진행되었고, 희생자의 대부분이 비참한 죽음을 맞았으며, 또한 많은 경우에서 시체를 찾을 수 없어 정상적인 의례를 행할 수 없었다. 이와 같은 상황에서 유족들은 피학살자의 죽음을 인정하지 못하고, 희생자의 영혼 역시 '죽은 자의 세계'로 들어가지 못한 채 떠돌고 있을 것이라는 추측을 할 수 있다. 이러한 국가폭력과 연관된 비정상적 죽음의 사례는 전 세계 도처에서 형태를 찾아볼 수 있으며, 특히 근현대시기 근대국민국가 형성 과정에서 다수 확인할 수 있다. 이것은 아리에스가 언급했던 '질병을 통한 예견치 못했던 죽음'의 범주와 같이 죽음에 대한 인간의 인지 범주 이외에서 발생하는 경우가 대부분이다.

현재까지 학계에서 다루어온 죽음에 관한 논의는 인간의 일반적 죽음 현상과 이에 대한 문화적, 심리적, 사회적 고찰이 대부분을 이루고 있었다. 또한 죽음과 관련한 의례과정에 대한 연구 역시 특정 문화권의 전통과 이에 대한 변동을 주로 연구하여왔다. 이러한 연구들은 주로 문화인류학 및 민속학적 견지에서 다루어져왔으며, 전통(traditional)과 공동체 정체성을 밝히는 데 중요한 역할을 하기도 하였다. 하지만 본 연구서는 그동안 다루어졌던 일반적 죽음에 대한 논의가 아니라 좀 더 세부적 범주로 죽음을 구분하고, 특히 의례행위를 마치지 못한 죽음이 다양한 문화권에서 어떻게 달리 인식되고 있으며 이를 정상적 죽음의 범주로 옮기기 위한 행동에는 어떠한 의례과정들이 수반되는가에 대해 집중하고자 한다.

의례로서의 유해발굴

과거사 청산 혹은 '이행기정의(transitional justice)'[4]란 과거 특정국가 정치체제 혹은 전쟁 하에서 저질러진 잔혹 행위 및 인권유린들을 새로운 체제 하에서 어떻게 청산해야 하는가의 문제를 말한다 (이재승 2002: 47, Roht-Arriaza, N. 2006: 1). 20세기 이후 전 세계 곳곳에서 발생한 전쟁과 폭력, 지역분쟁, 독재국가의 출현, 인종분쟁 등은 근본적으로 민주주의와 인권을 가로막는 거대한 장애물이 되었다. 이러한 분쟁들은 단순히 정치적 목적을 달성하는 것에 그치지 않고 정치적 탄압과 고문, 불법 감금, 대규모 민간인 학살, 테러 및 암살 등의 잔혹행위를 통해 심각한 인권유린을 불러일으켰다. 이에 독재 및 권위주의 정권을 겪었던 많은 국가에서는 정권이 교체된 후 당시의 국가폭력이나 인권유린에 대한 책임을 묻고 다시는 이러한 상황이 발생하지 않도록 하기 위해 과거사 청산을 실시하였다. 그러므로 과거사 청산의 범주는 단순히 폭력 가해자에 대한 처벌

---

4) '이행기정의'와 관련해서 이재승(2002: 47-74), Naomi Roht-Arriaza & Javier Mariezcurrena(2006: 1-17), Jon Elster(2004: 1-3), Ruti G. Teitel(2000: 3-9)의 연구를 참조하였다. 이행기정의는 과거 특정체제 즉, 군사정권 및 독재시기의 아픈 과거를 진실규명하여 피해자 및 가해자에 대해 적절한 조치를 취하고, 과거의 비극이 다시 발생하지 않도록 법률을 제정하거나 위령 사업 등을 실시하는 것을 말한다. 이 용어는 주로 서구 및 남미, 아프리카 등지의 국가들이 행한 '과거사 청산'을 가리키며, 한국에서 일반적으로 사용하는 '과거사 청산(purge of the past)'이라는 단어와 의미에 있어서 큰 차이를 보이지 않는다.

및 피해자 배상이라는 회복적인 측면을 떠나 인권유린 등에 대한 재발 방지 교육과 더불어 기념관, 박물관 등의 건립과 같은 위령사업의 실시, 억압적 통제기구였던 경찰 및 법원의 구조조정, 희생자 및 가족들에 대한 배·보상 문제 등을 포괄적으로 포함하고 있다.

과거사 청산이 실시되는 공간의 범위는 개인 및 가족으로부터 시작해 공동체, 지역, 나아가 국가 및 초국가에 이르기까지 다양하게 나타날 수 있다. 하지만 대부분의 과거사 청산 대상이 국가폭력 및 인종 학살 등에 해당하므로 청산의 주체 역시 국가에 의한 경우가 다수를 이루고 있다. 초국가적 과거사 청산의 대표적 유형으로는 제2차 세계대전 이후 나치 독일 전범과 유대인 학살 관여자에 대해 실시된 '뉘른베르크 재판(Nuremberg Trials)'을 꼽을 수 있다. 또한 학살 및 실종, 독재정치로 인한 인권유린 등에 대해 국가적 차원에서 과거사 청산을 실시한 대표적 경우는 남아프리카공화국, 스페인, 아르헨티나, 칠레, 르완다, 한국 등이 포함된다. 그리고 드물지만 지역공동체 내부에서 발생한 폭력 및 학살을 자체적으로 청산하고자 시도한 경우도 있다.

전 세계적으로 과거사 청산에는 다양한 방법들이 활용되고 있으나, 그중 가장 대표적인 것은 (군사)독재정권 혹은 전체주의 정권이 몰락한 이후 '특별법정(special court)'과 같은 기구를 설치하여 반인륜적 범죄 행위 및 국가범죄, 잔혹행위를 조사하는 것이다. 특별법정의 설치는 해당 국가에서 독자적으로 실시하기도 하지만 민주화 이행 과정에 있는 국가들이 자력으로 법정을 만들지 못할 경우 국제법정이 설립되기도 한다. 특별법정의 대표적인 사례는 위에서 언급한 '뉘른베르크 재판'을 비롯하여 보스니아 내전 당시 옛 유고 연방에서 자행된 학살, 고문, 강간 등을 조사하기 위해 설립된

ICTY(International Criminal Tribunal for the Former Yugoslavia, 1993년 설립), 캄보디아 킬링필드(Killing Field) 학살 주역 5인에 대해 재판을 진행하고 있는 ECCC(Extraordinary Chambers in the Courts of Cambodia) 등을 들 수 있다. 특별법정을 제외한 과거사 청산의 또 다른 주요 방법으로는 '진실위원회(Truth Commission)'를 설치하여 주요 사건에 대한 조사를 진행하는 것이다. 진실위원회는 라틴아메리카의 아르헨티나와 칠레, 파라과이, 볼리비아, 우루과이, 엘살바도르와 남아프리카공화국, 시에라리온, 필리핀, 르완다, 동티모르, 한국 등에서 운용된 바 있다.

이처럼 과거사 청산의 규모와 방법은 사회적 환경에 따라 다양하게 나타날 수 있지만, 주요 로드맵은 일정한 유형을 가지고 있다. 일반적인 과거사 청산의 주요 로드맵으로는 '진상규명', '가해자 처벌', '피해자 배·보상', '화해와 역사화'와 같은 네 가지 요소를 들 수 있다(진실화해위원회·공주대학교 2009: 13). 우선 과거사 청산의 1차적 목표는 국가가 과거 '참혹한 사건'의 진실을 규명하여 가해자를 처벌하고 피해자 및 그 가족들에게 배상[5]하는 것이라 할 수 있다. 이 과정은 상당히 정치적이며 현실적 선택이 중요하다. 예를 들어 진실규명 이후 가해자에 대한 처벌수위의 결정과 피해자 및 유가족에 대한 배·보상 등의 문제는 그 사회가 처해 있는 정치적 방향과 선택에 따라 정해질 가능성이 많다.[6] 또한 이 과정은 모든 과

---

5) 일반적으로 '보상'은 국가가 적법한 행위로 국민에게 재산상의 손실을 주었을 때 그것을 갚아주는 행위를 말하고, '배상'은 위법하게 타인의 권리를 침해한 이가 그 손해를 물어주는 것을 말한다(임상혁 2009: 27).

6) 뉘른베르크 재판 이후 1급 전범으로 기소된 11명은 사형되었다. 하지만 모든 국가의 과거사 청산에서 가해자 처벌이 이렇듯 신속하게 진행된 경우는 드물었다. 예를 들어 아르헨티나의 경우 1983년 라울 알폰신 대통령이 과거 군부독재 기간

정이 법률적 근거에 의해 실시되므로 과거사 청산의 본질이 상당히 정치적이고 법률적이라는 인식을 갖게 한다.

그러나 배상의 근본적 성격을 고려한다면 과거사 청산의 본질은 상당히 다른 측면으로 인식될 수 있다. 피해자를 위한 배상 방식에는 원상회복(restitution), 금전배상(compensation), 사회복귀(rehabilitation), 만족(satisfaction), 재발방지의 보증(guarantees of non-repetition)과 같은 것들이 있는데(진실화해위원회·공주대학교 2009: 10), 이 중 가장 좋은 배상 방식으로는 원상회복을 들 수 있다.[7] 이것은 모든 피해 대상의 모습을 폭력 이전의 상태로 되돌려 놓는 것을 말한다. 하지만 대다수 과거사 청산 사건들은 피해자들이 사망하거나 치명적 상해를 당해 실질적인 원상회복이 불가능한 경우가 많으며, 민간인 학살의 경우는 더욱 그러하다. 그러므로 국가는 진실규명과 유가족 배·보상 이외에도 억울한 죽음을 당한 희생자들의 원혼을 위로하고, 이들의 영적 존재에 상징적인 원상회복을 이루기 위해 각종 의례를 배치하는 경우가 많다. 이것은 국가폭력에 의해 발생한 원혼을 국가의례 차원의 '제사'를 통해 위로함을 의미하며, 이러한 일련의 행위를 흔히 '기념 혹은 위령(commemorative and

---

(1976~1982년)에 대한 청산 의지를 가지고 있었으나, 결국 1989년과 1991년에 실시된 메넴 대통령의 대사면으로 대부분의 거물급 가해자들은 처벌을 피했다.

7) 원상회복(restitution)은 피해자의 상태를 국가범죄가 발생하기 이전으로 되돌려 놓는 것을 말한다. 금전배상(compensation)은 원상회복이 불가능할 경우 이루어지며, 사회복귀(rehabilitation)는 피해자들의 트라우마를 치료하기 위한 의료적 치료, 심리적 치료, 법률적 서비스 및 사회적 서비스를 말한다. 또한 만족(satisfaction)은 희생자들이 피해회복과 관련하여 안도감과 만족을 느낄 수 있는 정부의 다양한 조치를 말하며, 재발방지의 보증(guarantees of non-repetition)은 국가범죄가 다시 일어나지 않기 위한 군대 및 법 절차 등에 대한 통제장치를 확보하는 것이다.

consolation)'이라고 한다.

이를 통해 볼 때 유해발굴은 진상규명이라는 과거사 청산의 제1차적 범주에도 포함될 뿐만 아니라 과거사 청산의 결정적 범주인 '기념 혹은 위령'까지도 포함할 수 있는 포괄적 사업이다. 먼저 유해발굴은 피해자 혹은 유가족의 입장에서 '사랑하는 연고자의 육신'에 안식을 준다는 '의례적 의미'를 가질 수 있을 것이며, 과거사 청산과 같은 진실규명의 차원에서 사건을 보다 정확히 재구성하고 실체를 확인하기 위한 '진실규명'의 차원으로 진행될 수 있다. 즉 역사적 사실(事實)의 실재 여부를 증명하기 위한 '물증을 찾기 위한 과정'으로서의 역할을 수행한다는 의미이다. 또한 유해발굴은 그 과정을 통해 그동안 공식적 기억에서 제외되었던 '비공식적 담론'을 활성화시켜 '사회적 기억'을 회복시키는 역할을 하기도 한다. 이것은 유해발굴이 발굴에 따른 사회적 담론의 확장과 이후 발굴된 유해를 어떻게 처리할 것인가의 문제를 내포하고 있으므로, 한 사회에서 특정 사건 혹은 시기를 어떻게 '기억'하고 '기념'하는가의 상징성과도 연관성을 가지고 있다는 점에 기인한다. 왜냐하면 발굴된 '유해'는 단순히 '물질로서의 뼈'가 아닌 특정 시기의 담론과 기억을 내포하고 있는 하나의 상징으로 작용하기 때문이다. 이러한 '사회적 기억회복' 역할은 결과적으로 '죽은 자'와 '억압된 기억'에 대한 기념과 비참하게 죽음을 맞이한 영혼을 '정상적 궤도'로 돌려놓는 토대를 마련할 수 있게 한다. 그러므로 유해발굴은 진실을 증명하기 위한 '증거찾기'의 주요 기능을 수행하면서 보다 큰 범위에서 보자면 암울했던 한 시대의 역사를 재구성하는 일종의 '의례'로 기능함을 알 수 있다. 이와 더불어 누가 유해를 어떻게 발굴하는가의 문제도 상당히 중요한 영역으로 꼽을 수 있다. 유해발굴의 주체와 구체적 방법은 국가폭력 사건의 본질과 위상을 해당 사회에서 어떻게 취급하고 있는가의 문제와 직결된다. 그러므로 국가폭력에 의해 학살되었던 이들에 대한 유해발굴은 고고학과 체질인류학, 법의학적 기술을 동원하여 단순히 '땅속에 묻혀 있던 증거물'을 밖으로 끄집어내는 것 이상의 의미를 포함하면서, 한 사회의 기억과 기념 정치의 상징성을 보여줄 수 있는 중요한 표상으로 작용한다.

이러한 측면에서 이 책에서는 한국의 과거사 청산과 연관된 민간인 피학살자 유해발굴의 역사를 기술하고 이에 담긴 상징성과 의미 변화를 살펴보고자 한다. 이것은 한국의 과거사 청산 과정에서 행해졌던 민간인 피학살자 유해발굴이 정치·사회 혹은 의례적 측면에서 어떠한 의미와 상징성을 수반하고 있는지를 역사적으로 고찰하기 위함이다. 또한 이 장에서 다루고 있는 내용은 국가폭력에 대한 과거사 청산 과정이 정치적, 법률적 대상일 뿐만 아니라 하나의 거대한 의례과정에 속할 수 있음을 밝히기 위한 과정이라고 볼 수 있다. 다시 말해 근대국민국가 형성 과정에서 발생한 국가폭력의 상처가 어떠한 사회적 기제를 통해 재통합되고 있으며, 이러한 기제의 한 유형인 유해발굴과 재매장은 어떠한 상징성을 가지는가에 대한 고찰이라 할 수 있다.

왜 유해발굴이 성행하는가?

인간의 뼈는 사회문화적으로 '보수적' 특성을 가질 수밖에 없다. 사회의 다양한 공동체들은 사람의 유해에 대해 공포와 외경심을 가지고 있으며, 죽은 자나 산 자 모두를 위하여 유해에 대한 기념의례가 중요한 영역으로 취급되고 있다. 이 의례는 사회의 변화할 수 없는 원칙을 이루고 있고, 그러므로 가장 보수적 영역에 위치할 수밖에 없다. 한번 매장된 인간의 뼈는 공동체나 사회를 위해서라도 다시 밖으로 나와서는 안 된다. 매장된 뼈는 지하에 묻힌 채 안정적으로 보존되어야 하는 것이 원칙이다. 그럼에도 불구하고 안정적으로 매장된 유해이든지, 아니면 학살 후 은밀하게 방치된 유해이든지 간에, 유해들을 다시 밖으로 발굴한다는 것은 어떤 의미를 가지는가? 인간의 뼈를 매장하는 것이 상당히 보수적인 행위라 한다면, 뼈를 다시 밖으로 끄집어내는 것, 즉 발굴은 상당히 반대적 의미의 행위로 볼 수 있다. 그러므로 유해발굴의 의미는 변동과 개혁이라는 범주와 더욱 가깝게 놓여 있다.

21세기 전 세계는 세계화라는 담론에 걸맞게 수많은 교류와 변동의 순간을 맞이하고 있다. 세계적으로 엄청난 규모의 인적 물적 자원이 이동하고 있고, 이러한 이동에는 긍정적 측면과 부정적 측면이 동시에 존재한다. 하지만 세계화의 진행은 아이러니하게도 근대국민국가 간의 경계를 더욱 단단하게 만들고 있다. 세계화의 진행은 전 세계를 하나로 만들 것이라는 환상과는 달리, 전 세계 많은 국가들은 자국의 국경을 더욱 폐쇄적으로 잠그고 있는 실정이다. 세계화 현상은 전 세계 근대국민국가와 민족, 인종 간의 간극을 '커넥트(connect)'하기보다는 오히려 '자본의 연대'를 바탕으로 근대국민국가 간의 장벽을 더욱 강화하고, 이 속에서 보다 고차원의 인종적, 민족적 차별화를 만들어내고 있다. 예를 들어 미국은 자국민의 안전과 일자리를 확보한다는 논리에서 멕시코와의 국경을 더욱 '두텁게' 만들고 있으며, 미국 내 아시아와 라틴아메리카계 (불법)이주민들을 추방하고 있다. 유럽의 많은 국가들도 상황은 비슷하여, 불법이주민이나 난민들이 유럽의 국경을 자유롭게 넘나드는 것을 허락하지 않고 있다. 세계화는 폐쇄적이고 소극적인 내셔널리즘과 큰 연관성을 가진 것이다.

내셔널리즘의 강화는 수많은 신화와 전통을 생산하고 또한 필요로 한다. 20세기 이후부터 전 세계적으로 유해발굴의 수요가 확대된 것은 내셔널리즘의 강화 혹은 국가정체성의 새로운 확립과 연관성을 가진다고 본다. 왜냐하면 유해발굴은 개인적 이장(移葬)을 제외한다면 거의 국가적 혹은 집단적 수준에서 이루어지기 때문이다. 정체성의 강화는 사회적으로 존재하던 많은 요소들의 축적으로 이루어질 수도 있으나 새로운 전통을 창출하여 만들 수도 있다. 이때 인간의 뼈는 새로운 전통과 정체성을 창출할 수 있는 과거의 가장 좋은 표상으로 작용할 수 있다. 발굴된 인간의 뼈는 과거를 새롭게 해석하고, 사회의 변동과 개혁을 추구하는 데 사용된다.

또한 유해발굴은 20세기 이후의 시간이 인간의 역사에서 가장 거대한 폭력의 세기였으며, 많은 질곡과 아픔이 있었다는 사실과 연관된다. 이것은 폭력의 세기가 끝난 후 희생자들의 죽음을 새롭게 위치시키기 위해서이고, 이를 통해 새로운 인식과 기억을 만들기 위함이다. 그러므로 유해발굴이 성행하게 되었다는 것은 그만큼 사회를 변화하고 개혁하고, 그리고 새로운 정체성을 확립하기 위한 요소가 늘었다는 것을 의미한다. 사회의 금기를 어기고 발굴된 유해는 과거 혹은 보수적 사회의 표상이며, 우리는 이것을 이용해 새로운 질서를 만들어간다. 즉, 가장 보수적인 '인간의 뼈'를 이용해 개혁적 상징과 새로운 정체성을 창조해내는 것이다. 하지만 유해는 발굴되었다는 사실만으로 개혁을 이룰 수 없고 새로운 정체성을 창조해낼 수도 없다. 이것을 개혁과 변동의 상징으로 만들기 위해서는 이에 상응하는 새로운 기억의 창출이 있어야 하며, 그것은 사회적 기념을 통해 완성될 수 있다.

기억과 사회적 기념

유해발굴의 사회적 기억회복 역할은 기억과 기념이라는 연구주제와 맥을 같이한다. 역사를 서술함에 있어서 기억과의 연관성은 매우 중요하다. 많은 과거의 사실 중 어떤 것은 필요에 의해 망각되고, 또 어떤 것은 사회에 의해 기억되어 역사화된다. 이른바 기억투쟁의 과정을 거치면서 사회는 자신의 모습을 정형화시키는 것이다. 기억되는 과거는 치열한 기억투쟁을 거쳐 선택된 것들이며, 선택된 과거를 기억하는 방법은 다양하지만, 일반적으로 국가는 기념사업과 의례를 국가적 혹은 사회적으로 추진하는 방법을 구상한다(정호기 2007: 19-35). 이것은 근대국민국가가 국가의 정체성을 강화하고 체제를 강화하기 위한 한 방편으로서, 기억의 정치는 냉전 이후 전세계 역사에서 근대국민국가를 건설함에 있어서 상당히 유용한 도구로 사용되었다.

하지만 이러한 기억의 정치는 일부 '비정상적 죽음'의 기억, 즉 상처 입은 무명용사의 기억 혹은 전쟁 피해자들의 기억 등에 의해 '항상성(consistency)'이 방해를 받고, 이러한 소수적인 기억들은 '민족국가의 기억' 속에 포함되지 않으면서 색다른 전쟁이나 과거의 양상을 이야기하기도 한다. 김성례(2013)는 제주 4.3사건의 경우 이러한 색다름들이 접신된 무당의 입이나 굿을 통해 드러나는 것을 설명하고 있으며, 이 '잡신'들의 바람은 조상신 혹은 근대국민국가의 사당으로 합류하고자 하는 마음을 담고 있다고 기술하고 있다

(김성례 2013: 224-236). 이것은 이른바 국가의 공공 기억에 포함되지 못한 비공식적 기억을 지칭하는 것으로, 국가의 공식적 기억 속에 포함되지 못한 수많은 억압된 기억들을 말한다. 억압된 기억은 기억투쟁을 통해 과거의 공공 기억을 대체할 수도 있지만 이러한 경우가 항상 발생하는 것은 아니다. 대부분의 국가폭력 사례에서, 억압된 민중의 기억은 과거사 청산 등의 이행시점이 도래하지 않는 이상 가족이나 공동체의 일상적 영역에서 소멸되어버릴 가능성이 크다.

　　기억을 사회적으로 항구화시키는 것은 기념의 영역이다. 기념은 개인적 영역과 사회적 영역으로 구분할 수 있으며, 사회적 영역의 기념은 주로 공공영역의 기억이 사회구성원들에게 오랫동안 남아 있어야 할 경우 사용된다. 개인적 기념은 가족과 공동체 등의 영역에서 주로 이루어지고, 개별적 의례 요소라 할 수 있는 제사와 같은 것들이다. 보편적으로 개인적 의례는 그 목표나 주요 대상이 '조상' 등의 불변하는 객체로 구성되지만, 사회적 기념은 특정 시기마다 객체의 대상이 변화할 수 있다. 현혜경은 4.3기념의례가 공산폭동론과 민중항쟁론, 그리고 양민학살론 등에 의해 영향을 받으면서 역사적으로 그 성격과 정체성이 변화하였다고 분석하고 있다(현혜경 2008). 하지만 이렇게 사회적 기념은 시기마다 그 특질과 객체가 변화할 수는 있어도, 공공의 영역을 지향한다는 것은 대체로 유지된다. 공공의 영역을 추구하는 사회적 기념은 사회구성원의 기억을 재조정하여 집단적인 일체감과 통일성을 지향하기도 하지만, 개별적 영역에서 인식할 수 없었던 새로운 관점의 인식을 제공하기도 한다. 예를 들어 민간인 피학살자의 죽음이 개별적 관계의 영역에 머물지 않고 인권의 강화나 국가폭력의 부당성을 말하기 위해서는 사회적 기념에 대한 인식이 필요하다. 왜냐하면 개별 주체, 즉 유족의 기억이 피학살자 개인에 머무르는 것이 아니라 시대의 표상으로서 그 죽음을 인식해야 하기 때문이다. 이러한 측면에서 이 책에서는 개별적 기념의 범위를 벗어나 좀 더 광범위하고 사회적인 측면에서 죽음을 인식하는 것을 '사회적 기념'이라 부르도록 하겠다. 한국 유해발굴의 역사에서 사회적 기념의 인식은 개별적 기념의 한계를 극복하면서부터 시간을 경과하며 서서히 인식되기 시작했다.

제1장

시체를 찾는 '귀신들'
: 민간인 학살과 시신의 유기

2007년 진실화해위원회에서 발굴한
청원분터골 유해발굴 현장 모습

1. 한국전쟁기 민간인 학살 개요

인류는 자신의 종족 내부에서 광범위하게 상호적으로 살인 (killing)을 일삼는 '동물'에 속한다. 이러한 '살인'은 인간의 본질을 연구하는 데 있어서 상당히 중요한 소재 중 하나로 취급되어왔으며, 지금까지 살인 행위를 인간의 정신적·신체적 특징 혹은 문화적 현상으로 고찰하고자 하는 노력은 인류학과 사회학, 심리학 등에서 꾸준히 시도하고 있다. 살인의 범주는 개인 간에 발생하는 것으로부터 사회 전체의 문화 현상으로 볼 수 있는 것까지 상당히 다양한 범주를 가지고 있다. 전쟁(war)은 이 중에서도 인간 사회 관계의 극단적 형태인 살인이 복합적인 사회문화 현상과 결합된 것이라 할 수 있다.

전쟁만이 인간의 살상을 야기하는 것은 아니지만, 특히 전쟁은 '집단살상(mass killing)'을 야기하며, 모든 문화권에서 보편적으로 통용되고 있는 살인의 '위해성'을 어느 정도 정당화한다는 특징을 가지고 있다. 클라우제비츠(Clausewitz)는 그의 저서 『전쟁론』에서 전쟁이란 '적을 제압하기 위한 무력수단으로서 논리적 제한이 없고, 다른 수단에 의해서 수행되는 정치의 연장에 불과'하다는 것을 밝힌 바 있다. 이 같은 전쟁의 정의는 아직까지 광범위하게 통용되고 있으며, 목적의 달성을 위해 어떠한 폭력도 제한 없이 가용하다는 의미를 내포하고 있다.

20세기에 들어오면서 인류는 전쟁을 수행함에 있어 '일종의 룰'을 만들기 시작하였다. 1907년 헤이그 평화회의에서 체결된 '육전의 법규관례에 관한 규약'을 근거로 '육전의 법규관례에 관한 규칙 (articles of war, 이하 육전법규)'을 만든 것이 대표적 사례이다. 이 규칙은 이전까지 적군과 그 주변 환경에 대한 '무자비한' 섬멸이 전쟁의 목표였던 것을 상당히 바꾸어놓았다. 육전법규에서는 전쟁을 할 수 있는 '교전권자'를 정규군과 일정한 자격을 갖춘 비정규군으로 규정하고, 교전권자는 적에 대해 어떠한 적대 행위도 할 수 있지만 투항자, 병상자, 민간인 등에 대한 공격과 무방비 도시의 공격 등은 제한하고 있다. 육전법규 이외에도 '전쟁의 룰'과 관련하여 '포로의 대우에 관한 제네바 협정', '무력분쟁 시의 문화재보호를 위한 조약', '전시에 있어서의 주민보호에 관한 조약' 등이 잇따라 선포되었다. 이와 같은 룰들이 제정된 이유는 갈수록 격화되는 전쟁의 참화속에서 그나마 '인권'의 중요성을 견지하고자 하는 인류의 노력이 반영된 것이었다.

앞서 소개한 '전쟁의 룰'들은 상당히 보편적 측면에서 교전 및 포로, 인권의 중요성을 강조하고 있지만, 이와 달리 특별한 범주를 지적하여 이에 대한 금지를 선언한 경우도 있다. 이러한 사례 중 하나가 바로 1948년 유엔 총회에서 채택된 '제노사이드 방지와 처벌에 대한 협정(Convention on the Prevention and Punishment of crime of Genocide)'이다.

민간인 학살은 전쟁 중 전투원과 비전투원인 민간인의 개념을 구분하고, 이 가운데 비전투 민간인에 대한 공격 및 살해 행위 일체를 말한다. 그러나 전쟁에서 처음부터 희생자의 범주를 전투원과 민간인으로 구분했던 것은 아니었다. 고대와 중세의 전쟁은 집단과 집단, 민족과 민족 혹은 국가와 국가 간의 총력전이었으며, 전투원과 민간인을 구분하는 것이 아무런 의미가 없었다. 오히려 상대의 영토를 함락하고 민간인을 죽이는 것이 승자의 정당한 권리로 인정받던 시기였다. 이러한 전쟁의 양상은 현대로 들어오면서 조금씩 바뀌기 시작한다.

　민간인 학살에 대한 개념은 쉽게 도출할 수 있지만, 이것을 현실 속에서 명확하게 구분하고 증명하는 것은 상당히 어려운 일이다. 왜냐하면 각지의 여러 전쟁에서 발생한 모든 민간인의 희생을 '학살'이라는 개념으로 설명할 수 있는 것은 아니기 때문이다. 넓은 측면에서 보았을 때, 전쟁 중 모든 민간인들에 대한 희생을 학살이라고 할 수 있지만, 이것은 너무나 포괄적인 규정이기 때문에 민간인 '학살'과 '희생'은 구분하여 쓰는 것이 보통이다. 학살과 희생은 크게 '우연성'과 '고의성'이라는 측면에서 구분할 수 있다. 즉 학살은 '의도된 정책하에서 자신들의 사상 및 정책과 반대되는 이들에 대한 살해'를 말한다. 주로 이러한 학살은 규모면에서 대량으로 이루어지는 경우가 많기 때문에 거의 '대량 학살(massacre)'의 개념과 일치하고, 국가와 같은 거대 권력에 의해 이루어지는 경우가 대부분이다.

　위에 근거해서 볼 때, 한국전쟁기에 발생한 많은 민간인의 죽음이 학살의 영역에 들어갈 수 있다는 것은 몇 가지 결론에 토대를 두고 있다. 먼저 한국전쟁을 전후한 민간인 학살의 특징이 전쟁 와중에 우연히 발생하게 된 것이 아니라 조직적으로 계획되었다는 점이다. 이를 뒷받침하는 것으로서 전쟁이 발생한 지 3개월 이내에 집단적인 학살이 신속하게 이루어졌다는 점을 들 수 있다. 이러한 원인에 대해서는 현재 다양한 의견들이 제시되고 있으나, 가장 중요한 원인은 무엇보다도 사전에 학살에 대한 인프라가 구성되어 있었다는 점을 들 수 있다. 이것은 집단 학살이 전쟁 이전에 조직되어 있던 국민보도연맹이라는 단체를 중심으로 이루어졌다는 것에서도 확인할 수 있다.

두 번째는 민간인 학살이 전쟁 중 정적(政敵)으로 인식된 사람들의 제거만을 목표로 했다 할지라도, 실제로는 보다 복합적인 영역에까지 영향을 미쳤다는 것이다. 즉 한국전쟁을 전후해 발생했던 민간인 학살은 단순한 '살인'으로 끝난 것이 아니라 한국사회 전체에 상당한 영향을 미쳤으며, 이후 국가체제를 강화하는 데 커다란 역할을 했음을 의미한다. 이 부분은 한국전쟁 중 비전투 지역이었던 경상남북도에서 전쟁 후 전투지역과 동일한 문화적 정체성이 구축되었다는 데서 확인해 볼 수 있다. 한국전쟁 이후 형성된 한국문화의 정체성을 한 마디로 표현하기는 힘들지만, 대표적으로 강력한 '반공주의'의 형성을 들 수 있다. 이러한 문화적 정체성의 형성 요인에는 한국전쟁을 통한 국가지배 이데올로기의 강화라는 측면이 주를 이루지만 지역민들의 경험 또한 중요한 요인으로 작용할 수밖에 없다.

2. 한국전쟁기 민간인 학살의 규모와 형태

한국사회에서 민간인 학살을 논할 때 가장 많이 언급되는 것은 한국전쟁이다. 이러한 이유로는 전 세계의 수많은 전쟁 중 민간인 학살이 가장 극심했던 전쟁 중의 하나였기 때문이다. 하지만 적어도 2000년 이전까지 대한민국 정부의 공식적 역사 기록에서는 민간인 학살에 대한 자세한 기록을 찾아보기 힘들며, 실제로 몇 명의 희생자가 나왔는지도 추정하기 힘든 것이 사실이었다. 2005년 이전까지 정부에서 공식적으로 밝히고 있는 한국전쟁 기간 중의 민간인 피해 현황은 간단한 수치로 분류되어 있으며 그 내용은 표1과 같다. 이렇듯 통계를 논함에 있어서 2005년을 기준으로 삼고 있는 것은 한국전쟁 전후 민간인 학살 사건에 대해 최초의 포괄적 조사가 2005년에 이루어졌기 때문이다. 2005년은 포괄적 과거사 청산 기구인 진실화해위원회가 정부 차원에서 구성된 해이다.

(단위: 명)

구분	계	사망	학살	부상	납치	행불
총계	990,968	244,663	128,936	229,625	84,532	303,212
서울	129,908	29,628	8,800	34,680	20,738	36,062
경기	128,740	39,728	7,511	25,479	16,057	39,965
충북	70,003	24,320	3,409	12,658	6,312	23,304
충남	75,409	23,707	5,561	20,290	10,022	15,829
전북	91,861	40,462	14,216	15,364	7,210	14,609
전남	193,788	14,193	69,787	52,168	4,171	53,469
경북	97,851	35,485	6,609	21,061	7,584	27,112
경남	72,306	19,963	6,099	32,417	1,841	11,986
강원	130,777	17,122	6,825	15,483	10,528	80,819
제주	325	55	119	25	69	57

표1. 한국전쟁 당시 민간인 피해 현황(내무부 통계국 1955: 212-213)

위의 통계자료에 의하면 5가지 유형에서(사망, 학살, 부상, 납치, 행불) 약 100만여 명의 민간인이 피해를 입었으며, 이 숫자는 한국군과 유엔군의 피해 숫자인 115만여 명과 비슷한 수준이다. 이 가운데 학살에 의한 민간인 피해 유형은 12만 명에 이른다. 그러나 이 통계가 어떠한 근거를 통해 민간인 피해 숫자를 집계했는지는 확실하지 않기 때문에 섣불리 위의 통계결과를 단정 짓는 것은 무리가 있으며, 이보다 더 많은 피해가 있었을 것으로 예상된다. 또한 이 통계는 단순히 한국전쟁 기간 중(1950. 6. 25~1953. 7. 21)의 인원만을 집계한 것이기 때문에 한국전쟁이 일어나기 전인 1948년부터 전국적으로 자행된 학살 인원에 대해서는 집계가 되어 있지 않다.

국방부 통계 이외 민간인 학살에 대한 피해조사가 처음으로 실시된 것은 1960년 4.19 혁명 직후 범국민적으로 일어난 학살 진상조사이다. 1960년 이승만 정권을 무너뜨린 민중의 힘은 다양한 방면에서 민주화를 위한 노력을 기울였으며, 한국전쟁을 전후해 발생한 민간인 학살에 대해서도 진상규명 노력을 개진하였다. 이에 1960년 5월 23일, 대한민국 4대 국회는 제35회 국회 제19차 본회의에서 '거창, 함양, 산청 등지의 양민학살사건 진상조사에 관한 긴급 결의안'(제안자 박상길) 등을 통과시키고, 모두 3개 지역의 진상조사반(경남, 경북, 전남)을 구성하여 동년 6월 10일까지 조사활동을 실시하였다. 당시 국회에서 조사된 민간인 학살의 실상은 다음과 같다.

위의 국회조사 보고서 내용은 국가의 공식적인 경로를 통해 처음 조사된 민간인 학살 피해 유형이다. 그러나 이 자료는 짧은 조사기간(1960. 5. 31~1960. 6. 10)과 피해접수 기간(1960. 6. 2~1960. 6. 4), 그리고 일부 지역(경상남북도와 전라남북도)만을 조사대상으로 설정했다는 것을 고려할 때 상당히 불충분하다고 볼 수 있으며, 위에 기재된 사례들은 단지 빙산의 일각에 지나지 않는다. 실제 경북지역의 경우, 1960년에 조사된 사례에는 대구와 문경 지역만 기재되어 있으나, 1960년 6월 22일까지 경상북도청 사회과(원호과)에

지역		피학살자 인원	재산피해	학살시기
도	세부지역			
경상북도	대구시 상원동	240명		1949. 3. 18 ~1950. 7월 중순
	대구시 파동 (일명 서당 앞)	100여 명		1950. 7월 중순
	대구시 가창댐	100여 명		1950. 7월 중순
	대구형무소	1,402명		1950. 7월 초순
	문경 산북면 석봉리	86명	가옥 24호	1949. 12. 24
경상남도	거창군	719명		
	거제군	44명		
	함양군	594명	가옥 2,775호 식량 4,930석 농우 518두 의류 38,949점	
	동래군	33명		
	울산읍	677명		
	충무시	267명		
	구포읍	58명		
	마산시	188명		
	산청군	506명		
전라북도	순창군 (순창, 인계면 등지)	1,028명	5,361호	1950.2~1953.1
전라남도	함평군 (월야, 해보, 나산면)	524명	1,454호	1950. 12월경

표2. 제4대 국회 민간인 학살 조사 내용(경상북도의회 양민학살진상규명특위 2000)

접수된 내역을 보면 대구와 문경을 제외하고도 봉화(148명), 청도(301명), 고령(197명), 영천(383명), 군위(104명), 달성(166명), 경주(56명), 김천(93명), 금릉(37명), 영양(25명), 청송(13명), 포항(6명) 등 총 2,703명의 피해 신고가 있었던 것으로 나타나고 있다(〈영남일보〉 1960. 6. 23.).[1]

2005년 진실화해위원회 출범 이후에도 한국전쟁기 민간인 학살의 전체 규모를 파악하기 위한 노력은 있었다. 실질적인 진실화해위원회의 민간인 학살 조사는 2005년 12월부터 2006년 11월까지 1년 동안 민간인 피학살자 신고를 접수한 이후, 신고된 사건에 한하여 4년 동안 조사를 실시하였다. 신고된 사건만을 조사했기에 전체적인 민간인 학살의 규모를 파악하는 데는 한계가 있었다. 이에 진실화해위원회는 신고사건 조사 이외에 한국전쟁기 민간인 학살의 전체 규모를 파악하기 위해 2007년부터 2009년까지 몇 개의 지역을 선정하여 '민간인 집단희생 관련 피해자현황조사'를 실시하였다. 조사가 진행된 지역은 2007년의 경우 강화, 청원, 공주, 예천, 청도, 김해, 구례, 영암, 고창이었고, 2008년에는 함양, 영천, 영광, 임실, 영동, 인제, 2009년에는 예산, 광양, 성주, 영덕이었다. 조사 결과 2007년에는 9개 지역에서 총 8,519명의 피해자가 조사되었고, 2008년에는 8,141명, 2009년은 2,744명의 피해자가 집계되었다(진실화해위원회 2010b: 116-122). 이 조사는 진실화해위원회가 신고된 사건의 조사라는 한계를 극복하고 한국전쟁기 민간인 학살의 전체

---

1) 당시 경북지역에서는 14개 시군에서 2천 7백 여 명의 인원이 피해자 유족신고를 했으며(〈영남일보〉 1960. 6. 23.), 1960년 6월 15일 대구상공회의소 회의실(당시 대구역 앞)에서 500여 명이 참여한 가운데 유족회가 구성되고, 7월 28일에 대구 공회당 앞에서 경북지구 피학살자 합동위령제가 개최되었다.

적 규모를 가늠하기 위해 실시되었다는 측면에서 상당한 의의를 가질 수 있으나, 결국 위원회 운영의 한시성과 예산 등의 문제가 겹쳐 종합적인 결론을 얻을 수는 없었다.

반면 진실화해위원회는 1년간의 진실규명 신고를 받아 총 9,609건의 사건 신고가 접수되었고, '진실화해를위한과거사정리기본법' 제22조(진실규명 조사개시)에 의거하여 2006년 4월 25일 '함평 11사단 사건', '양평지역 적대세력사건' 등 총 9개 사건(신청건수 541건)에 대해 첫 조사개시 결정을 내린 후 2007년 2월까지 8,651건에 대해 조사개시 결정을 내렸다. 또한 진실화해위원회는 '역사적으로 중요한 사건으로서 진실규명에 해당한다고 인정할 만한 상당한 근거가 있고 진실규명이 중대하다고 판단되는' 3가지 사건에 대해 직권조사 결정을 내리기도 하였다.

유형별	사건명	직권조사 개시 결정 일자
한국전쟁 전후 민간인 학살	국민보도연맹사건	2006. 10. 10
	전국형무소재소자 희생사건	2006. 11. 7
	여순사건	2007. 3. 6

표3. 직권조사 사건 목록(진실화해위원회 2010c: 3)

진실화해위원회는 9,609건의 사건 신청 가운데 8,187건에 대해 진실규명 결정을 내렸으나, '희생'의 범위를 사망과 행방불명, 신체적 피해 및 부상에 국한함으로서 정신적 피해와 후유증, 물적 혹은 재산 피해 등에 대해서는 각하 결정을 내렸다(진실화해위원회 2010c: 4).

처리유형	진실규명	진실규명 불능	각하	취하	이송	중지	계
사건 수(건)	8,187	464	1,056	264	5	4	9,980
비율(%)	82.03	4.64	10.58	2.64	0.05	0.04	100

표4. 한국전쟁 전후 민간인 희생 사건 처리 현황(진실화해위원회 2010c: 3)

진실화해위원회는 조사과정에서 한국전쟁 전후 민간인 학살의
범주를 '국민보도연맹 사건', '형무소재소자 학살 사건', '부역혐의
학살 사건', '여순사건', '미군에 의한 학살 사건', '적대세력사건(인민
군에 의한 학살)', '대구 10월 사건', '군경토벌사건' 등으로 분류한 후
신청사건에 한해 진실규명 결정을 내렸는데[2], 약 4년간 진실화해위
원회가 조사한 민간인 학살 사건의 결과는 다음과 같다.

사건유형	군경 관련 사건	예비검속/ 보도연맹/ 형무소 관련 사건	미군 관련 사건	적대세력 관련 사건	계
사건 수(건)	3,079	3,414	249	1,445	8,187
비율(%)	37.61	41.7	3.04	17.65	100

표5. 가해유형별 진실규명 결정 건수(진실화해위원회 2010c: 5)

---

2) 한국전쟁 전후 민간인 학살 가운데 가장 대표적이라 할 수 있는 제주 4.3사건은
    많은 부분이 진실화해위원회 조사에서 제외되었는데, 이러한 이유는 '제주 4.3사
    건'의 대부분이 '4.3 특별법'에 의해 조사되었기 때문이다.

사건유형	군경 관련 사건	예비검속/ 보도연맹/ 형무소 관련 사건	미군 관련 사건	적대세력 관련 사건	계
진실규명된 피해자 수	4,935	4,000	763	2,666	12,364
진실규명된 피해자 비율(%)	39.91	32.34	6.17	21.56	100
조사과정에서 추가확인 된 피해자 수(명)	4,296	1,822	290	1,848	8,256
조사과정에서 추가확인 된 피해자 비율(%)	52.05	22.06	3.51	22.38	100

표6. 가해유형별 피해자 수(진실화해위원회 2010c: 6)

3. '빨갱이 기피증': 민간인과 양민의 이분법[3]

한국전쟁 전후 민간인 학살 관련 논의에서 주된 논쟁점은 피해자 범주의 특정이었다. 1990년대 후반까지 한국사회의 학살에 대한 개념은 '양민'에 고정되어 있었다. 즉 '양민'과 '민간인'의 범주가 엄격히 구분되어 있었던 셈이다. 이때 '양민'이라 함은 '착한 백성', 즉 좌익혐의가 전혀 없는 깨끗한 사람을 말한다. 그러나 2000년대를 전후해 학계 및 시민사회단체에서는 학살의 범주를 '민간인'으로 재규정했으며, 이때 '민간인'은 '무장하지 않은 비전투요원'의 범위로서 좌익 혐의자라 할지라도 정당한 법적 절차를 거치지 않고 무

---

3) 이 절의 내용은 필자의 박사학위논문인 「민간인 학살로 통해 본 지역민의 국가 인식과 국가권력의 형성」(pp.187-215) 내용 중 일부를 토대로 재작성한 것임.

참하게 학살된 사람들을 포함하고 있다.

사실 '양민학살' 개념은 많은 이들에게 아직도 통용되고 있으며, 이 개념의 기원을 따지기 위해서는 일제 식민지시기에 활용되었던 광범위한 '양민' 개념들을 함께 조사해야 한다. 일본 식민지배 체제는 '황국신민화' 등의 정책을 원활히 수행하기 위하여 많은 '불순분자'들을 '양민'과 구별하는 정책을 활용하였으며, 이에 수많은 독립운동가와 양심세력이 '양민'과 구분되는 반대 측에 서게 되었다. 한국전쟁 전후 민간인 학살은 사건이 발생한 지 50여 년이 넘도록 일제 식민지시기 기획되었던 '양민' 개념이 그대로 적용되어온 사건이기도 하였으며, 2018년 현재까지도 많은 역사인식에서 한국전쟁 중 국군이나 경찰에 희생된 사람들이 '순수하고 깨끗한' '양민'이 아닐 가능성이 많다는 추론을 불러일으키고 있다. 그러므로 한국전쟁기 민간인 학살의 개요를 살펴봄에 있어서 사회 내부에서 '민간인'과 '양민' 개념이 어떻게 인식되고 있는가를 살펴보는 것은 상당히 중요한 지점이며, 구체적 사례연구를 통해 이를 기술하고자 한다.

경상북도 청도 사례를 통해 본 '민간인'과 '양민'의 이분법

청도유족회가 만들어진 과정은 '노근리' 사건 이후 결성되었던 다른 지역의 유족회와 비교해 크게 다른 점이 없다. 청도유족회의 초대 회장을 역임했던 박현준[4]은 1999년 이전부터 청도 지역에서 발생했던 민간인 학살의 참혹성을 알리고자 많은 노력을 기울여왔다. 또한 박현준은 자신의 아버지가 국민보도연맹원과 월북자로

---

4) 이 절에 등장하는 모든 이들의 이름은 가명임을 밝혀둔다.

처리된 근거 서류를 찾기 위해 행정관청 및 경찰서를 방문하였으나 매번 쫓겨나야 했으며, 이러한 과정이 반복되면서 개인의 힘만으로 민간인 학살 문제를 해결한다는 것이 불가능하다는 것을 깨닫게 되었다. 이러던 와중에 청도 인근 경산지역에 유족회가 결성되었다는 소식은 박현준에게 새로운 희망을 안겨주었다.

'노근리' 학살의 공론화 이후 민간인 학살에 대한 관심이 점차 확산되면서 경산의 폐코발트 광산은 피학살자의 유래가 보존되어 있다는 이유 하나만으로도 세인들의 관심을 끌었다. 이러한 관심으로 인해 경산은 다른 지역보다 비교적 빠른 시간 내에 유족회가 결성되었다. 그러나 경산유족회 역시 유족들의 자발적 의지로 결성되었기보다는 시민사회단체의 지원을 받아 결성된 단체라고 볼 수 있다. 경산 시민사회단체의 연합 조직인 '경산민주단체협의회'의 일부 회원들은 1993년부터 지역 답사모임을 조직해 폐코발트 광산 주변에 대한 답사를 실시해왔으며, 1998년부터는 매년 위령제를 독자적으로 지내오고 있었다. 이러한 점들로 볼 때, 결과적으로 박현준은 청도유족회 결성을 위해 경산의 시민사회단체와 최초로 접촉한 것이다.

박현준은 경산의 시민사회단체로부터 유족회의 결성 및 조직 운영의 여러 가지 '기술'을 전수받은 후 본격적으로 청도유족회의 결성에 착수했다. 그는 먼저 청도 지역에 거주하는 유족들을 규합하기 위해 지역신문에 유족을 찾는다는 광고를 내었으며, 또한 개인적으로 알고 있던 유족들을 유족회로 결합시키기 위해 상당한 노력을 기울였다. 그러나 유족회의 초기 결성과정은 그렇게 순탄하지 않았다. 유족회의 초기 결성과정에서 무엇보다도 힘들었던 것은 그 당시까지 유족들의 인식 속에 각인되어 있던 '빨갱이 기피증'이었다. 많은 유족들은 공개적으로 유족회 활동을 한다는 것에 두려움을 가지고 있었으며, 큰 피해를 당할 수도 있다는 생각에 적극적으로 동조하지 못하였다. 그러나 박현준 및 일부 유족들의 적극적인 노력으로 청도유족회는 170여 명의 회원을 규합하여 2000년 11월에 결성되었으며, 2001년 1월 17일 유족회가 중심이 되어 최초로 곰티재라는 민간인 학살지에서 위령제를 지내기도 하였다.

이러한 결성과정을 통해 볼 때, 청도유족회는 '노근리' 사건의 공론화 이후 결성된 유족회로서 시민사회단체와 긴밀하게 연관되어 있다는 것을 확인할 수 있다. 이러한 사실은 필자에게 청도유족회의 성격 속에 일종의 대항담론이 내포해 있지 않을까라는 가정을 하게 만들었다. 그러나 이러한 가정은 유족회 회원들과의 인터뷰를 하면서 조금씩 바뀌기 시작했다.

유족회 가입한 동기는 딴 거 있습니까? 딴 사람은 가입 목적이 뭔지 모르지만 나는 내 삼촌이 일이 이렇게 되어 있으니까, 밑에 젊은 사람들 과거에 활동을 할라 그래도 신원조회 관계라던가 여러 가지 가로막는 문제가 있어서, 거창사건이나 제주 4.3사건 같은 것을 보면 명예회복이라는 문제, 단 이거지 딴 거 있습니까? 그거하면 자손들이 사회활동 하는데 신원조회라든지 여러 가지 방해라도 없어지고 이래 되면 자유롭게 활동할 수 있지 않을까… 목적이 그것이지 뭐 딴 거 있습니까?(이성식, 경북 청도 1932년생)[5]

---

5) 이 절에서 사용하는 증언들은 독자들의 가독성을 높이기 위하여 사투리나 비어를 모두 문어체 형식으로 변경하였다.

위의 증언에서 보듯이, 유족들의 유족회 가입 이유는 대부분 피학살자의 명예회복을 통해 가족과 친족이 짊어지고 있던 연좌제를 푸는 것에 집중되어 있었다. 유족들은 50여 년 전 가족의 죽음이라는 충격을 겪었으며, 피학살자의 가족이나 친족이라는 이유 하나만으로 기나긴 시간을 연좌제의 굴레 속에서 갇혀 있어야 했다. 이러한 현실을 탈출하고 싶은 유족들의 마음은 당연한 것이었으며, 여기에 유족회를 통한 집단적인 움직임이 많은 도움이 될 것이라 생각한 것이다.

그러나 이러한 유족들의 유족회 가입 목적은 시민사회단체의 영향을 받았다고 하여 쉽사리 확장된 것은 아니었으며, 오히려 사회적인 측면에서는 '빨갱이' 담론을 중심으로 한 국가지배 이데올로기에 대항하는 것이 아니라 기존의 국가지배 체제 속에서 순종하는 모습을 보인 것이 사실이다. 이와 같은 내용은 다음의 몇몇 사례를 통해 확인할 수 있다.

먼저 유족회 내 유족들의 주요 담론은 '빨갱이'라는 개념에 대해 '대항'하는 것이 아니라 여전히 '기피'하고 있었으며, 이로 인해 유족들의 최종 목표는 '빨갱이'라는 범주에서 탈출하는 것에 집중되어 있었다. 이것은 곧 '빨갱이'라는 담론을 중심으로 자신들을 괴롭혀온 국가지배 이데올로기에 대항하는 것이 아니라, 그 체제를 유지한 채 자신들의 신분만을 바꾸려고 하는 것이다. 이와 관련하여 박현준은 민간인 학살 진상규명 문제에 있어서 시민사회단체들의 역할이 중요함을 강조하면서, 그 최종 목적이 어디에 있는가를 말하고 있었다.

이 입법을 추진을 하는데, 만들어 놓은 법의 근본적 취지를 좌익이든 우익이든 소위 육이오 전쟁이라는 거대한 전쟁사가 만들어낸 불행을, 좌익한테 당했건 우익한테 당했건 한테 묶어서 처리하는 것을 원칙으로 했단다. 출발점이 거기다… (변호사가) 이런 이야기를 하더구만. 그래서 내가 메모를 하면서 가만히 그 사람 이야기를 듣고 있었지. 근데 그때 좌익한테 무엇인가 희생된 사람들까지도 입법 소위 초안에 충분히… 뭐 이런 이야기를 하더구만… 내 한참 듣다가 나중에 질문을 했다. 소위 통합 입법(민간인 학살 관련 법안)을 초안하겠다고 하는 그런 결심이 섰다 할 것 같으면 적어도 그 당시의 상황 배경을 나름대로 연구하고 조사는 그런 과정은 없었습니까? 하니까… "왜요? 있었습니다." 이러는 거라… 그렇다고 하면… 좌익한테 당한 그 사람들에게 우리 정부가 지금까지 어떤 대접을 하고 있다는 사실을 모릅니까? 이러니… "그런 얘기는 내가 금시초문인데요…" 그 뒤부터 내가 화가 나기 시작했단 말이야… 이런 놈들이 입법초안을 하고 있으니… 하다 못해서요… 빨갱이한테 요런 걸 하나 당해도 보상 전부 다 받고 있습니다. 안 받는 사람 하나 없다고… 그것도 모르는 놈이 무슨 입법 초안을 하노… 하다 못해서 빨갱이가 밤에 나와 가지고 저거 집에 고양이 한 마리라도 잡아갔던가 닭 한 마리라도 잡아갔다면 보상 전부 다 받았다고… 그것도 모르는 놈이 입법초안 한다고 한단 말이지… 그 당시의 시대 상황을 그렇게까지 알려고도 안 하고 입법 초안 어떻게 합니까?(박현준, 경북 청도 1930년생)

위의 증언은 박현준이 민간인 학살 진상규명을 위한 특별법을 발의한 변호사의 의견에 대해 반박하고 있는 것이다. 박현준은 여기서 6.25전쟁 기간 중 일어났던 모든 민간인 학살에 대해 좌우익을 가리지 않고 인권적 측면에서 접근하고자 하는 의견에 대해 심한 반발을 하고 있다. 이러한 반발의 표면적인 이유는 좌익에 의해 희생당했던 사람들이 자신들과는 달리 국가로부터 꾸준히 보상을 받아왔다는 것이었다.[6] 그러나 여기서 좌익에 의해 희생당한 유족들이 실제 보상을 받았는지의 문제는 핵심이 아니며, 가장 중요한 지점은 박현준이 민간인 학살 피해자들의 범주를 넓게 보지 않고 상당히 축소한다는 것에 있다. 박현준은 민간인 학살 피해자들의 축소된 범위를 다음과 같이 제시하고 있다.

> 왜냐하면 내 얘기는 처음부터 끝까지 저 위에서, 다시 말하면 대구 팔공산이나 왜관 위쪽에서 죽은 거는, 그건 전부 다 빨갱이들이라. 그 당시에 보도연맹이라는 것은 청도지역에서 300명 중에 30명도 안 되는 그 사람들이 전향자이듯이, 그 위에서 죽은 사람들은 실제로 좌익 활동을 한 사람들이다. 우리 쪽의 사람들처럼 연금 상태로 보름이나 이십 일 정도 갇혀 있다 죽은 사람들 없다, 나는 그렇게 주장합니다. 왜냐하면 보름이나 이십 일이나 갇혀 있을 수 있는 시간적인 여유가 없잖아요. 그거를 저거가 지금 현재 전부 다 보도연맹으로 잡혀 있다가 얼마 있다가 폭탄을 터트려서 죽었다고 하니, 나는 그걸 도저히 인정 못 한다고. (…) 이제 그 상황을 볼 것 같으면 6.25가 터지고 몇 월 며칠까지 대전이 벌써 함락되어버리는 그 상황을 볼 것 같으면, 벌써 오산기지에 내렸을 때부터 그다음에 미군들이 막 후퇴하기 시작하는 그때 완전히 좌경자라고 잡아 온 사람들이 있습니다. 그거를 오늘 잡아 와서 그 자리에서 못 죽이고 지휘의 어떤 명령

---

6) 박현준의 이러한 의견은 보편적으로 적용될 수 있는 것이 아니다. 예를 들어 청도군에서 좌익들에 의해 주민 7명이 몰살당한 남양리의 경우, 희생자의 가족들은 2004년까지 정부로부터 아무런 지원도 받지 못하고 있었다.

이 떨어질 때까지 기다리다가 갑작스럽게 (인민군이) 밀어닥치니까 죽여버렸다던지 폭탄을 놔버렸다던가… 그래서 저 위에서(왜관 위쪽에서) 죽은 사람은 전부 다 빨갱이들이라는 거지…(박현준)

박현준은 민간인 학살 피해자들을 구분하는 기준으로 '빨갱이' 개념을 사용하고 있었다. 그의 말에 따르면 6.25전쟁 당시 왜관 북쪽에서 학살된 사람들은 모두 실제 '빨갱이'들이었으며, 이들에 대한 명예회복은 필요치 않다는 것이다. 이와 더불어 박현준은 국민보도연맹에 대한 개념도 새롭게 규정하고 있다. 즉 왜관 북쪽의 국민보도연맹원들은 실제 '빨갱이' 전력이 있는 사람들인 반면에, 왜관 이남의 국민보도연맹원들은 학살 이후에 국민보도연맹원으로 만들어진 '양민'이었다고 주장하는 것이다.[7] 또한 박현준은 실제 '빨갱이'에 대한 학살이었는지 아니었는지의 기준으로 학살 당시 예비검속이 존재했는가의 여부를 말하고 있다. 즉 왜관 북쪽에서 행해졌던 실제 '빨갱이'들에 대한 학살은 예비검속 없이 자행되었고, 왜관 이남의 '양민'에 대한 학살은 6.25전쟁 발발 후 충분한 기간의 예비검속이 있었다는 것이다.

박현준이 구술한 증언의 진위 여부는 현재 명확하게 규명할 수 있는 것들이 아니다. 왜냐하면 어느 누구도 피학살자들이 실제 '빨갱이'였는가 그렇지 않은가를 명확하게 확인할 수 없기 때문이다. 또한 어느 정도의 수준까지 활동한 사람을 '빨갱이'라고 지칭해야 하는가의 문제 역시 확실한 해답을 못 내리게 하는 중요한 요소 중

---

7) 실제 청도 지역의 경우 국민보도연맹원으로 학살된 사람들의 대부분은 자신이 어떤 단체에 가입되어 있는지 모른 채 학살되었다.

의 하나이다. 그러나 위의 증언을 통해 짐작할 수 있는 것은 박현준이 여전히 '빨갱이' 기피증에 사로잡혀 있으며, 학살의 개념 또한 '양민학살'에 입각해 사고한다는 것이다. 그는 주도적으로 유족회를 구성하고 민간인 학살의 진상과 피학살자 및 유족들의 명예회복을 위해 열심히 활동하였지만, 결국 그가 추구하는 최종목표는 '빨갱이' 담론을 근본으로 하고 있는 국가지배이데올로기 속으로의 연착륙이라고 볼 수 있다. 이러한 생각은 박현준뿐만 아니라 많은 청도유족회 회원들의 일치된 경향이기도 하였다. 박현준과 많은 유족들이 시민사회단체와의 긴밀한 연계 속에서도 위와 같은 사고를 가진 이유에 대해서는 다양한 통로를 통해 설명할 수 있으나, 이 글에서는 박현준과 유족들이 왜 '빨갱이'를 기피하게 되었는가에 대한 원인을 분석하면서 살펴보고자 한다.

유족들이 '빨갱이'를 기피하게 된 가장 큰 원인은 무엇보다도 민간인 학살 이후 청도 지역에 형성되었던 '빨갱이' 기피증과 같은 사회적 담론이 연좌제와 같은 통제수단을 통해 아직까지 유족들의 인식 속에 남아 있기 때문이라고 본다. 그러므로 유족들은 '빨갱이'의 정확한 실체를 정의하지 못하면서도 학살 이후에 느꼈던 공포 때문에 되도록이면 본능적으로 자신들의 범주에서 '빨갱이'의 범주를 멀리하고자 했던 것이다. 이러한 유족들의 행동양식은 사회가 어느 정도 냉전의 그늘을 벗어났다고 생각하는 현재까지 진행되고 있었으며, 이들의 행동은 자신들도 모르게 국가지배이데올로기의 틀을 강화하는 데 도움을 주고 있었다. 이렇듯 유족들이 유족회 활동을 하면서도 자신들을 얽매어왔던 '빨갱이' 관념을 타파하지 못하고 오히려 종속되어 있는 원인은 한국 사회에서 '빨갱이'의 범주가 명확히 규정되어 있는 것이 아니라 상당히 불분명하다는 데 그 이유가 있다.

> 빨갱이라 하면 빨갱이인 줄 알았지 무슨 말이 필요하나? 반항도 못
> 했어. 지금은 세상이 좀 바뀌었다고 하지만 또 언제 그렇게 될 줄 아
> 나?(이창순, 경북 청도 1932년생)

> 이제 또 그런 일이 생기기야 하겠나만… 그래도 모르지, 또 어떻게
> 될지. 실제 이런 생각 때문에 유족회를 안 하는 사람이 많아요. 나이
> 좀 먹은 사람이 이야기한다고, 내일 어떻게 될지 모르니 설치지 말라
> 고…(이성식)

　유족들은 표면적으로는 사회의 발전상을 감지하고 있었다 할
지라도, 근본적인 의식에 있어서는 사회의 발전 변화를 부정하는
경우가 많았다. 또한 유족들의 인식에서 볼 때 자신들에게 있어서
'원죄'와 같은 '빨갱이'는 명확한 범주가 형성되어 있는 것이 아니라
누구든지 적용될 수 있는 형체가 불분명한 범주였다. 이로 인해 유
족들의 인식에는 언제든지 민간인 학살과 같은 위기 상황이 도래할
지 모른다는 방어 심리가 형성되어 있었으며, 또한 자신들의 부당
한 처지를 정면으로 돌파하기보다는 피해 가고자 하는 심리가 구
축되어 있었다. 결국 유족들은 사회의 발전 가능성을 부정하면서
항상 자신들의 기초 조직을 '빨갱이'로부터 보호하는 것에 주력할
수밖에 없었다. 이러한 유족들의 행동양식은 유족회를 운영하는 과
정에서도 드러났으며, 박현준이 설정한 '빨갱이'의 범위 역시 이러
한 기초하에서 설명할 수 있다.
　이와 더불어 많은 청도 지역민들은 빨갱이와의 관계성을 줄이

기 위해 동일한 사건에 대해 서로 다른 해석을 내리기도 하였다. 1950년 8월 16일경(음력 7월 3일), 청도군 청도읍 사촌리에서 모두 21명의 민간인들이 유천 지서로 연행된 후 근처의 '승하골'이라는 곳에서 집단학살당한 사건이 있었다. 당시 21명 중 1명은 생존해 왔으나 20명은 학살을 당했으며, 이들은 모두 한국전쟁 이전에 국민보도연맹에 가입했던 것으로 추정된다.[8] 이 사건으로 아버지를 여윈 김상형은 당시의 상황을 다음과 같이 증언하고 있다.

> 마을 사람들에게 바른말 하라면서 들고 패고 이렇게 하는데 심하게 맞으니까 실제로 안 한 것도 했다 하고 했는 것도 했다 이렇게 되었죠… 그리고 이후에 보도연맹에 가입을 해라, 가입을 하지 않으면 당신들 다 죽는다, 그래서 내가 죄 없으니까 보도연맹에 가입을 순순히 했고, 그래서 그 이후에 그렇게 되어버렸거든(죽었거든). (…) 우리는 여기에 있으니 몰랐는데, 옛날에 도로변에 주막집을 살았다고… 살면서 우리 아버님이 포승줄에 묶어서 가다가 물을 좀 달라고, 목이 마르니 물을 좀 달라고 했답니다. 그때 여름철이니까, 개를 잡아 앉힌 그 물을 한 그릇 주니까 그렇게 맛있게 먹고, 그 이후에 한 시간도 안 되어서 죽었다는 이야기를 들었습니다. (말해주신) 그 어른들도 지금은 모두 돌아가시고 말았는데…(김상형, 경북 청도 1935년생)

김상형의 증언에 의하면, 김상형의 아버지는 사촌리에 살고 있는 평범한 농민이었다. 김상형은 청도읍 사촌리가 비교적 넓은 평

---

8) 가족이나 친족이 이주해버려서 증언을 들을 수 없는 경우가 있기 때문에 100% 확정지을 수는 없다.

야지대에 자리 잡고 있었기 때문에 '빨갱이'의 출몰이 흔치 않았고, 이러한 연유로 '빨갱이'와 관계를 가지고 있는 사람도 거의 없었다고 말한다. 그러던 어느 날 백골대(김상형 추정)가 들어와 마을 사람들에게 무작정 "바른 말을 하라."고 폭력을 가했으며, 결국 많은 사람들이 폭력에 견디다 못해 '빨갱이'와 연관이 있다는 허위자백을 하게 되어 국민보도연맹에 가입하였다고 한다. 이후 한국전쟁이 발발하고 얼마 되지 않았던 1950년 8월 16일(음력 7월 3일), 21명의 마을 주민들은 유천지서로 연행된 후 승하골로 끌려가 학살되었다.

김상형은 2000년 청도유족회가 결성되자마자 회원으로 가입해 유족회의 청도읍 책임자로 있었으며, 2001년 6월 미국 뉴욕에서 열린 '코리아 국제전범재판소'[9]에 참여할 만큼 열성적으로 유족회 활동에 참여하였다. 그러나 현재는 유족회 활동을 하지 않고 있는데, 그 원인으로 여러 가지 사적인 요소가 있으나 다음과 같은 이유도 포함되어 있다.

우리가 위령제를 한번 지내려고 우리 위원들이 돈을 걷기로 했습니다. 이래가지고는 순순히 50만 원 내는 사람은 50만 원 내고, 30만 원 내는 사람은 30만 원 냈는데… (청도)읍이 (규모가) 제일 크다고 나보고 이야기를 하더라… 나는 그런 곳에 쓰는 돈까지는 낼 수 없다… 회비 정도는 낼 수 있지만 나는 못 낸다라고 말하니까, 왜 그러냐고 묻는거라… 여러분들은 부모님들이 다 작고하시고 처형을 당

---

9) 민간인 학살 진상규명 단체 중 하나인 '미군학살만행 진상규명 전민족특별조사위원회(전민특위)'에서 주최한 행사로, 2001년 6월 23일 뉴욕에서 미국을 전범으로 한 민간주도의 '국제전범재판'을 말한다. 이 단체는 6.25전쟁 이후 대규모 학살의 직접적 원인과 책임이 미국에 있다고 보고 있었다.

했는지 행방도 모르는 것이 아니냐고 물으니, 모른다고 이야기를 하는거라… 그럼 나는 (학살 다음 날) 아침에 바로 우리 아버지의 시신을 찾았고 오늘날까지 제사도 지내고 있는데… 내가 알기로는 온데 간데없이 소식 없이 없어진 그 사람들은 아마 그 붉은 물이 들어서, 들었는기 아이라 아마 그 죄가 중죄가 되어서 그렇게 됐지 안겠느냐. 그러나 요 방면 요래 학살 당했는 21명들은 서류상 처형으로 되 있어요. (…) 여러분 들어보소, 내 아버지 죽음하고 당신네들 죽음하고 틀리니까…(김상형)

위의 증언으로 볼 때, 김상형은 자신의 아버지가 피살된 승하골 학살과 다른 피학살자들의 학살을 성격이 다른 것으로 생각하고 있다. 이러한 인식을 하는 데 있어서 가장 큰 기준은 시신을 수습했는가의 문제로 보고 있지만, 실질적인 구분은 피학살자가 '빨갱이'였는가 그렇지 않은가의 문제였다. 그러나 동일한 승하골 사건에 대해서 박현준은 다르게 해석하고 있었다. 박현준은 자신의 아버지가 예비검속되어 곰티재(추정)에서 집단학살당한 경우였다.

사건의 내용은 거의 같은 맥락인데 이게 어디에서 혼란이 일어나느냐 하면, 보도연맹이라는 사람들은 공비들이나 공산분자에 의해 강제된 상태에서 봉화불을 놓고 만세를 불렀거나 삐라를 돌린 사람들이거나 혹은 떨어진 삐라를 주워서 본 사람들인데, 이건 내용 자체가 굉장히 소극적이고 가벼우며 미미한 사안인데 이런 사람들은 보도연맹이고, 그 이외 좌경색채가 아주 진하고 농후하다고 판단되고 좌경 활동을 했다고 명확하게 판단되는 사람들은 예비검속을 하지 않고 연행 즉시 즉결 처분했다. 이런 2개의 부류가 있기 때문에 혼란이

오는 것입니다. 청도군의 보도연맹원의 수가 1,013명이라고 그랬으니까, 1,013명 중에서 연금을 통해서 죽은 사람이 약 300명, 372명이라고 하는데, 그중에서 약 100여 명이 이름이나 돈의 힘으로 죽음을 피했다고 보면 약 300여 명이 죽었다고 볼 수 있다. 그 밖에 100명에서 150명 정도가 경찰서에서 좌경 성향이 강하다고 판단된 사람을 10명이든, 15명이든, 승하골같이 많은 곳에서는 21명 정도를 한꺼번에 잡아서 그날 즉시 골짜기에서 총 쏴 죽여버렸다. 요런 사람까지 합쳐서 약 400여 명이 희생되지 않았을까 생각한다(박현준).

박현준은 김상형과는 정반대로 승하골과 같이 소수의 인원이 학살된 곳은 실제 '빨갱이'인 사람들이었고, 자신의 아버지와 같이 예비검속을 거쳐 집단 학살된 경우는 순수한 '양민'이었다고 말한다. 이와 같은 서술구조는 전형적으로 자신이 속한 범주의 희생이 사회구조에서 인정을 받을 수 있는 국가폭력 피해자(양민)인가, 아니면 처형받아 마땅한 '빨갱이'었는가를 분리하는 것이다. 이 분리구조는 한국전쟁기 민간인 학살 문제에 있어서 가장 핵심적인 영역이었으며, 이로 인해 많은 유족들이 현재까지도 의견을 달리하고 있다. 양민학살의 관점은 과거사 청산이 도래한다 할지라도 피해자의 범주를 과거 국가권력 관점에서 재단을 할 수 있으므로 진정한 의미의 이행기정의를 실현하는 데 걸림돌이 될 수 있다. 또한 민간인 학살에 대한 과거사 청산의 본질을 '반공산주의' 국가정체성 이미지로 변화시켜 근본적인 인권 강화와 국가범죄의 재발 방지 목표를 이루는 데 혼선을 줄 수 있다.

4. 시체를 찾는 '귀신들': 학살 이후 시신을 찾아서

대개의 경우 민간인 학살을 더욱 비참하게 하는 것은 시신이 유기되어 암매장되거나 유가족이 이러한 정보를 얻지 못하는 데 있다. 한국전쟁기 민간인 학살의 경우에도 위와 같은 현상은 그대로 되풀이되었고, 멀리 라틴아메리카의 사례에서도 마찬가지였다. 시신의 유기는 유가족이나 공동체에게 학살 이상의 트라우마를 주었는데, 이것은 특히 동일한 민간인 피학살자 유족이라 할지라도 시신을 수습한 경우와 그렇지 않은 경우가 전혀 다른 맥락을 가진다는 점에서 드러난다. 비록 가족이 민간인 학살의 피해자가 되었다 할지라도 시신을 수습한 경우는 '최악의 상황'을 모면했다는 측면이 있는 반면에, 시신을 수습하지 못한 경우는 더 많은 고통이 결부되어 있었다. 하지만 학살 현장에서 피학살자의 시신을 수습하는 것은 상당히 어려운 일이었으며 거의 불가능한 것이었다. 민간인 학살 이후 피학살자 시신이 어떻게 처리되었는가에 대해서는 유족 및 목격자들의 다양한 증언들이 존재하고 있다. 여기서는 이 가운데 몇몇 지역의 대표적 사례만을 소개하고자 한다.

앞선 절에서 소개한 바와 같이, 경상북도 청도 지역에서는 1950년 7월 초순경 예비검속자들에 대한 민간인 학살이 있었다. 1950년 6월 말에서 7월 초 사이 청도경찰서와 인근 모처에 예비검속되어 있던 사람들은 갑자기 어디론가 사라졌다. 학살의 집행이 시작된 것이었다. 당시 예비검속되어 있던 사람들이 사라지자 청도 지역 내에서는 각종 유언비어가 난무하였다. 대부분의 유언비어는 연금되어 있던 사람들이 대구형무소로 이감되었다던가 혹은 포항 등의 다른 지역으로 이동하였다는 내용이었다. 하지만 많은 유족들에게는 이것이 그들을 혼동시키기 위한 방편이었으며 어디에선가 사살되었다는 것에 무게가 실리게 되었다. 청도 유족 박현준 역시 예비검속되어 있던 아버지가 사라지고 난 후 대구형무소 등을 꾸준히 찾아다녔지만 발견할 수 없었고, 이후 청도군 용각산의 곰티재라는 곳에서 많은 사람들이 집단학살되었다는 소문을 접하게 되었다. 박현준은 바로 아버지의 시체를 찾기 위해 곰티재로 향하였다. 하지만 곰티재로 가는 길은 험하기만 하였다.

내가 곰티재 찾아갈 때도, 마을에 민보단이라고 조직되어 있었는데, 18세 이상 60세까지는 순사들의 지시에 의해서 언제든 보초를 섭니다. 길거리라든가 이런 데서. 이 사람들이 전부 다 초망을 지어놓고 길에 지나다니는 사람을 전부 불러서 조사를 했기 때문에, 조사를 하다가 신원이 조금만 이상해도… 그때는 도민증인데 요사이 주민등록증하고 같은 게죠. 도민증을 이렇게 제시해도 그 마을 사람이 아니면 "앞으로 전달", "뒤로 전달", 뭐 이렇게 해가 "이상한 사람이 지나가는데 도민증은 가지고 있다. 어떻게 했으면 좋겠노? 본부에 알려도" 어짠다 이라면 다음 사람이 또 그렇게… 그래 나중에 이자 순사가 "그 사람 데리고 와봐라"라는 명령이 올 때까지 거게 그냥 세워놓고 있는 거예요. 그런 거 때문에 내가 (학살) 현장 얘기는 들었는데 곰티재로 못 올라갔습니다. 실제로 그 곰티재가 밑에서 그까지는(학살현장까지는) 적어도 300m가 넘는, 그게 아주 높은 골짜기거든요. 그래서 내가 인자 샘골, 큰골로 숨어서 소나무 사이로 올라가서 곰티재 만댕이까지(정상까지) 갔는데…(박현준)

박현준의 증언으로 볼 때, 학살 이후 그 현장은 삼엄한 경비가 가로막고 있어서 접근 자체가 상당히 어려웠다. 당시 곰티재 인근에는 이미 민보단을 중심으로 한 경비체계가 가동되고 있었다. 일반인들이 학살 현장을 알았다 할지라도 이곳에 접근하는 것이 거의 불가능한 상황이었다. 하지만 박현준은 1950년 당시 그나마 '학련'이라는 우익학생 조직의 간부로 임명되어 있어서 학살 현장에 접근하는 데 조금은 수월할 수 있었다. 그러나 증언을 통해 볼 때, 설사 학살 현장에 도착했다 할지라도 피학살자의 시신을 특정하여 찾는다는 것은 거의 불가능하였다. 당시 학살은 6월과 7월 여름에 진행되었고, 습하고 높은 기후는 빠른 속도로 시신을 부패시켜 신원을 확인할 수 없게 만들었다. 1950년 아버지의 시신을 찾아 청도 곰티재 학살 현장을 확인하였던 박현준 역시 빠른 속도로 부패하여 신원을 확인할 수 없는 다량의 주검만을 볼 수 있었다.

　　시신이 적은 데는, 그 인제 순사들이 얼마나 절박했으면 이런 짓까지 다 했겠노. 사람 포승줄이 없어가지고 나중에, 삼베를 가지고 꼬았던 그냥 노끈이에요, 노끈가지고 묶은 사람도 있고, 왜 저 사람이 손으로 이렇게 새끼를 꼬은 게 집새끼가 아니고 기계로 꼬은 새끼가 있습니다. 그거를 똘똘 말아가 그거를 가지고 이렇게 뒤로 전부 엮어 묶었단 말이야. 많은 데는 열너덧 사람을 묶었고, 적은 데는 일곱 사람, 그런데 지금도 내가 기억이 안 되는 것은 소나무가지 이렇게 얹히 가지고 죽어 있는 사람은 같이 엮어 안 있었단 말이지. 그러면 엮은 사람은 어떤 사람이고 엮어 있지 않은 사람은 어떤 사람인고? 순사들이 죽여놓고 사람 죽은 시체 하나하나를 포개지는 않았을 건데, 한 무더기로 전부 다 엉켜 있었습니다. 물론 묶여 있었으니까 따로 떨어지고 싶어도 못 그랬지만, 머리가 전부 다 한쪽 방향으로 집결되어 있었습니다. 중앙으로… 그리고 이제 이곳에 그런 무더기가 하나 있는가 하면, 거기서 또 여남은 발자국 옮겨서 또 거기도 무더기가 있고, 내가 갔을 때는 여름철인데 발을 이렇게 옮기다가 어떻게 잘 못 옮겨서 돌멩이를 하나 차버리면 돌멩이 근처에 우글거리는 것이 전부 구더기였어요. 사람 시체는 완전히 썩어가지고 그 여름철에 까마귀가 얼마나 많았는지… 까마귀가 전부 사람 입술, 코, 눈 이걸 전부 다 빼먹는데, 그러니 사람 형체를 알 수가 있어야지. 죽였다고 추정되는 날짜로부터 불과 일주일 상관입니다. 일주일 더 됐을는지 못됐을는지는… 그런데 시체는 식별이 안 되데요. 그러니 이제 내가 아버지 시체를 못찾으니까 자꾸만 헤매는 거예요. 오늘은 여기 갔다가 내일은 뭐 저쪽도 있다 카더라. 그래서 곰티재 용각산 쪽으로 더 들어가면 그쪽 안에는 시체가 굉장히 많았는데, 그 당시에 내가 18살 때니까 겁도 있을 때 아닙니까? 그래도 내가 아버지 시체를 찾기 위해서 세 번, 네 번 그 현장에 갔으니까. 결국 못 찾았지. 춘밭골까지 내가 헤맸으니까(박현준).

1950년 7월, 청도군 인근에 위치한 경산군의 코발트광산에서도 민간인 학살이 자행되었다. 이곳에서는 청도와는 다른 방식으로 일반인들의 접근을 통제하였는데, 그것은 인근 주민들의 '소개(疏開)'였다. 경산코발트광산 학살은 대략 1950년 7월부터 9월까지 약 2개월에 걸쳐 대구형무소재소자와 인근 지역의 국민보도연맹원들을 대상으로 했다고 알려져 있다. 학살이 진행되었던 코발트광산은 현재 경산시 평산동에 위치하고 있는데, 이곳의 주민들은 희생자들이

끌려와 학살이 진행되는 동안 모두 인근의 초등학교[10] 등지로 소개되었다. 즉 코발트광산에서 학살이 진행되는 것을 목격한 주민은 그리 많지 않았다는 것이다. 코발트광산 학살 이후에도 인근 주민들은 공포에 휩싸여 감히 광산 근처에 접근할 엄두를 내지 못했다. 자연스럽게 오랜 기간 동안 피학살자의 시신과 관련한 모든 것들은 묻힐 수밖에 없었다

'여수 14연대 반란사건'이 발생한 지 며칠 후인 1948년 10월 23일 저녁, 순천의 난봉산 쪽에서 한 무리의 군인들이 나타나 순천시 매곡동으로 방향으로 진입하였다. 당시 매곡동에는 약 20여 호의 가구가 거주하고 있었다. 갑작스러운 군인의 출현에 주민들은 의아해했으나, 이내 군인들은 마을 당나무 아래 공터로 젊은 사람들을 모이게 한 후 성서신학원(현재 매산여자고등학교 바로 밑) 입구 아래 부근에서 모두 총살하였다. 당시 피학살된 총인원은 27명이었는데, 마을 주민이 26명이었고, 14연대 반란군이 1명 포함되어 있었다. 이 사건은 '여순사건'과 연관된 대표적 민간인 학살이었다. 14연대 반란군을 진압하기 위해 들어온 군대는 반란군 치하에서 며칠을 같이 보냈다는 이유로 모든 순천시민들을 잠재적 적으로 규정했던 것이다. 당시 순천시에는 매곡동을 제외하고도 생목동 수박등 공동묘지, 조곡동 둑실마을, 구랑실과 반송쟁이 등에서 민간인 학살이 발생하였다.
학살 이후 군인들은 현장을 떠났지만, 시신을 주동적으로 수

---

10) 당시 마을의 주민이었던 박효열(1932년생)은 학살 당시 주민들이 인근의 남성초등학교에 소개되어 있었다고 말한다(진실화해위원회·충북대학교 박물관. 2008c: 77-81).

습하는 사람은 없었다. 이것은 대부분의 주민들이 학살되어 시신을 수습할 사람이 많지 않았다는 것도 하나의 이유가 될 수 있지만, 그보다는 많은 사람들이 시신을 수습하는 데 상당한 공포와 부담을 가지고 있었기 때문이다. 인근 주민들은 마을 공터에 시신들이 방치되어 있었지만 누구도 섣불리 이를 수습할 수 없었다. 결국 피학살자 시신들은 당시 순천에 파견해 있던 미국인 보이열 선교사 (1893~1976)의 주도하에 수습될 수 있었다. 보이열 선교사는 미국 국적이었기에 군부에서도 그의 행동을 응징할 수는 없었다. 27구의 시신 중 2구는 사건 직후 유가족들이 시신을 수습해 갔기에, 보이열 목사는 막대기에 홑이불을 달아 만장 형태를 만든 후 남은 시신 25구를 수습하여 순천시 매곡동 인근에 매장하였다.[11] 유해 수습 과정에는 보이열 목사 이외에 순천 중앙병원의 정인대라는 의사가 매장을 도왔는데, 정의사는 향후 누군가 유해를 발굴했을 경우 시신의 신원을 확인할 수 있도록 하기 위해 입구가 두꺼운 고무로 막힌 페니실린 병에 사망한 이들의 이름을 써서 넣은 후 시신과 함께 매장하였다. 순천시 매곡동 사례는 학살 이후 왜 피학살자의 시신 수습이 어려운가를 보여주는 사례이다. 1948년 여순사건 당시만 하더라도, 군경에 의해 처형된 민간인의 시신은 '적의 시체'이기에 마음대로 수습될 수 없었고, 이러한 불문율은 한국전쟁으로 돌입하면서 더욱 강화되었다.

---

11) 진실화해위원회는 2008년 순천시 매곡동에 매장하였던 유해 25구를 찾기 위한 유해발굴을 실시하였으나 실패하였다. 발굴 실패의 원인은 사건 발생 60년이 경과하면서 매곡동 일대의 지형이 상당히 변화했다는 것과 매장지 위치를 특정한 주요 제보자의 착각 등 여러 가지 요소를 들 수 있다. 발굴 당시 진실화해위원회는 시신의 이름이 적혀 있는 페니실린 병을 발굴하여 유해의 신원확인 검사를 진행할 것을 생각하고 있었다.

1950년 8월 20일(음력 7월 7일), 제주도 대정읍 섯알오름에서는 모슬포 경찰서 관내 한림, 한경, 대정, 안덕 등지에서 예비검속한 민간인 가운데 약 150여 명을 집단학살하였다. 섯알오름 학살터는 일제강점기 1944년 말부터 대정읍 '알뜨르' 지역을 군사요새화하는 과정에서 만들어진 폭탄 창고터로서 폭발 과정에서 만들어진 큰 구덩이가 있었는데, 그곳에서 학살이 자행되었다. 최초로 학살 소식을 접한 유족 300여 명은 학살 직후 시신을 수습하기 위하여 섯알오름 학살지로 몰려들었다. 하지만 가족의 주검이 눈앞에 있었지만 시신을 수습하는 것은 상당히 어려운 일이었다.

　　달려온 이경익[12]씨는 울고 있는 이복희[13]씨에게 울지만 말고 돌멩이들이라도 빨리 치우라고 하며 정신없이 시신들을 끌어내었다. (…) 새벽 4시경 희생된 시신들을 소수의 장정들만이 27구를 끌어내어 그 늘진 곳에 임시로 두면서 인양작업을 계속하였다. (…) 그때 대정면사무소에 근무하고 있던 한 소녀가 숨을 헐떡이며 뛰어와 "아버지, 어머니, 저기 순경들이 왐쑤다. 빨리 피허십서." 하고 외치는 소리를 듣고 몇 사람을 제외하고 대부분의 사람들은 산이수동 쪽으로 피신했다. 누군가가 경찰에 신고해서 군인들이 출동해 주민들에게 공포를 쏘면서 "누가 여기에 사람들을 죽였다고 알려주었냐?"고 소리치면서 협박을 하는 바람에 꺼내 놓았던 시신마저도 다시 제자리에 놓으라고 하였고, "다시 접근하여 시신을 인양하면 모두 죽인다."는 말에 눈물을 흘리면서 돌아서야만 했다. 그 이후 유족들은 가까운 곳

---

12)　섯알오름 학살 희생자 이자익의 동생.
13)　섯알오름 학살 희생자 이동원의 누이.

에서 밭농사를 지으면서도 학살 현장 쪽으로 눈길만을 주어야만 했다(백조일손유족회 2010: 109-110).

위 증언에서 보다시피, 섯알오름 유족들은 경찰과 군대의 제지로 인해 27구의 시신을 수습했음에도 불구하고 다시 그 시신들을 구덩이 속으로 넣고 발길을 돌릴 수밖에 없었다. 군경은 학살 사건이 유포되는 것을 막을 목적으로 피학살자의 시신이 유가족에 의해 수습되는 것을 강력히 저지하였다. 결국 많은 피학살자들의 죽음이 가족이나 공동체에 의해 위령되는 것이 아니라 '떠도는 원혼'으로 전락하게 되었다.

1950년 7월, 충청북도 증평면에서도 국민보도연맹원들에 대한 학살은 진행되었다. 증평면 국민보도연맹원들은 양곡창고에서 하루정도 연금되어 있다 7월 9일 '옥녀봉'이라는 곳으로 끌려가 학살되었다. 이 소식은 곧 증평면 전체로 확산되었고, 덕상리 덕령마을에 살고 있던 김병묵에게도 전달되었다. 동생 3명이 국민보도연맹원으로 연금되어 있었던 김병묵은 학살 소식을 들은 그날 저녁 가족 3명과 함께 동생들의 시신을 수습하러 옥녀봉으로 향하였다. 하지만 혹시나 시신을 수습한 후 큰 보복이 있을 것을 두려워하여 늦은 밤에 낫과 이불홑청, 양초만을 준비한 채 옥녀봉으로 향하였다. 촛불을 든 채 학살 현장에 도착한 그들은 방공호를 따라 아무렇게나 쓰러져 있는 수많은 시체들을 보게 되었다. 수백 구의 시체를 밤새도록 뒤진 끝에, 7월 10일 새벽녘이 되어서야 서로 꼭 껴안은 채 누워 있는 동생 3형제의 시신을 발견하였다. 하지만 4명이 시신 3구를 집까지 옮기는 것은 상당히 어려운 일이었고, 결국 가져간 낫으로 시신의 목만을 베어 이불홑청에 감싼 후 집으로 돌아올 수밖에 없었다. 집으로 돌아오니 이불홑청은 피로 범벅이 되어 있었고, 그 속에는 세 사람의 잘린 목이 들어 있었다(박만순 2018: 75-80 참조).

1950년 여름의 무더운 날씨는 불과 일주일 만에 피학살자의 신원을 알아볼 수 없게 만들었다. 이러한 와중에서 가족의 시체를 찾는다는 것은 애당초 불가능한 것이었다. 대부분의 유가족들은 상당 기간 삼엄한 경비가 뚫고 학살지를 드나들었지만, 결국 피학살자들의 시체를 찾을 수는 없었다. 하지만 1950년 당시 유가족들은 학살지에서 자신들의 가족을 찾을 수 있다는 일련의 희망을 가지고 있었다. 가령 당시 옷의 바느질 형태가 각 집안마다 달랐기 때문에, 시체가 부패했다 할지라도 옷의 바느질 방식을 확인하면 시신을 찾을 수 있다는 믿음 등이었다. 박현준은 자신의 수기에서 자신과 같은 시기에 남편이 학살되어 그 시신을 찾아 헤매던 같은 동네의 '명산댁' 이야기를 하고 있다.

달성군 가창에 있는 광산에 수백 명의 보도연맹원을 끌어다 광속에 처넣고 총과 수류탄으로 죽였다. 뒤에 홍수가 져서 덮어둔 흙이 떠내려가고 시체가 드러났다. 소문을 듣고 아들과 지아비를 잃은 사람들이 몰려가서 시체 찾는 소동을 벌였다. 형체를 분간할 수 없는 수백의 시체는 피가 엉기고 살 썩은 물로 얼룩져서 입은 옷도 알아볼 형편이 아니었다. 그런데도 바느질을 보면 안다고 눈에 불을 켜고 통곡이 진동하는 매케한 시체 냄새 속을 비집고 있었다. 그들은 사람이 아니라 귀신인 것 같았다. 한 맺힌 귀신들이 그 누구를 향해서 저주하는 '사무치는' 몸부림이었다. 그 속에는 우리 마을의 그 명산댁도

섞여 있었다(박현준 1990: 170).

박현준이 기술하다시피, 명산댁과 같은 피학살자 유족들은 마치 귀신의 모습을 한 채 가족의 시신을 찾기 위해 돌아다녔다. 그들은 이미 자신의 가족이 사망한 것을 알고 있었다. 하지만 시신을 찾지 못한다면 더 강한 고통이 온다는 것을 알고 있었으며, 이러한 과정을 거치면서 민간인 학살지는 누구도 근접할 수 없는 비밀스러운 장소로 변해갔다. 근접할 수 없는 민간인 학살지와 수습할 수 없었던 가족의 시신들은 피해자 유가족들에게 죽음의 의례를 완료하지 못했다는 강한 한으로 남게 되었고, 이후 유족들이 기회가 생길 때마다 유해발굴을 감행하게 되는 계기가 되었다.

제2장

유해의 수습과 새로운 공포

1960년 4.19혁명 이후 대구경북피학살자유족회가
유해발굴을 실시했다. 이후 피학살자 합동묘비를 세우고
사진 촬영을 하고 있는 모습
(사진제공 이광달, 진실화해위원회)

무덤도 없는 원혼이여! 천년을 울어주리라
조국의 산천도 고발하고 푸른별도 증언한다
(1960년 전국유족회 슬로건)

1. 4.19혁명과 과거사 청산의 시작[1]

4.19혁명은 이승만 정권을 퇴진시키는 데 결정적 역할을 했을
뿐만 아니라, 이전 독재정권 하의 부조리한 관습들을 철폐하는 이
행기정의(transitional justice)의 중요한 기점이었다. 4.19혁명 이후 수많
은 구체제의 악습들이 개혁 혹은 청산의 대상이 되었다. 이 중 한
국전쟁 전후 민간인 학살 문제는 한국전쟁 당시 이승만 정부가 조
직적으로 개입했을 가능성이 큰 것이기에 당연히 주요 청산과제로
등장할 수밖에 없었다. 앞선 장에서 소개한 바와 같이, 이승만 정
부는 한국전쟁을 전후해 내부 불순세력 및 잠재적 적을 소탕한다
는 미명하에 비무장 민간인에 대한 대규모 학살을 자행하였다. 특
히 국민보도연맹 학살 사건과 전국 형무소 재조사 학살 사건 등으
로 비추어볼 때, 민간인 학살은 전쟁 과정에서 우발적으로 발생한
것이 아니라 국가의 조직적인 개입에 의해 이루어졌음을 알 수 있
었다.

그러나 이러한 정황에도 불구하고 민간인 학살 문제는 4.19 이

---

1) 이 장의 내용은 2015년 『역사와 경계』 95호에 실린 본인의 논문 「'장의'에서 '사
    회적 기념'으로의 전환」을 바탕으로 수정보완한 것임을 밝혀둔다.

후에도 여전히 다루기 어려운 문제였음은 틀림없었다. 왜냐하면 희생자 및 실종자의 대부분이 소위 '빨갱이'로 '둔갑'한 상황이었기에, 사회에 팽배해 있던 '반공주의'가 완전히 청산되지 않고서는 문제의 근본적인 해결이 어려웠기 때문이다. 하지만 이러한 어려움 속에서도 민간인 학살 진상규명 운동은 전국적으로 거세게 일어났다. 각종 언론에서는 거창 사건 및 여타 학살 사건을 보도하면서 희생자의 대부분이 '빨갱이'가 아닌 '양민'이었음을 부각시켰다.

또한 이러한 사회적 분위기를 간파한 탓인지 제4대 국회에서도 1960년 5월 23일 '양민학살사건 특별조사위원회'를 구성하기로 의결하여 경남, 경북, 전남 지역에 대한 현지조사를 5월 31일부터 6월 10일까지 실시하였다. 국회 차원의 진상규명 시도는 국가 차원의 민간인 학살 진상규명이 처음으로 시도되었다는 상징성을 가지며, 이 문제가 '빨갱이'와 연관이 없음을 알리는 시작이 되었다.

4.19혁명을 기점으로 전국의 피학살 유족들은 '일방적 침묵 상태'에 있던 과거와 달리 적극적인 자세로 진상규명 등을 요구하였고, 한국전쟁기 민간인 학살 문제를 사회적 이슈로 만드는 많은 활동을 개시하였다. 특히 이 가운데서도 중요한 특징은 이 시기 많은 유족회에서 실시했던 두드러진 활동 가운데 하나가 유해의 수습과 발굴이었다는 것이다. 물론 1960년 당시는 민간인 학살이 발생한지 약 10년의 시간이 흘렀을 뿐이었으며, 피학살자 유족의 정서적 관점에서도 망자의 시신을 수습하는 것이 우선되었을 것이라는 추측은 가능하다. 하지만 각 지역에서 실시하였던 유해의 수습과 발굴에 관한 체계를 살펴보게 되면, 이것은 망자에 대한 단순한 매장 의례과정을 실시한 것이 아니라, 민간인 학살 진상규명의 근본적인 목적을 유해의 수습에 두고 있었다는 점이 두드러진다.

2. 4.19혁명 이후 유족회 결성과 '장의체계'의 수립

1960년 4.19혁명을 통해 조성된 '이행기정의'에 대한 희망은 대한민국 곳곳에서 감지되었다. 이 시점을 계기로 한국전쟁 전후 민간인 학살과 관련되어 있던 많은 유족들의 거센 공세가 시작하게 되었으며, 유족들은 학살 이후 최초로 자신들의 조직인 '유족회'를 만들었다. 특히 이러한 열풍은 경상남북도를 중심으로 활발하게 일어났는데, 당시 결성된 대표적 유족단체들로는 '경상남북도피학살자유족회', '경주피학살자유족회', '마산피학살자유족회', '경산피학살자유족회' '금창(金昌)피학살자장의위원회', '밀양피학살자장의위원회', '동래피학살자합동장의위원회', '거창묘비건립추진위원회' 등이 있었다. 결성된 많은 단체들의 명칭에서도 확인할 수 있듯이, 대부분의 단체는 '장의' 체계와 깊은 연관성을 가지고 있었다. 4.19혁명 이후 이 단체들의 구체적인 활동은 다음과 같다.

1) '거창양민학살사건' 유해의 수습과 위령비 건립

소위 '거창양민학살사건'(이하 거창사건)은 한국 사회에서 다른 한국전쟁 전후 민간인 학살 사건과 역사적 맥락을 조금 달리하고 있다. 1951년 2월 5일부터 11일까지 거창군 신원면 청연마을과 탄량골 계곡, 박산골 계곡에서 주민 719명이 국군 11사단 9연대 3대대에 의해 학살되었다. 1951년 당시 이 사건은 국회와 정부에서 주요 이슈로 떠올랐으며, 결국 진상조사를 거친 후 1951년 '대구중앙고등군법공판'에서 가해자로 지목되었던 오익경 대령(11사단 9연대장)과 한동석 소령(9연대 3대대장), 김종원 대령(경남계엄민사부장) 등에 대해 유죄가 선고되었다. 이처럼 형식적이나마 가해자로 지목된 이들이 법원에서 처벌되었다는 것이 거창사건과 다른 민간인 학살 사건과의 큰 차이점이며, 이후에도 정부는 거창 학살사건의 경우 특별법[2] 등을 제정해 기본적인 명예회복을 시도했다는 특징을 가지고 있다.

하지만 이 판결 이외에 정부가 거창사건의 명예회복을 위해 한 일은 거의 없었고, 유족들은 아무런 배·보상과 명예회복을 받지 못한 채 숨죽여 지낼 수밖에 없었다. 이에 유족들은 1954년 4월 5일, 가장 많은 희생자가 발생하였던 신원면 박산골에서 피학살자들의 유해를 수습하기로 결정하고, 지게와 가마니, 괭이, 삽 등으로 총 3일 동안 유해를 발굴하였다. 하지만 수습된 유해는 신원을 확인할 수 없을 만큼 훼손되어 있었고, 이에 유족들은 뼈의 크기를 기준으로 남자뼈와 여자뼈, 어린이뼈 등으로 나눈 후 각각 '남자합동지묘', '여자합동지묘', '소아합동지묘' 등 묘소 3기를 박산계곡 인근 도로변에 조성하였다.

이후 유족들은 1960년 3월 5일, 곧 다가올 3.15 선거를 의식해 이승만 정부에서 민심수습 차원으로 보조한 위령비 건립추진비 50만 환을 중심으로 '묘비건립 추진위원회'[3]를 구성하고 박산합동묘역 조성을 준비하는 동시에 국회 등에 거창사건의 보다 명확한 진

---

2) '거창사건등관련자의명예회복에관한특별조치법'(법률 제5148호, 1996년 1월 5일 제정)

3) 당시 묘비건립 추진위원회의 고문으로는 서한두 국회의원(자유당), 신도성 경남 도지사, 신중목 전 농림부장관, 김종홍 거창지원판사, 이호용 거창지원검사 등이 포진해 있었으며, 추진위원장으로는 김희주 면의회장으로 구성되었다(거창사건관리사업소 2008: 25).

2018년 현재 박산합동 묘역은 위령비 등이 새롭게 건립되어 깔끔하게 단장되어 있다. 또한 박산합동 묘역 맞은편에는 거창사건 추모공원이 조성되어 있다.

상규명을 요구하는 활동을 하였다.[4] 결국 제4대 국회는 거창군 국회의원 박상길 등의 제안을 받아들여 1960년 5월 23일 거창군 등 양민학살 사건의 진상조사를 위한 '조사단파견결의안'을 통과하였고, 6월 3일부터 4일까지 거창군 신원면에 대한 현지조사를 실시하였다. 1960년 11월 18일, 유족들은 거창군 신원면 대현리 551번지 박산합동묘역에서 '박산합동묘역 위령비' 제막식을 거행하였다.

2) 대구경북지구 피학살자유족회 결성과 유해발굴

1960년 5월 들어 대구경북의 지역 언론에서도 민간인 학살에 대한 기사가 연일 등장하기 시작하는데, 특히 경산 코발트광산 학살과 대구시 가창골 일대 학살에 대한 보도가 주류를 이루었다.[5] 보도의 논조는 대부분 한국전쟁기 민간인의 억울한 죽음을 알리고, 이에 대한 진상규명 및 책임자 처벌이 필요하다는 내용이었다. 이러한 여론에 힘입어 유족들은 자신들의 억울함을 호소하고자 여러 지역에서 결집하기 시작하였고, 마침내 1960년 6월 15일 대구상공회

---

4) 1960년 5월 11일, 모비건립 추진위원회를 중심으로 박산합동묘역 준비를 하는 과정에서 석물을 운반하던 유족 100여 명이 학살 사건 당시 면장을 지냈던 박영보를 찾아가 집단 살해하는 일이 발생하였다. 유족들은 학살 당시 면장이었던 박영보가 군경에게 주민 성분분석을 해주어 더 많은 피해자가 발생했다고 울분을 토했으며, 이러한 과정이 집단 살인사건으로 번진 것이었다. 당시 유족들은 사망한 박영보의 시신에 솔가지를 덮고 불을 지르기까지 하였다. 하지만 박영보를 죽였던 유족 중 구속된 사람은 아무도 없었으며, 이것은 당시 민간인 학살과 관련한 유족들의 행위가 사회적으로 어떻게 받아들여지고 있는가를 보여주는 사례라 할 수 있다.

5) 〈대구매일신문〉 1960. 5. 22. 세부지역으로는 대구시 용계동 1구, 파동 서당곡 대구 정수장 골짜기, 상원동 1구 광산 채광장 근처(달성광산), 경북 칠곡군 안양면, 경북 칠곡군 가산면 학산동 소재 유학산 등이 있다.

1960년 7월 28일 대구역 광장에서 열린 경북지구 피학살
자 합동위령제 모습.(사진제공 이광달, 진실화해위원회)

의소에서 대구, 성주, 경주 등지에서 모인 유족들이 '경북지구 피학
살자유족회(이하 경북유족회) 결성대회'를 개최하게 되었다. 유족들
은 결성대회에서 신석균을 경북유족회 임시의장으로 선출하고, '헌
법에 규정된 기본인권의 보장', '정치도의 확립', '학살 피해자에 대
한 국가의 형사보상', '합법적 수단을 통하여 관련자에 대한 집단
고발 및 처단수행', '원혼탑 건립', '불법적 및 반민족적 현상에 대한
비판 시정' 등의 요구사항을 발표하였다.[6]

유족들은 유족회 결성 모임에서 '경북 피학살자 위령제 준비위
원회'를 구성하고, 이 조직을 중심으로 7월 28일 대구역전 공회당
앞에서 유족과 시민 2,000여 명이 참석한 가운데 '경북지구 피학살

6) 〈영남일보〉 1960. 6. 12.

자 위령제'를 개최하였다.[7] 또한 경북유족회는 피학살자들의 유해를 발굴하고 합동묘비를 건립하기 위해 지역의 기관장 17명[8]의 후원을 받아 '경북유족회 합동묘비 건립위원회'를 조직하고, 피학살자유족회 회보인 〈돌꽃〉을 창간하여 시민들에게 홍보하였다(진실화해위원회 2009: 258).

이렇듯 4.19혁명 이후 신속한 행보를 보인 대구경북지역 민간인 피학살자유족회가 가장 신경을 쓰며 중점적으로 추진한 사업은 다름 아닌 유해발굴이었다. 당시는 민간인 학살 사건이 발생한지 10년이 지난 시간이었으므로, 피학살자의 매장추정지에 대한 많은 정보가 공유되어 있었다. 많은 유족들이 4.19의 폭발적 동력에 힘입어 희생자들의 명예를 회복할 수 있다는 신념을 가지고 있었기에 가능한 일이었다.

대구경북유족회 유해발굴의 주요 대상지는 대구 인근의 집단매장지로 알려진 달성군 가창면과 공산면 일대(파군재), 월배면 송현동, 본리동 등이었다. 발굴지의 선정과 발굴 지휘는 당시 대구유족회장이었던 이원식이 맡았고, 작업은 특별한 전문가 없이 유족들과 일부 고용된 인부들에 의해 실시되었다. 2018년 현재, 1960년 당시 발굴지의 대부분은 도시화로 인해 정확한 위치를 추적하기 힘든

---

7)   당시 사진자료에서 소복을 입고 대구역 광장에 결집한 수많은 유족들을 확인할 수 있다.
8)   당시 합동묘비 건립취지서 뒷면에 기재된 후원 기관장은 다음과 같다. 대구시장 박기서, 대구경찰서장 최광윤, 시사일보 사장 조약슬, 경상북도지사 조준영, 대구일보 사장 배소도, 대구소방서장 박종기, 경북경찰국장 방득윤, 대구지방전매청 총무국장 박찬현, 매일신문 사장 김덕룡, 동대구경찰서장 조원춘, 남대구 경찰서장 최문달, 대구고등법원장 김종규, 대한적십자사 경북지사장 김종환, 대구고등검사장 소진섭, 영남일보 사장 이순희, 대구지방법원장 김치걸, 대구역장 원환현.

상태이며, 발굴 당시 고고학 및 법의학 전문가들이 동행하지 않았기 때문에 명확한 발굴의 성과도 가늠하기 힘든 상황이었다.[9]

1960년 대구경북피학살자 합동묘비 앞에서 사진 촬영을 하고 있는 유족회 간부들. 왼쪽부터 이원식, 이홍근, 신석균, 이삼근의 모습이 보인다.(사진제공 이광달, 진실화해위원회)

하지만 당시 언론에 보도된 기사를 참조해 보면 대략의 발굴 과정을 가늠해 볼 수 있다. 1961년 3월 27일 〈영남일보〉 보도에 의하면, 1961년 3월 26일 12시 30분 대구시 월배면 송현동 부근의 속칭 '똥미산' 기슭에서 유족 백여 명이 참여한 가운데 유해발굴이 이루어졌다. 발굴은 신석균 경북유족회장의 애도사로 시작되어 학살된 영령을 위한 조사가 이어졌고, 곧이어 인부 20여 명이 길이 8m,

---

9) 당시 유해발굴에 직접 참여하였던 신윤식(신석균의 손자)과 이광달(이원식의 자), 이복녕(작고) 등의 증언을 들어보아도, 발굴지의 정확한 위치나 수습된 유해의 개체수를 확인하기는 힘든 상황이었다.

폭 1.5m, 깊이 1.5m 정도의 구덩이를 10여 개 정도 시굴하였다. 시굴 결과 각 구덩이에서는 두개골[10]만 수십 개씩 발견되었고, 학살 당시 사용된 것으로 보이는 녹슨 삽과 총탄 등도 발견되었다고 한다. 당시 대구경북유족회 조사부장으로서 유해발굴에도 참여했던 이복녕은 발굴 당시의 상황을 다음과 같이 증언하고 있다.[11]

그때 사업을 시작했어. 현장조사를 했지. 현장조사는 직접 파보는 거지. 그거 말고는 방법이 없어. 월배, 상인동, 송현동… 지금 (생각해보면) 말도 못했어. 내가 팠는 것만 해도 20여 곳을 팠는데, 그 참상이라 카는 거는 기가 맥히는 거라. 말도 못해. 그리고 월배 송현동 여기는 내가 놀랬는게, (묻혔던 사람들은) 여기 대구 사람들이 아이라. 학생들인데 한군데 한 오백 명 가까이 죽였는데… 그기 뭐냐 하면 그때 작전권이 대전에서 맥아더로 이양이 되고, 그때 예비검속 해놨던 학생들이라. 전부 학생들이라 (…) 이승만을 반대하는… 그 당시에 이승만이를 반대 안 할 사람이 어디 있어. 반대하는 사람은 모두 빨갱이인 거라. (당시에 죽었던 사람들은) 그 사람들이야. 서울대 고대 바꾸리(바클) 나오고… 내가 그걸 다 팠어. 근데 그걸 보고 나서 내가 더 비참했고… 그리고 송현동 그 안에 과수원 골목이 있었는데, 과수원 안에 계곡에, 거기 갔다 (사람을) 죽여 놨는데… 거기서 내가 놀랬는거는 어린애를 꼭 안고 죽은 어머니의 모습, 이래 끌어안으면 자식 안 죽지 싶어서… 애 살릴라고… 그것이 참… 그런 현장을 내가 봤다고. 그러이 내가 뭐 감옥에 들어가는 걸 겁 내겠어? 죽을똥 살똥 결사적으로 했지(이복녕).

10) 당시 기사에서는 '해골'로 지칭하고 있음.
11) 2002년 7월 15일 이복녕과의 인터뷰에서 증언 녹취.

1960년 당시 대구 경북 인근에서 피학살자유족회에 의
해 발굴된 유해의 모습들.(사진제공 이광달, 진실화해위
원회)

발굴된 유해들은 관에 안치되어 합동분묘가 건립될 때까지 양지 바른 곳에 가매장되었다. 이와 더불어 1960년 당시 사회대중당(가칭) 창당준비위원 김수한은 한국전쟁 당시 가창골짜기에서 570명이 학살되었는데, 각기 거창 파동 서당곡 대구정수장 골짜기에서 100명, 용계동 1구 배수구에서 170명, 상원동 1구 광산 채광장 근처에서 300명이 사살되었다고 증언하였다.[12]

경산

1960년 5월 22일, 〈대구매일신문〉의 특파원이었던 강창덕은 경산 '코발트광산'에서 한국전쟁 당시 1,500여 명의 민간인이 희생되었으며, 1960년 당시까지도 광산 인근에서 학살된 이들의 유해를 확인할 수 있다고 보도하였다.[13] 이후 강창덕은 1960년 5월 30일 '경산군하 피학살자 및 피해자실태조사회'를 결성하고, 경산군내 피학살지 및 피해자 실태를 조사하여 정부와 국회에 보내고자 하였다. 당시 〈경산시민 및 군내 피학살자 유가족에게 고함〉이라는 공고문에는 "4.19혁명 정신에 입각, 짓밟힌 군민 및 피학살자 유가족들의 인권을 도로 찾기 위하여 경산군하 피학살자 및 피해자실태조사회를 조직하고 (…) 군민 및 피해 유가족들은 낡은 공포심을 극복하고 본회 조사사업에 적극적인 협조를 바라며"라는 내용이 포함되어 있었으며, 신고 대상은 양민으로서 억울하게 죽은 자, 법에 의하지 않고 불법적인 죽임을 당한 자 등으로 한다는 내용으로 공고되었다. 피해자실태조사회의 회장은 강창덕이 맡았으며, 정종소, 조희

---

12) 〈대구매일신문〉 1960. 5. 23.
13) 〈대구매일신문〉 1960. 5. 22.

식, 배인규, 손동수 등 5명이 조직을 이끌었다. 이들은 조사 결과 총 354명의 유족 신고를 받았으며, 이를 제4대 국회 '양민학살특위'에 전달하였다. 이후 피해자실태조사위원회는 유족회[14]로 전환되었으며, 경산중앙국민학교에서 합동위령제를 거행하였다.

경산군하 피학살자 및 피해자실태조사회 및 유족회에서 경산 코발트광산에 대한 본격적인 유해 수습 및 발굴을 시도하지는 않았지만, 다양한 사건사고들이 끊이지 않고 일어났었는데, 그중 하나가 한국전쟁 당시 민보단 부단장이었던 김만석 씨 집 습격 사건이었다. 1960년 6월 6일 저녁, 경산군 안심면에 거주하는 피학살자 유족 30여 명(부녀자 23명, 남자 7명)은 안심면 동호동에 거주하는 전(前) 민보단 부단장 김만석의 집을 습격하여 가재도구 등 시가 20여만 환 어치를 파괴하였고, 이 사건으로 인해 유족 5명이 재물손괴 피의로 구속되기도 하였다.[15]

경주

4.19혁명 이후 경주시는 한국전쟁 당시 민보단원들에 의해 자행되었던 민간인 학살 폭로와 처벌 요구로 점철되었다. 1950년 당시 월성군 내남면 민보단장이었던 이협우(李協雨)와 그의 사촌 이한우(李漢雨)는 '빨갱이'를 색출한다는 미명하에 집단학살과 방화를 자행했으며, 이로 인해 약 100여 명의 민간인이 살해되었다. 이에 유족이었던 김하종과 김하택 등은 '경주지구피학살자유족회'를 조직하여 경주지구 피학살자의 실태조사를 실시하여 총 860명의 유

---

14) 강창덕의 증언에 의하면 당시 경산유족회장은 진량의 김종석이었다(진실화해위원회 2008b: 11).
15) 〈대구매일신문〉 1960. 6. 8.

족 신고를 받았고, 이를 토대로 민간인 학살에 대한 진상규명과 가해자 처단을 위한 특별법 제정을 요구하였다. 또한 이들은 감포 부근의 '황룡골짜기'에서 희생자 매장지를 발견하여 제대로 매장이 되지 않은 희생자들의 시신을 발견하기도 하였으나, 당시로서는 제대로 된 수습이 여의치 않아 다시 재매장하기도 하였다.[16]

이렇듯 피학살자 실태조사와 유해 매장지 조사를 마친 유족들은 피학살자들의 '원혼묘비'를 건립하고 위령제를 치르기 위하여 '경주지구양민피학살자합동위령제준비위원회'를 구성하였으며, 1960년 11월 13일 경주시 소재 계림국민학교에서 '경주지구양민피학살자합동위령제'를 거행하였다. 당시 위령제에는 약 2,500여 명이 참석하였으며(한국혁명재판사편찬위원회 1962: 260-261), 가해자로 지목된 이협우와 이한우를 집단학살죄로 구속하여 재판을 진행하는 데 중요한 영향력을 미쳤다.

1960년 11월 13일 경주계림국민학교에서 거행된 경주지구양민피학살자합동위령제의 모습.(사진제공 이광달, 진실화해위원회)

16) 2018년 4월 21일, 김하종과의 인터뷰.

성주

　1960년 5월 31일, 경상북도 성주군의 피학살자 유족들은 성주군 초전면 대장동 성기운(成機運)의 집에 모여 6월 7일 합동위령제를 실시할 것을 결의하였다. 당시 성주유족회 내부에서는 민간인 학살을 주도했던 형사들을 처벌하자는 소위 '과격파'와 법대로 처리하자는 '온건파'의 의견대립이 있었다. 당국은 6월 7일이 성주 장날이고 유족들이 위령제 후 모여든 군중과 더불어 소요사태를 발생시킬 수도 있다는 판단하에 대구계엄사무소의 헌병 2개소대를 합동위령제에 파견하여 위령제 후 돌발사태가 발생하지 않도록 조치하였다. 합동위령제에서 대구 사회대중당의 백기만(白基萬)과 대구일보사 대표가 조사를 했으며, 위령제가 끝난 뒤 25주의 위패는 이삼근(李三根) 형제들에 의해 성주읍 관음사에 안치되었다.[17]

3) 부산경남지역 유족회의 결성과 유해발굴

충무(통영)

　대구경북과 더불어 부산경남지역에서도 피학살자유족회는 활발하게 결성되었다. 먼저 경상남도 충무 지역은 유족대표인 김채호와 탁복수 등 유족 8백여 명[18]이 1960년 5월 하순부터 시민들을 대상으로 민간인 학살 피해실태를 조사했으며(한국혁명재판사편찬위원회 1962: 24), 1960년 6월 1일에는 충무시 의사당에서 국회조사단과

---

17) 〈대구매일신문〉 1960. 6. 8.
18) 유족 인원에 관련해서는 〈국제신보〉 1960. 5. 22. 참조.

함께 당시 학살관련자로 추정되는 해군헌병문관 3명[19]을 소환하여 청문회를 갖기도 하였다.[20] 이후 동년 6월 10일, 탁복수를 비롯한 유족 6명은 부산검찰청 통영지청에 민간인 학살 관련자 10명을 고소하는 등 다양한 형태로 민간인 학살 진상규명을 요구하였다.[21] 고소장에는 민간인 학살 사건에 관여한 해군헌병대와 정보대, 의용경찰대, 비상시국대책위원회, 해상방위대, 청년방위대, 대한청년당 등의 단체 간부와 관련자 명단이 첨부되었다(진실화해위원회 2009d: 71).

울산

1960년 5월 31일 오전 11시, 울산읍 태화강변 백사장에서도 한국전쟁 당시 '빨갱이'로 몰려 학살당한 피학살자의 부인 1백여 명이 모여 경찰과 군을 규탄하는 시위를 감행하였다. 이들은 '양민'을 '조작 빨갱이'로 몰아세운 경찰과 책임자를 의법 조치하고, 학살된 이들의 무덤을 유족들에게 알려달라는 요구를 하면서 울산경찰서에서 농성을 진행하기도 하였다.[22] 또한 유족 중 일부는 1960년 6월 12일, 대운산(大雲山) 골짜기에서 870명이 몰살당한 16개의 무덤을 찾아내었다(김기진 2002: 292).

---

19) 당시 소환되었던 이들은 모두 1950년 당시 해군헌병문관이었던 하대원(河大源), 공학수배(孔鶴秀背), 이양조(李良造)였다.
20) 〈국제신보〉 1960. 6. 2.
21) 〈부산일보〉 1960. 6. 13.
22) 〈국제신보〉 1960. 6. 1.

동래

또한 부산 동래 지역에서도 4.19혁명 이후 한원석, 김세룡, 신창근 등의 피학살자 유족들이 '동래지구피학살자유족회'(회장 한원석)를 건립하였으며, 민간인 학살 사건의 책임자 처벌 등을 요구하는 대정부 건의서를 발표하였다.[23] 특히 이들은 1960년 10월 22일 경, 한원석, 김세룡, 송철순 등 '동래지구피학살자장례위원회'의 임원들이 주관하여 동래, 수영, 기장, 해운대 등지에서 한국전쟁 중 학살당한 민간인 피학살자들의 유해를 발굴하였다. 당시 발굴된 유해는 현재 부산시 연제구 거제동 뒷산(화지산)에 합장하였으나, 이후 주변 동민들의 반대로 같은 산 정상 부근에 합동분묘를 설치한 후 이장하였다. 또한 10월 25일에는 거제동 뒷산 정상의 합동묘지에서 합동위령제를 거행하고, 높이 4척, 폭 3척의 추모비에 사망자 360명의 명단을 새겨 넣어 건립하기도 하였다(진실화해위원회 2009d: 114-115, 한국혁명재판사편찬위원회 1962: 355).

밀양

밀양지역에서도 유족들의 움직임은 감지되었다. 밀양에서는 1950년 8월경 밀양경찰서에 수감 중이던 184명의 민간인들이 밀양 주재 특무대원에 의해 청도읍 운문산 '곰티재 삼밭골'로 옮겨져 학살되었다는 폭로가 4.19혁명 이후 이어졌고, 비슷한 규모의 학살이 세 차례 더 발생해서 총 600여 명의 피해자가 있다는 증언이 나오게

---

23) 당시 유족회는 동래군 국회의원인 곽상훈의 도움으로 국무총리 장면을 접견하였으며, 이 자리에서 '양민학살에 대한 진상을 철저히 조사하여 학살의 관련자를 의법처리해 줄 것'을 간청하고, 동래경찰서 사찰계에는 구도로 유족회의 활동에 대하여 신고하였다(진실화해위원회 2009d: 114-115).

1960년 7월 밀양 유족들이 청도군 매산면 곰티재에서 피학살자들의 유해를 수습하는 장면과 이후 밀양공설운동장에 임시로 안치된 유해의 모습.(사진제공 이광달, 진실화해위원회)

되었다.[24] 증언 이후 유족들은 6월 4일 밀양읍 내일동 김봉철의 집에서 도경현과 최영훈 등 유족 20여 명이 모여 '밀양군 피학살자 및 피해조사대책위원회'를 만들어 유족들의 신고 접수를 받았으며, 1960년 7월 19일 학살지로 알려진 경북 청도군 매전면 곰티재 및 삼랑진면 안태리 뒷산[25], 그리고 삼랑진면 미전리 '입촌속고개' 등지에서 유해를 발굴하였다.[26] 밀양 유족들은 발굴된 유해를 가지고 1960년 7월 20일 밀양공설운동장에서 정치인(국회의원 후보)과 유족 등이 참여한 가운데 위령제를 지낸 후 발굴된 유해를 합동 매장하였다.

---

24) 〈국제신보〉1960. 6. 2. 이 기사는 당시 트럭에 실려가다 도주하였던 생존자 김한동(당시 36세, 밀양군 하남면)의 폭로로 알게 된 사실이었다. 김한동의 증언은 〈국제신보〉1960년 6월 5일 자에 소개되었다.

25) 밀양유족회장 김봉철의 지인인 양영철은 진실화해위원회 조사에서 곰티재에서 183구와 안태리 뒷산에서 330구의 유해가 발굴되었다고 진술하고 있고, 밀양피학살자장의위원회 사건의 증인이었던 최영훈은 진실화해위원회 조사에서 1960년 7월 중순경 매장된 유해가 모두 600구 정도였음을 증언하고 있다(진실화해위원회 2009d: 79-81).

26) 〈국제신보〉1960. 6. 12.

밀양피학살자유족회는 장례를 전후하여 만장과 상여차를 앞세우고 밀양읍내를 관통하는 행진을 실시하였다.(사진제공 이광달, 진실화해위원회)

김해 · 대산 · 진영

1960년 5월, 경남 김해와 창원시에서는 김영욱, 김영봉 등이 중심이 되어 '금창(金昌)지구피학살자장의위원회'를 조직하였다. 이들은 1960년 5월 25일부터 피학살자 신고를 접수한 뒤 7개 매장지에 대한 유해발굴을 실시하였다. 또한 진영에서는 유족들이 민간인 피학살자의 합동위령제를 지내기 위해 '합동위령제준비위원회'를 구성하였으며, 이들은 피학살자들의 유해를 찾기 위한 답사를 실시하여 생림면 나박고개서 4개소, 삽다리 근방 1개소, 송정 뒷산 1개소, 안곡리 1개소 등 총 7개소의 학살추정지를 발견하였다(김기진 2002: 294-295). 유해발굴은 인부와 화물자동차를 동원하여 김해군 김해읍과 진영읍 일대, 창원군 일부지역에서 진행되었으며, 발굴된 유해는 진영읍 소재 포교당에 임시 보관하였다. 이후 피학살자 유족 700여 명은 1960년 5월 31일 '김해, 진영, 대산지구 양민피학살자 합동장의위원회'[27]를 결성하여 6월 25일 시민 10,000여 명이 참여한

---

27) 당시 장의위원회의 구성은 다음과 같다; 위원장 이상대, 부위원장 허삼봉·강성규, 총무위원 김병규 외 2명, 재정위원 최호주 외 2명, 의전위원 정홍조 외 2명, 선전위원 송세부 외 2명, 연락위원 구종도 외 2명, 접대위원 이태호 외 2명(김기

1960년 경남 김해군 진영역 앞에서 금창피학살자장의위
원회 주최로 합동위령제가 열렸다. 당시 유족회는 만장
과 상여를 앞세우고 행진을 실시하였다.(사진제공 이광
달. 진실화해위원회)

가운데 합동위령제를 지내고 발굴 유해에 대한 발인식과 고별식을
가졌다. 이후 유족들은 태극기와 상여를 앞세우고 진영읍 설창리
고개까지 행진하였고, 고개 인근에 발굴 유해 258구를 합동 매장한
묘역을 조성하였다(한국혁명재판사 편찬위원회 1962: 327).

마산

마산에서도 4.19혁명 이후 유족들의 조직적인 유족회 결성과
진상규명 운동은 시작되었다. 피학살자 유족이었던 노현섭과 김용
국은 1960년 5월부터 민간인 학살 진상규명을 요구하였으며, 이윽
고 노현섭, 이병기, 한범석 등이 1960년 6월 12일경 마산시 중앙동
소재 마산상공회의소 회의실에서 유족 80여 명이 참석한 가운데 마
산유족회를 창설하였다. 유족회는 8월 27일 마산역 앞 광장에서 유

진 2002: 295).

족과 시민 500여 명이 모인 가운데 합동위령제를 실시하였으며, 9월 초순 경에는 한국전쟁 당시 마산지구 육군특무대장 및 수십 명을 살인죄로 부산지방검찰청에 마산지청에 고발하기도 하였다(김기진 2002: 285).

이외에도 부산경남지역에서는 거제와 삼랑진 등지에서 유족회가 결성되어 피해자 실태조사와 합동위령제를 거행하는 등의 활동을 전개하였다(민주화운동기념사업회 2008: 272-274).

4) 제주지역 유해발굴

제주지역에서는 4.3사건 이외에도 한국전쟁 발발 직후 예비검속에 의한 민간인 학살이 자행되었다. 1950년 7월 16일, 모슬포 주둔 해병 제3대대는 경찰이 예비검속 C, D 등급으로 분류한 민간인 255명을 송악산 섯알오름 등지에서 학살하였다. 이들은 학살 후 시체 위에 미리 준비한 돌덩이를 짓눌러 암매장하고 그 일대를 민간인 출입 통제구역으로 설정한 후 무장군인에 의한 경비를 강화하였다.

이후 군부는 계속되는 유족들의 시신 인도 요청을 거부하던 중, 1956년 5월 18일, 유족들이 끈질기게 탄원을 하는 과정에서 부대 확장 공사도중 유해가 드러나자 유해발굴을 허락하게 된다. 섯알오름 학살 사건이 발생한 곳은 일제강점기 탄약고를 폭파하면서 생긴 깊은 웅덩이였기 때문에 물이 가득 고여 있었다. 당시 유해발굴은 유족들이 중심이 되어 실행하였으며, 양수기를 이용해 학살지에 있던 물을 빼낸 후 6년 가까이 흙탕물 속에 묻혀 엉켜 있던 유해

149구를 수습하였다. 하지만 유해의 상태는 개체의 구분이 전혀 안될 정도로 나빴다. 당시 큰형님이 학살당하여 유해발굴 현장에 직접 참가하였던 양신하(백조일손 유족)는 당시의 상황을 다음과 같이 증언하였다.

> 유해발굴 현장에 가보니 형수가 이미 와 있었다. 그리고 발굴 현장 한쪽에서는 발굴되어 나오는 두개골에서 치아에 묻은 '뻘흙'을 닦는 사람들도 있었다. 형수는 생전 형님의 키가 상당히 컸기에 다른 사람의 뼈와 충분히 구분되어 시신을 찾을 수 있다고 내게 말했고, 그래서 나에게 '큰 뼈'를 유심히 살펴보라고 하였다. 하지만 조금 시간이 흐르자 형수는 나에게 '아무거나 하나 챙기시오'라는 말을 하였다 (양신하).

양신하의 증언으로 볼 때, 당시 발굴되어 나오는 유해의 상태는 그렇게 좋은 편이 아니었으며, 뚜렷하게 신원을 확인할 수 있는 상황도 아니었다. 이렇듯 유해의 신원확인이 어려웠던 관계로 당시 유족들은 두개골을 중심으로 다리뼈와 팔뼈, 기타 뼈를 수습하여 한 사람의 개체를 만들 수밖에 없었다. 하지만 이 와중에서도 149구의 유해 중 확실히 신원을 확인할 수 있다고 주장하는 17구는 유족이 인도하여 가져갔으며, 최종적으로 신원을 확인할 수 없다고 여겨지는 132구의 유해만이 남게 되었다. 이에 유족들은 132개의 칠성판 위에 머리 하나에 등뼈, 팔뼈, 다리뼈 등을 적당히 맞추어 132구로 구성하고, 미리 마련하여 놓은 484평의 묘지[28]에 안장하였

---

28) 유족들은 1956년 이전에 116명의 유족으로부터 1인당 1,000환을 받아 총

다. 이후 유족들은 '칠석합동묘유족회(七夕合同墓遺族會)'를 조직해 명맥을 유지해오던 중 유족 이치훈과 이성철의 제안으로 묘역의 이름을 '백조일손지지(百祖一孫之地)'라 명명하게 되었다. 백조일손지지는 '조상이 각기 다른 일백서른두 자손이 한날 한시에 죽어 시신이 엉켜 하나의 자손으로 한 곳에 묻혀 새롭게 태어난 땅'이라는 의미를 가지고 있다.

3. 5.16 군사쿠데타와 '무덤의 파괴'

1) 5.16 군사쿠데타와 피학살자유족회 탄압

4.19혁명 이후 왕성하게 진행되던 유족회의 활동은 많은 여론을 조성하며 목표를 달성하기 위한 궤도로 향해 가고 있었다. 하지만 유족회의 활동은 머지않아 커다란 암초를 만나게 되는데, 그것은 다름아닌 5.16 군사쿠데타였다.

1961년 5월 16일, 쿠데타로 정권을 장악한 군부는 당시 사회전반에서 진행되고 있던 개혁 활동들을 국가안보상의 '이적(利敵)' 행위로 규정하고 이를 차단하기 시작했다. 5.16 군사쿠데타 세력이 내세운 '혁명공약'은 상당수의 조항이 '반공주의'와 직결되어 있었고, 이에 따라 사회의 많은 개혁적·진보적 계획들이 반공주의와 충돌하여 '낙인'이 찍히게 된 것이다. 무수히 많은 영역 가운데서도 가장 인상적인 '탄압' 영역은 피학살자유족회에 대한 것이었다고 할 수

116,000환을 모금하였고, 이 돈을 가지고 대정읍 상모리 586-1번지(현 묘역)를 91,880환에 구입하였다(백조일손유족회 2010: 174-175).

있다.

군사쿠데타 세력은 5.16 쿠데타 이후 피학살자유족회를 이적단
체로 규정함과 동시에, 주요 간부였던 신석균, 이원식, 이삼근, 이복
녕(이상 경북), 김하종, 김하택(이상 경주), 김영욱(김해, 창원), 김봉철
(밀양), 문홍주(거창) 등을 국가보안법상의 '반국가단체' 위반 혐의
로 구속하였다. 구속된 이들의 대부분은 군사혁명재판에 회부되었
고, 재판을 통해 사형과 무기징역 등의 실형을 선고받았다. 이 과정
에서 간첩혐의까지 받고 있던 경북유족회장 신석균은 형무소에서
옥사하였고, 이원식을 비롯한 나머지 간부들은 상당 기간 동안 옥
고를 치러야만 했다.

사건명	성명(당시연령)	구속일자 기소일자	선고형량
경상남북도 피학살자 유족회사건	이원식(49)	1961. 6. 24 1961. 11. 7	사형
	이삼근(27)	1961. 7. 31 1961. 11. 7	징역 15년
	이복녕(33)	1961. 5. 19 1961. 11. 7	징역 10년
금창장의위원회	김영욱(39)	1961. 11. 27 1961. 12. 10	징역 7년
경주피학살자 유족회	김하종(28)	1961. 8. 30 1961. 11. 13	징역 7년
	감하택(28)	1961. 5. 18 1961. 11. 13	징역 3년 집유 5년
밀양장의위원회	김봉철(43)	1961. 5. 18 1961. 11. 10	징역 10년

표7. 1961년 피학살자유족회사건 관련 주요 인사의 형량(진실화해위원회 2009d: 66)

이렇듯 군부가 주요 유족회 간부들을 '반혁명인사'로 낙인찍은 후 신속하게 구속한 이유는 4.19혁명 이후 민간인피학살자유족회가 실행하였던 '민간인피학살자 실태조사'와 '유해발굴', '위령제' 등이 북한에게 이익이 된다고 생각한 것이었으며, 이를 통해 사회의 안전이 위협받을 수 있다는 논리이다. 2009년 발표된 진실화해위원회의 '5.16 쿠데타 직후 인권침해 사건'의 보고서를 보면, 위 사항에 대한 군부의 명확한 의견을 엿볼 수 있다.

5.16 군사쿠데타 이후 군부는 비상조치법에 의거해 '국가재건최고회의'를 구성하여 권력을 장악하였고, 1961년 6월 13일과 15일 개최된 제4차 상임위원회에서 '혁명재판소 및 혁명검찰부조직법'과 '특수범죄처벌에관한특별법'(법률 제633호)을 의결하였다. 혁명재판소는 최고회의의 제청으로 대통령이 임명하는 소장 1명에 2심제로 운영되었으며, 심판부에는 재판장 1명(현역군인), 법무사 1명, 심판관 5명 등 7명의 심판관으로 구성되어 각종 사건을 처리하였다. 또한 '특수범죄처벌에관한특별법'은 소위 '군사혁명' 이전 혹은 이후에 반국가적 반민족적 부정행위 또는 반혁명적 행위를 처벌하기 위하여 마련된 법이었다. 1961년 혁명재판부는 '특수범죄처벌에관한특별법' 제6조(특수반국가행위)를 적용하여 민간인피학살자유족회의 주요 간부들을 검거하기 시작하였다.

하지만 5.16 군사쿠데타 직후 실제 혁명검찰부 내부의 분위기는 '민간인피학살자유족회사건'을 조사함에 있어서 '피학살자들이 적색분자인지 양민인지 신분을 밝히지 않은 상태이고 유족들이 전쟁 중에 억울하게 가족을 잃고 신원(伸寃)을 요구한 것임에도 불구하고, (피학살유족회) 피고인들에게 사형에서 10년 이상의 중형을 구

형할 명분이 약하다'고 상당히 많은 고심을 한 것이 사실이다. 혁명
검찰부의 많은 주임검찰관들은 판결을 내림에 있어서 단지 혁명검
찰부에서 내려온 지시를 그대로 사용했다고 말하고 있다(진실화해
위원회 2009d: 81-83). 예를 들어, 1961년 당시 박창암 혁명검찰부장
이 '군경에 의해 처형된 사람들은 모두 적색분자인 남로당원이고,
피학살자유족회 간부들은 남로당원의 가족이다. 그들이 4.19 이후
혼란을 틈타 정부전복을 꾀했으니 철저히 수사하여 기소하라.'(진실
화해위원회 2009d: 81-83)는 내용을 혁명검찰부의 주임검찰관들에게
지시하였다는 내용은 대부분의 민간인피학살자유족회 관련 재판이
심리나 증거에 의해 이루어진 것이 아니라 '윗선에서 만들어진 계
획'이 그대로 실행되었음을 보여주고 있다.

　위와 같은 내부의 어려움에도 불구하고, 혁명재판소는 피학살
자유족회가 작성한 각종 '유족회결성선언문', '피학살자 묘·비건

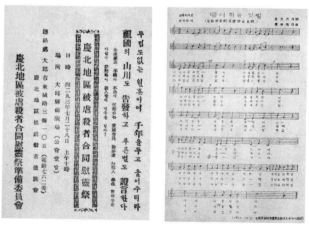

경북피학살자 위령제를 알리는 안내장과 1960년도 당시 사용하
였던 경북유족회 회가인 '맹서하는 깃발' 악보.(사진제공 이광달,
진실화해위원회)

립취지서', 피학살자유족회지 '돌꽃', '위령제 선전물', '유족회회칙', '유족회회의록', '발굴일지' 등의 자료를 근거로 하여, 피학살자유족회가 '대한민국 군경의 작전수행상 부득이 희생된 남로당원 등 공산분자들을 위령'하고, (유족회) '단체를 조직해 북한괴뢰군의 동조자였던 피학살 민간인을 마치 애국자인 양 찬양 선전'하며, '우리 군경이 하등의 이유 없이 양민을 학살한 것처럼 왜곡 선전'하였다고 규정하였기에, 이러한 근거들을 종합하여 민간인피학살자유족회 주요 간부에 대해 '특수범죄처벌에관한특별법' 위반 혐의로 유죄를 선고하였다(한국혁명재판사편찬위원회 1962: 201-253).

하지만 재판과정에서 드러난 유족들의 '반국가행위'는 상당히 '편파적 해석이 가미된' 것이었다. 예를 들어 '경주피학살자유족회 사건'의 '주동자'였던 김하종(당시 유족회장)에게 내려진 법률 위반 혐의점은 다음과 같다.

- 1960년 11월 11일부터 13일까지 3일간 '찦차'를 이용하여 '산천도 고발하고 푸른별도 증언하다[29]'는 등의 용공삐라 약 2,000여 부를 경주시 일대에 뿌린 점
- 1960년 11월 13일 경주시 계림국민학교에서 개최된 합동위령제에 참석하여 참가 유족회원들을 안내하고, 직접 제단을 가설한 점
- 위령제 제단의 중앙에 '영세불망합동영위'라는 것을 중심으로 양측에 '무덤도 없는 원혼이여 천년을 두고 울어주리라', '조국의 산천도 고발하고 푸른별도 증언한다', '학살 관련자는 모든 공직 및 정치에서 물러가라', '학살자 처벌을 위하여 특별법을 제정하라'는 등

---

29) 이 문구는 1960년 전국민간인피학살자유족회가 사용하던 슬로건이었다.

위령제와 하등의 관계도 없는 표어를 써 붙여놓고 군중 약 2,500명이 참석한 가운데 개식사를 통하여 군경의 죄책(罪責)에 의거하여 민간인 학살이 발생했다는 것을 말한 점(한국혁명재판사편찬위원회 1962: 260-262)

　　위의 '혐의'로 볼 때, '경주민간인피학살자유족회사건'의 핵심적인 유죄 구성요건은 위령제를 개최하면서 '제사'와 관계없는 '정치적 슬로건'을 부착하였는가였으며, 이것은 곧 유족회의 창립 이유가 체제를 전복하고 공산세력을 지지하기 위함이었음을 보여준다는 논리였다. 사실 4.19혁명 이후 조직된 민간인피학살자유족회는 창립 1년 만에 군사쿠데타 세력에 의해 조직이 대부분 파괴되었지만, 당시 사회적 분위기로 볼 때 혁신적인 민간운동을 창조했다는 평가를 할 수도 있다. 당시 민간인피학살자유족회 요구 사항의 대부분은 피학살자들이 '국군이나 경찰에 의해 처형된 공산주의자였거나 적군에게 부역한 부역혐의자' 취급을 받고 있었으므로, 자칫 이들에 대한 신원(伸寃) 운동이 유족들까지 '빨갱이'로 옭아맬 가능성을 내포하고 있었다. 이러한 가능성에도 불구하고 민간인피학살자유족회는 '가족의 억울한 죽음'을 규명한다는 '든든한 명분'을 중심으로, 한국 사회의 가장 핵심적 지배이데올로기인 '좌익' 혹은 '빨갱이'라는 핵심 개념에 대한 '새로운 해석'을 요구한 것이었다. 그러므로 당시 유족들의 행동은 시대적 패러다임을 뛰어넘은 상당히 '진보적인 운동'으로 해석될 수도 있었다.
　　하지만 실제 유족들의 자각 의식은 위의 '진보적 해석'과는 사뭇 양상이 달랐던 것이 사실이다. 대구유족회장이었던 이원식은 1962년 자신의 형량이 무기징역에서 감형되자 박정희 당시 최고회

1960년 11월 경주 계림초등학교에서 열린 경주 피학살 자유족회의 합동위령제 모습. 위령제 제단 양옆으로 각종 현수막이 보이고 있다.(사진제공 이광달, 진실화해위원회)

의 의장에게 보내는 감사문에서 "유족회는 군경과 전투행위에서 희생된 자의 유족들의 집결체인 것처럼 되어 있으나 그러하지 않으며 군경을 대상으로 보복행위를 주목적으로 하는 단체도 아니며… 처형된 좌익분자들을 애국자인 양 하는 반국가적 범의를 가진 조직활동체로 한정된 것 같습니다만 이것은 과대평가이며, 유족회는 사상 이전에 윤리적인 결합체로 골육지정에서 파생된 비극적인 존재"라고 표현하고 있으며, 그 외 당시 유족회 간부의 자제였던 이광달, 신윤식 등의 증언에서도 1960년 경북유족회의 성격을 가족의 신원이상을 요구하는 정치단체로 평가하지는 않고 있다. 또한 경주유족회의 김하종 역시 공판과정에서 "합동위령제 등에서 규탄의 대상이 된 것은 경주 민간인 학살 사건의 주범인 '이협우를 비롯한 그 일당들'이지 결코 대한민국의 군경을 겨냥한 것이 아니었다."고 말하고 있다. 이러한 특성들은 1960년대 유족회가 결성되어 최초로 행하였던 사업의 특성들에서도 나타나고 있다. 유족들은 4.19혁명 이후 가장 먼저 피학살자들의 시신을 찾기 위한 유해발굴을 최우선 사업으로 정했으며, 이 발굴 사업은 민간인 피학살자들의 보편적 인권을 추구하고 국가폭력의 잔혹성을 고발하기 위한 체계적인 계획 속에 이루어졌기보다는 가족 구성원의 비정상적 죽음에 대한 의례적 완결을 목표로 한 것이 대부분이었다. 즉 1960년대 유족회의 가장 큰 핵심 담론은 '조상과 가족, 의례의 완결'이었던 것이다.

2) '무덤'의 파괴

위에서 살펴본 바와 같이, 군부는 5.16 군사쿠데타 이후 지역별 민간인피학살자유족회 주요 간부를 재판에 회부하여 유죄를 선고하였고, 주요 간부들이 구속된 이후 민간인피학살자유족회의 활동은 빠르게 소멸되었다. 이로써 이후 민간인 학살 진상규명 운동은 전체적으로 '암흑기'에 접어들게 된다. 특히 군부는 이 과정에서 유족들을 처벌하는 한편 특수한 파괴행위를 실시함으로써 유족회의 전반적인 활동 자체에 대한 상징적 경고를 가하게 되는데, 그것이 바로 피학살자 유해 매장지에 대한 파괴였다. 군사쿠데타 세력은 4.19혁명 이후 여러 지역에서 결성된 '장의위원회' 등을 통해 발굴되어 매장되어 있던 피학살자의 유해 및 위령비를 상징적으로 파괴함으로서, 자신들이 내세운 핵심적 '혁명공약'인 반공주의를 새롭게 강화하고자 하였다. 다음의 경우들은 1961년 군사쿠데타 이후 유족회가 발굴해 놓은 피학살자 분묘가 파괴된 대표적 사례들이다.

거창

대표적으로 군사쿠데타 세력은 거창군 신원면 대원리 '거창양

2018년 현재, 거창사건 추모공원 맞은편에 위치한 '구묘역'에는 5.16 군사쿠데타 당시 군부에 의해 파괴된 위령비가 그대로 남아 있다. 사진에서 볼 수 있듯이, 군부는 위령비 양면의 모든 글자를 정으로 쪼개 알아볼 수 없도록 한 후 땅에 묻어 버렸다. 땅 속에 파묻혀 있던 위령비는 1988년 2월 15일이 되어서야 땅속에서 나올 수 있었으며, 현재는 당시 상황을 설명하기 위해 구묘역에 그대로 보존되어 있다. 이렇듯 글자가 지워진 채 쓰러진 위령비를 보존하는 이유는 '믿기지 않는 후대들에게 왜곡된 역사의 진실을 바로 알리기 위함'이라고 거창희생자유족회는 밝히고 있다.

민학살사건' 희생자 합동묘 및 위령비를 파헤치고 훼손하였다. 군부는 5.16 군사쿠데타 직후인 1960년 5월 18일, 거창지역유족회 간부 17명[30]을 반국가 단체 혐의로 구속하였다. 그리고 동년 6월 15일, 경남도지사였던 최갑중은 거창의 피학살자 합동묘소(박산합동묘역)가 묘소설치법을 위반하였기에 무덤과 위령비를 없애라는 개장명령서(改葬命令書)를 발송하였으며, 이에 거창경찰서 신원지서장 이중화는 인부들을 동원하여 묘역에 묻혀 있던 유해를 흙과 함께 파헤쳐 유족들에게 강제로 수에 맞게 분배하여 가져갈 것을 종용하였다. 유족들은 이 같은 조치에 극렬히 반대했으며, 결국 봉분만을 제거한 후 위령비에 새겨진 추모글을 정으로 쪼아 글자를 알아볼 수 없게 한 뒤 파괴하여 땅속에 묻었다. 이 과정에서 경찰은 합동묘역 훼손을 거부하는 유족에게 총칼을 들이대며 위협하기도 하였다.

금창

'금창피학살자장의위원회'는 4.19혁명 이후 피학살자의 유해를 발굴하여 김해시 진영읍 설창리 고개 인근에 합동묘를 설치하였다. 하지만 2010년 진실화해위원회의 조사에 의하면, 이 합동묘역은 5.16 군사쿠데타 이후 군경의 주도하에 파괴되었다(진실화해위원회 2009d: 118). 진실화해위원회의 조사 당시 참고인이었던 이옥선[31]의 증언에 의하면, 1961년 6월경 김해경찰서 진영지서장에

---

30) 당시 구속된 이들은 김예옥, 이시근, 김재덕, 김기수, 이정준, 문홍주, 문병현, 정현장, 신병균, 임기섭, 김용제, 어담춘, 문병근, 임채화, 김용기, 박창재, 김시동 등이었다. 구속된 유족회 간부들은 1962년 9월 24일까지 모두 무혐의 처리로 풀려났으며, 박영보 타살 혐의가 있던 유족들은 집행유예로 석방되었다. 이들 유족들은 석방될 당시 항고하지 않겠다는 강제서약서를 제출하였다.
31) 경남 김해군 국민보도연맹원 예비검속 사건의 피학살자 박용덕의 처이다(진실화

게서 설창고개 인근의 합동묘역이 있으면 유가족들이 어떤 일을 벌일지 모르기에 묘를 없애버려야겠다는 말을 들었다고 증언하였다. 이후 이옥선이 묘터에 가서 사람들을 만나보니 지게꾼들이 동원되어 합동묘의 개장작업을 하고 있었고, 이후에는 화장해서 낙동강에 띄울 거라는 말을 들었다고 한다. 증언과 같이, 실제 진영읍 설창리에 조성되었던 피학살자 분묘는 유족들에게 구체적인 통보 없이 해체되어버렸다.

동래

'동래피학살자유족회'에서 조성한 부산시 거제동 화지산의 합동분묘 및 추모비도 다른 지역과 마찬가지로 훼손되었는데, 당시 동래피학살자유족회의 총무를 맡고 있던 송철순은 1964년 11월 피학살자유족회 사건으로 구속되었다 형 집행정지로 풀려나서 거제동 화지산의 합동묘역을 방문한 후 묘가 없어졌다는 것을 알게 되었다. 송철순은 이웃 주민에게서 '5.16 이후 정복차림의 거제지서 경찰관들이 합동묘 주위에 경비를 서고 사복형사들이 인부들을 지휘하여 묘소를 철거'했다는 이야기를 들었다(진실화해위원회 2009d: 119-120). 이처럼 동래지역에서는 대다수 유족회 간부들이 구속된 가운데 공권력이 일방적으로 피학살자의 분묘를 훼손한 경우이다.

제주 예비검속사건 백조일손지묘

제주도의 섯알오름 예비검속 학살과 관련하여 백조일손유족회는 1956년 유해를 발굴하여 서귀포시 대정읍 상모리 586-1번지

해위원회 2010: 306).

5.16 군사쿠데타 이후 파괴된 백조일손지묘의 위령비

에 분묘를 세웠다. 하지만 1961년 6월 15일경 서귀포경찰서는 상모리에 조성한 피학살자 합동분묘 및 위령비를 훼손하려고 하였으며, 이에 유족들이 현장으로 달려가 극렬히 반대하자 해머로 위령비를 조각낸 후 주변에 버리는 것으로 마무리하였다. 하지만 이와 같은 소동은 유족들에게 피학살자의 시신이 언제든지 파헤쳐질 수 있다는 공포감을 안겨주었고, 이에 22명의 유족들은 상모리의 합동분묘에서 신원이 확인되지 않은 유해를 발굴하여 다른 지역으로 이장을 하기도 하였다. 이렇듯 일부 유족들이 백조일손지묘역에서 서둘러 다른 지역으로 이장을 한 이유는 시신을 빼앗길 수 있다는 공포감과 더불어, 백조일손지묘역에 무덤이 있다는 사실 자체가 곧 '빨갱이 가족'이라는 누명이 덧씌워진 것이라고 인식했기 때문이다.

5.16 군사쿠데타 이후 민간인 피학살자유족회에 대한 탄압은 이처럼 강도 높게 진행되었고, 특히 피학살자 분묘의 파괴는 유족들로 하여금 가족의 억울한 죽음이 계속적으로 비정상적 죽음의 영역에 머무를 수 있다는 불안감을 갖게 하였다. 특히 군사쿠데타 세력은 군사정권하 강력한 반공주의를 구축하기 위하여 전쟁 기간 중 군경에 의해 학살된 희생자의 유가족을 잠재적 적으로 규정하고 피해자들의 무덤을 파괴하는 극단적인 탄압을 실시하였다. 이것은 국가주의를 강화하기 위해 일반적인 국민의 죽음과 의례과정을 통제한 것으로서, 세계사적 견지에서 보더라도 유사한 사례를 찾아보기 힘든 것이라 할 수 있다.

4. 1960년대 민간인 피학살자 진상규명 운동과 유해발굴의 관계

1) 1960년 유해발굴의 '장의(葬儀)'적 특성

법에 의하여 사형이 되었다면 죽은 일자라도 알고 제사라도 모시고 뼈라도 찾아다 묘를 만들어 후손들에게 전해주기나 할 터인데 이 원수놈들이 어찌하여 그 많은 귀중한 인명들을 말 한마디 없이 죄의 유무도 물어보지 않고 마구 쏘아 죽였단 말이냐…[32]

유해의 발굴과 재매장에 관한 가장 첫 번째 변화는 비정상적 죽음으로 인지되는 민간인 피학살자 유해를 어떤 집단이 중심이 되

---

32) 〈대구매일신문〉 1960. 5. 25.

어 의례과정을 소화하는가의 문제와 연관되어 있다. 이것은 곧 피학살자의 '비극적 죽음'을 '정상적 죽음'으로 만들기 위한 의례과정이 어느 집단을 중심으로 이루어지고 있는가의 문제이다.

전술한 바와 같이, 사회적으로 큰 파장력을 가졌던 4.19혁명 이후의 유해발굴은 몇 가지 지점에서 중요한 특징을 가지고 있는데, 그중 가장 큰 것으로는 발굴의 주목표가 '장의(葬儀)' 체계에 맞추어져 있었다는 것이다. 이처럼 장의체계를 중심으로 한 유해발굴의 주제집단은 가족일 수밖에 없다. 초기 유해의 발굴과 재매장은 대부분 가족 혹은 유족회를 중심으로 이루어졌으며, 이들의 목표는 가족 혹은 공동체 내 존재하고 있는 비정상적 죽음을 정상화하는 것이었다. 이와 같은 사례는 '금창(金昌)지구피학살자장의위원회'와 '밀양지구피학살자장의위원회', '경북유족회 합동묘·비건립위원회', 제주 '백조일손지지' 등의 초기 유족회 명칭에서도 잘 나타나고 있으며, 2003년 유족들에 의해 발굴된 후 화장·합장 된 제주 '현의합장묘' 사례 역시 동일하다고 할 수 있다. 여기서 유족들은 피학살자들의 죽음을 '정상적 죽음'으로 전환하기 위한 일종의 의례 절차로 유해발굴을 활용하고 있다.

물론 넓은 맥락에서 본다면 당시 유해발굴이 장의적 기능만을 수행한 것은 아니었다. 언론에 보도된 발굴 유해들은 민간인 학살의 참상을 전 국민에게 알리는 계기가 되었고, 더불어 유해는 민간인 학살을 증명할 수 있는 가장 중요한 표상으로 작용하였다. 또한 1960년대 당시 진행되었던 유해발굴은 진상규명에 대한 최초의 대중운동을 조직하고 향후 전개될 활동의 단초를 마련했다는 점에서 상당한 의의를 가질 수 있다. 특히 20세기 이후 전쟁과 인종, 학살 문제 등으로 발생한 대규모 학살 사건에서 이처럼 유족 스스로

가 대규모 발굴을 독자적으로 진행한 것은 전 세계적으로도 보기 드문 사례라 할 수 있다. 하지만 행위를 주도한 발굴 주체의 입장에서 본다면, 초기 유해발굴의 가장 큰 특징은 장의에 맞추어져 있다고 볼 수 있다. 한국의 민간인 피학살자 유해발굴은 비록 5.16 군사쿠데타에 의해 그 활동이 1년 만에 중지되었다고 하지만, 당시 발굴의 뚜렷한 목적이 피학살자에 대한 죽음을 광범위한 '사회적 기념'으로 전환시키고자 한 것은 아니었다. 1960년 당시 발굴의 특징을 간추려보면 다음과 같이 설명할 수 있다.

첫째, 발굴의 주체는 대부분 가족과 지역, 공동체가 맡았으며, 발굴된 이후에는 향후 추모비나 원혼비 등을 조성할 목적으로 특정 장소에 합장되었다. 둘째, 1960년 당시 한국 사회에서 정밀한 법의학적 유해발굴을 실시할 수 있는 환경이 조성되어 있지 않았다. 그러므로 대부분의 발굴은 유족들이 스스로 행한 것이기에 법의학적이고 고고학적인 규칙을 따르지 않았다. 셋째, 당시 '원시적인' 유해발굴 방법과 매장 상태의 특성으로 인해 출토된 유해의 개별 신원 확인이 거의 불가능하였다. 넷째, 유족의 대부분은 출토된 유해의 신원을 확인할 수 없었지만 특정 매장지에서 자신의 가족이 사망했을 것이라는 믿음을 가지고 있었고, 이에 근거해 각 지역별 혹은 공동체 별로 독자적인 합동묘 및 위령비를 조성하고자 하였다.

위와 같은 유해발굴의 특징들을 볼 때, 1960년 민간인피학살자유족회의 유해발굴은 조상의례에 대한 공동체 혹은 유족의 강한 의무감에 의해 주도되었다고 볼 수 있으며, 발굴과 위령사업을 통해 민간인 학살의 반인권적 측면을 사회적으로 확산하기 위한 '사회적 의례'의 양상은 상대적으로 미비하였다. 이렇듯 1960년 당시 유해발굴에서 사회적 의례 양상이 부족했던 것은 발굴된 유해를 '조상

(가족)의 육신' 이상의 상징으로 취급할 수 있었던 사회적 분위기가 형성되지 못했기 때문이며, 이것은 유해발굴의 기술적 결함과 '인권과 시민의식'의 확산 결여, 그리고 피학살자의 정체성이 '양민'이라는 개념에 몰려 있었기 때문이었다. 4.19혁명은 피학살자 유족들에게 민간인 학살의 억울함을 호소할 수 있는 기회를 부여하였지만, 대부분의 유족들은 이 기회를 가족의 신원회복과 불완전한 의례를 완결하는 데만 사용하였다.

많은 이들은 민간인 학살과 제노사이드 등의 사례에서 위와 같은 장의체제를 중심으로 한 유해발굴이 대부분을 이룰 것이라 생각하지만 현실은 그렇지 않다. 전 세계 다양한 민간인 피학살자 사례를 찾아보더라도 유해발굴의 목표가 장의적 측면에서 중단되는 경우는 그리 흔치 않다. 예를 들어 아르헨티나의 유해발굴은 한국의 초기 과정과는 조금 다른 방향으로 진행된 바가 있다.

아르헨티나는 1976년 3월 쿠데타로 정권을 장악한 군사통치위원회(Junta Militar)의 폭압정치로 인해 1976년부터 1983년까지 약 10,000명 이상의 실종자(desaparecidos)와 수천 명의 국외 망명자가 발생하였다(Dinah L. Shelton 2005: 65). 아르헨티나에서는 이 시기를 일명 '더러운 전쟁(dirty war)'이라 일컫는다. 실종자들의 대부분은 소위 '아르헨티나식 생활양식'인 카톨릭 및 반공주의적 기준에 벗어난 이들이거나 '마르크스주의자'로서, 군부는 이들이 '국가재건'에 걸림돌이 될 뿐만 아니라 '국가전복을 꾀하는 불순분자'였다는 이유로 처단하였다(박구병 2005: 61). 그러나 군사통치위원회는 1983년 말비나스(포클랜드) 전쟁 패배 이후 정권을 민선정부에 이양하게 된다. 대통령에 오른 라울 알폰신은 1984년 '더러운 전쟁' 시기 자행된 범죄 행위를 밝히고 실종자들의 행방을 찾기 위해 '실종자 진상조사 국가위원회(Comisión Nacional sobre la Desaparición de Personas: 이하 CONADEP)'를 직속기관으로 설치하고 본격적인 과거사 청산을 실시하게 된다. 이 과정에서 자연스럽게 유해발굴이 거론되었는데, 사업 초기 실종자들의 가족모임인 '오월광장어머니회(Asociación Madres de Plaza de Mayo)'는 이에 대해 적극적 지지를 표명하였다.

오월광장어머니회는 1982년부터 시작된 아르헨티나의 실종자 유해발굴 과정에서 실종된 이들의 이름과 신원이 밝혀질 것으로 예상했다. 하지만 일부 지역의 유해발굴이 끝난 후에도 실종자의 신원을 밝히는 것은 매우 어려웠다. 또한 유해발굴을 통해 충분한 증거가 드러났음에도 알폰신(Raúl Alfonsín) 정부가 군부 가해자의 처벌에 미온적인 태도를 취하자 오월광장어머니회는 분노하기 시작했다. 결국 오월광장어머니회는 1985년 지지부진한 과거사 청산에 항의하며, 실종된 자녀들의 생물학적 죽음을 인정하길 거부하고 유해발굴에 반대하였다. 아르헨티나의 오월광장어머니회가 가장 두려워한 것은 유해발굴이 마치 과거사 청산의 가장 마지막 과정인 것처럼 비춰져 이후 투쟁이 불가능해지는 것이었다. 여기서 '이후의 투쟁'이라 함은 죽은 자식에 대한 개별적 장의가 아니라, 보다 큰 인권의 범주에서 다시금 국가폭력이 재발하지 않도록 '사회적 기념' 프로그램을 가동하는 것이었다. 이렇듯 아르헨티나의 사례를 통해 볼 수 있듯이 민간인 학살과 같은 비정상적 죽음에 대한 처리들은 가족의 범주를 떠나 좀 더 사회와 공공적 측면에서 접근한 사례도 있었다.[33]

---

33) 위에서 소개한 아르헨티나의 사례와 관련하여서는 박구병(2005)의 논문을 참조하기 바란다.

2) 경상남북도를 중심으로 유해발굴이 이루어진 이유[34]

  4.19혁명 이후 발생하였던 민간인 학살 진상규명 운동 가운데서 특이한 점은 대부분의 진상규명과 유족회 조직 운동이 경상남북도를 중심으로 이루어졌다는 것이다. 경상남북도의 유력 일간지는 4.19혁명 직후인 1960년 5월부터 거창사건의 진실을 알리는 보도를 일제히 게재하면서, 6월에 이르러서는 경상남북도 일대에서 발생하였던 주요 민간인 학살의 사례를 보도하기 시작하였다. 4.19혁명은 학살의 아픔을 간직하고 있던 유족들에게 명예를 회복할 수 있는 중요한 기회였다. 언론 또한 이러한 기회를 이용하여 그동안 묻혀 있던 진실을 파헤치기 위해 노력을 기울였던 것이 사실이었다.

  하지만 엄연히 경상남북도를 제외한 다른 지역에서도 한국전쟁을 전후하여 수많은 민간인들이 처형당하거나 학살당한 사실이 존재하였다. 그럼에도 불구하고 4.19 이후 유독 경상남북도를 중심으로 유족회 결성과 진상규명 요청 운동이 진행된 이유는 무엇일까? 이것은 다음과 같은 몇 가지 원인에 근거한다고 추정할 수 있다.

  우선 경상남북도의 많은 지역은 한국전쟁 중 인민군이 들어오지 않은 지역이었으며, 설사 인민군이 들어왔다 할지라도 오랜 시간 동안 인민군에 의한 '통치'가 이루어지지 않은 지역이었다. 이것은 한국전쟁 초반 낙동강을 중심으로 약 3개월간의 지난한 교전이 지속되었으며, 1950년 9월 이후 전황이 빠르게 역전되었기 때문이다. 사실 경기도와 충청도, 전라도의 많은 지역은 이승만 정부가 전

---

34) 이 절의 논의 결과는 한국전쟁기 민간인 학살 연구자인 박만순, 심규상 등과의 대화에서 아이디어를 얻었음을 밝힌다.

쟁 초기 빠르게 후퇴를 하는 바람에 제법 긴 '인공' 시기를 겪었으며, 이 과정에서 상당수의 민간인들이 북한군에 동조하거나 '부역'을 하게 되었다. 이러한 '부역혐의'는 1950년 9월 이후 다시 남한정부가 인민군 점령지역을 재수복했을 때 상당히 많은 보복과 학살을 불러일으키게 되는데, 이러한 유형의 사건을 '부역혐의에 의한 민간인 학살 사건'이라고 말한다. 부역혐의에 의한 민간인 학살은 다른 유형의 학살과 비교해 볼 때 개인적 원한과 보복이 짙게 깔려 있으며, 상당히 잔인한 형태의 린치가 가해지는 경우가 많았다. 이 때 해당 사회의 전반적 경향은 공포와 침묵으로 바뀌게 되고, 많은 경우 누구도 학살과 관련한 담론을 거론하지 않게 된다. 경기도와 충청도, 전라도의 경우 1950년 9월 재수복 이후 상당수의 부역혐의자에 대한 보복이 행해졌다. 이로 인해 해당 지역의 피학살자 유족 혹은 주민들은 4.19혁명이 발생했다 할지라도, 민간인 학살과 관련하여 어떤 규탄 입장을 표명하는 것이 향후 어떠한 결과를 초래할지에 대해 심사숙고했을 가능성이 높다.

예를 들어, 1950년 7월 발생한 '대전형무소재소자학살사건'은 한국전쟁 중 발생한 대표적 민간인 학살 사건으로서, 규모나 상징적 측면에서 그 중요성이 높다고 할 수 있다. 하지만 대전충남지역 〈오마이뉴스〉 심규상 기자는 4.19혁명 이후 대전지역에서는 민간인 학살 진상규명과 관련한 유족회 결성 및 유해발굴이 없었다고 한다.[35] 이러한 이유로는 우선 1950년 당시 대전형무소재소자들의 많은 수가 전국 각지에서 온 수형자들이어서 대전지역에서 유족들이 공동으로 진상규명을 요구하는 것이 어려웠을 것이라는 추정을 할 수 있

---

35) 2018년 3월, 필자와의 인터뷰에서 증언하였다.

다. 또한 대전형무소에서 1950년 7월과 10월, 각각 남한과 북한에 의해 쌍방의 대규모 학살이 진행되었다는 점이다. 먼저 1950년 7월, 남쪽으로 퇴각하던 국군과 경찰은 대전형무소 재소자 수천여 명을 대전시 동구 낭월동(산내 골령골) 일대에서 학살하였으며, 1950년 9월, 북한군 역시 퇴각하는 과정에서 우익인사 1,500여 명을 학살하였다. 이 두 사건은 전형적인 보복 사건의 성격을 지닌다. 또한 1950년 10월 이후, 대전이 다시 국군에 의해 수복되자 대한민국 군경은 인민군에 협조하거나 부역한 이들을 찾아 대전형무소에 수감하였으며, 이때 수감되었던 부역혐의자 약 1,000명은 1951년 1.4후퇴 시기 즈음에 다시 산내 골령골로 끌려가 처형되었다.[36] 이렇듯 극명한 상호 보복이 진행되면서 상당히 많은 수의 주민들이 피해를 입었기에, 대전지역 주민들은 4.19혁명 이후라 할지라도 쉽사리 민간인 학살 진상규명에 대한 의견을 주장하는 것은 힘들었을 것으로 보인다. 결국 이러한 조건으로 인해 4.19혁명 이후 경상남북도를 제외한 거의 대부분의 지역에서는 민간인 학살과 관련한 진상규명 요구나 유족회 결성 등이 활발히 진행되지 않았던 것이라 할 수 있다.

사실 4.19혁명이 발생하였고, 이행기정의의 포인트가 도래하였음에도 불구하고, 1960년 당시 민간인 학살 진상규명과 관련한 정치권의 객관적 분위기는 그렇게 밝지 않았던 것이 사실이다. 1960년 장면 정부는 민간인피학살자유족회의 활동에 대해 주목하면서, 이를 처리하는 데 있어서는 상당히 '소극적' 자세를 견지하고 있었다. 이종찬 국방장관은 학살관련자의 처벌과 관련하여 '일사부재리

---

36) http://1corea.or.kr/xe/pds_doc/19472의 "대전형무소④ 1950년 9월, 1557명 희생, 민간인 및 좌익 살해 혐의(심규상)" 참조. 2018. 3. 15.

의 원칙에 따라야 한다.'는 입장을 견지하였고, 윤보선 대통령은 "거창사건 등과 같은 묵은 사건을 가지고 떠드는 것이 길어지면 여러 가지 문제가 파생되니 대책을 강구하라."고 국무회의에서 지시를 내렸으며, 국무회의는 '신문보도에 따른 민심동요 방지에 관한 건'을 의결하였다(진실화해위원회 2009d: 72-74).

위와 같은 사실에서 4.19혁명 이후 민중들의 요구에는 민간인 학살 진상규명에 대한 의지가 있었다고 하지만 이를 받아들이는 정치권의 입장은 민간인 학살 진상규명을 요구하는 활동이 혹시나 극렬한 소요사태로 확산되거나 사회의 지배이데올로기를 공격하는 형식으로 변질되는 것을 두려워하고 있었음을 알 수 있다. 이러한 상황에서 전국의 많은 민간인 피학살자 유족들은 민간인 학살의 범죄성을 밝히는 데 선뜻 나서지 못했던 것으로 보이며, 이러한 현상은 한국전쟁 기간 동안 부역혐의 사건 등을 겪었던 지역에서 더욱 심하였을 것이다.

지금까지 서술한 바와 같이, 4.19혁명 이후 유족이 중심이 된 유해발굴은 상당한 한계가 있었음에도 불구하고 한국전쟁 이후 세상의 관심에서 멀어져 있던 민간인 학살 문제를 사회적으로 제기하고 활성화시킨 성과가 있었다. 하지만 당시 제한적인 인식의 한계와 5.16 군사쿠데타 등으로 인해 보다 발전적인 방향으로 유해발굴의 효과를 이어가지 못했다. 이렇듯 정지되어버린 유해 수습의 열망은 이후 약 40여 년간 멈춰진 상태로 이어져야 했다.

5. 과거사 청산과 유해발굴의 암흑기(1961~1999년)

1) 5.16 군사쿠데타 이후 과거사 청산의 분위기

5.16 군사쿠데타 이후 전반적인 과거사 청산의 분위기는 암흑기였다. 특히 많은 간부들이 구속되어 고초를 겪은 민간인피학살자유족회의 경우, 1961년 이후 모든 활동이 전면 중지되었다. 또한 군사쿠데타 이후의 사회적 분위기는 사회 전역에 걸쳐 누구나 공개적으로 확인할 수 있었던 사실을 절대 입 밖으로 발설할 수 없는 특수한 상황을 만들었다. 이른바 사회적으로 '공공의 비밀(Public Secret)'이 형성된 것이다. 특히 표면적으로 이데올로기와 결부된 일부 용공사건 및 국가보안법 사건을 제외하고, 대다수 일반 국민의 친족 혹은 가족의 범주에서 쉽게 찾아볼 수 있던 민간인 학살 사건이 공적 비밀의 주요한 대상이 되었다. 이 시기부터 집안에서조차 피학살자의 이름을 거론하지 않게 되었고, 그의 시체가 발견되지 않았다 하여 수소문하는 경우도 줄어들었다. 많은 유족들은 망자의 시신이 부재한 상태에서, 체포되어 집을 나가 실종되었던 날이나 음력 9월 9일[37]을 기일(忌日)로 하여 의례를 행하였다. 국가의 강력한 공공 기억이 개별적 기억을 무력화한 것이다.

---

37) 음력 9월 9일, 중양절(重陽節)은 이름 없는 조상이나 나가서 돌아가셔서 제삿날을 모르는 조상에게 제사를 지내는 날로서, 시신을 찾지 못한 많은 민간인 피학살자 유족들이 이날 제의를 많이 행하고 있다.

2) 유해발굴 사례: 1961~1999년

1961년 이후부터 1999년까지 한국전쟁기 민간인 학살 및 과거사 청산과 관련된 유해발굴은 거의 시도되지 않았다. 다만 1980년대 말을 맞이하면서 상당히 억압적이던 군사쿠데타 이후의 사회적 분위기도 조금씩 풀리기 시작하였는데, 이것은 사회 전체적으로 고조된 민주화의 분위기가 해빙을 주도하였다고 볼 수 있다. 1987년 민주화항쟁 이후 한국전쟁기 민간인 학살의 진상규명 요구가 점차적으로 확대되는 경향이 분명 존재하였지만, 이러한 경향이 유해발굴이나 진상규명 운동의 측면에서 구체적인 활동으로 발전하지는 않았다. 즉 민간인 학살의 진상규명이 완결되지 않은 가운데 나타난 '빨갱이'로 의심되는 유해는 사회에 '충격'을 줄 수는 있었지만, 이에 대한 추가적인 진상규명이나 확대된 유해발굴이 이루어져 '위령'의 토대를 구축하는 데로 발전하지는 못한 것이다. 대부분의 유해발굴은 우연한 기회에 실시되거나 지역적인 단체 및 공동체에 의해 주관되었으며, 발굴에 대한 결과가 '사회적 가십'거리가 될 수는 있었지만 근본적 문제 해결을 위한 방향으로 나아가지는 않았다. 1999년 이전까지 간헐적으로 발굴되었던 유해발굴 사례는 다음과 같다.

1992년 제주 4.3 북제주군 다랑쉬굴 유해발굴

1992년 제주도에서는 우연한 기회를 통해 제주 4.3사건 희생자로 추정되는 유해가 발굴되었다. 1992년 4월, 북제주군 구좌읍 세

1992년 당시 다랑쉬굴 발견을 보도한 〈제민일보〉 기사

2018년 현재 다랑쉬굴 모습. 입구가 완전히 봉쇄되어 있다.

화리 중산간의 '다랑쉬굴'이라는 곳에서 모두 11구의 유해[38]가 시민 단체와 언론기관 등으로 구성된 합동조사단에 의해 발굴되었다. 희생자들은 1948년 12월 18일, 제주 4.3사건 당시 토벌대의 진압을 피해 다랑쉬굴에서 피난을 하던 중, 군경이 굴 입구에 수류탄을 던지고 불을 피우는 등의 진압작전을 펼쳐 모두 질식사한 것으로 추정되었다. 다랑쉬굴은 1991년 제주 4.3연구소 조사팀에 의해 최초 발견되었으며, 이후 제주 4.3연구소와 제민일보 등이 주축이 되어 본격적인 조사팀과 발굴팀을 구성하였고, 발굴팀에는 변호사와 고고학자, 의학전문가[39] 등이 참여하기도 하였다. 굴 내부에서는 11구의 유해뿐만 아니라 이들이 피난 기간 동안 사용하였던 것으로 추정되는 무쇠솥과 항아리, 질그릇, 놋그릇, 접시, 가위, 석쇠, 요강 등이 발굴되어 제주 4.3사건 당시 피난민들의 생활사를 추정할 수 있는 중요한 계기가 마련되었다.

하지만 유해발굴과 관련한 당시의 정세는 그렇게 호락호락하지 않았다. 당시 유해발굴은 해당 지자체 및 경찰력에 의해 통제되었으며, 발굴된 유해가 국가로부터 정당하게 인정받을 수 있는 분위기도 아니었다. 경찰은 유해발굴이 한창이던 시기에 과거 4.3사건 당시 토벌작전에 참여했던 사람들의 증언을 중심으로, 다랑쉬굴이 '남로당 아지트'로 추정되며, 발견된 유해 11구 역시 1948년 12

---

38) 11명의 희생자 신분은 다각적인 조사를 통해 밝혀졌는데, 희생자 중 7명은 구좌면 종달리 출신이었고 4명은 하도리 출신이었다. 11명의 희생자 중 총 3명이 여성이었고, 한 명의 남자 희생자는 9세 된 어린이었다. 이후 희생자 모두는 4.3특별법에 의거해 '4.3희생자'로 결정되었다.

39) 당시 발굴에 참여하였던 외부전문가들로서는 최병모 변호사, 이청규 제주대 박물관장, 전신권 정형회과 전문의 등이 있다. http://www.jnuri.net/news/articleView.html?idxno=23919, 2018년 1월 5일 검색.

월 3일 구좌면 세화리를 습격하였던 무장대 세력과 연관되어 있다는 입장을 보였다.[40] 물론 이와 같은 경찰의 입장은 다랑쉬굴에서 발굴된 유해 중 4구가 여성 및 어린이였다는 점과 다랑쉬굴 사건이 일어난 것이 12월 4일이 아니라 12월 18일이라는 것이 밝혀지면서 수그러들기는 하였지만, 1992년 당시 제주 4.3사건에 대한 행정당국의 인식을 보여주는 사례라 할 수 있다.

　이러한 와중에 발굴된 유해의 매장과 의례를 논의하기 위해 '다랑쉬굴 4.3희생자 대책위원회'가 4월 21일 발족되었으며, 위원회에서는 '예의를 갖춰 영혼들을 안장할 수 있는 진혼의 절차'를 밟기 위해 노력하였다. 하지만 정작 유해는 발굴 후 유족들에게 인도되었으며, 유족들은 조촐한 장례식을 치른 후 서둘러 김녕리 앞바다에 뿌려버렸다. 이와 더불어 정보당국에서는 다랑쉬굴에 일반인들의 접근을 금지하기 위하여 콘크리트를 부어 막아버렸다.[41]

　다랑쉬굴의 유해들이 발굴 후 서둘러 화장되어 사라진 것은 당시 사회적 분위기 때문이었다. 1992년 당시 상황은 발굴된 유해를 중심으로 민간인 학살의 참혹함을 고발하고 희생된 이들에 대한 위령을 허락할 수 있는 상황이 아니었다. 오히려 다랑쉬굴의 유해가 유족들에게 인계된 것만으로도 다행이었던 시절이었다. 1992년까지만 하더라도 제주 4.3사건은 제주도 전역에서 좌익무장대가 경찰관서 및 우익인사를 습격한 '공산폭동'으로 인식되고 있었으며, 4.3

---

40) http://www.jnuri.net/news/articleView.html?idxno=23919, 2018년 1월 5일 검색.

41) 〈오마이뉴스〉, 2018. 5. 6. http://www.ohmynews.com/NWS_Web/View/at_pg.aspx?CNTN_CD=A0002431025&CMPT_CD=P0001&utm_campaign=daum_news&utm_source=daum&utm_medium=daumnews

사건의 공식적인 희생자 역시 군경 및 우익유공자에 한정되어 있었다(현혜경 2008: 20).

1994년 제주 4.3 발이오름 유해발굴

발이오름 토굴은 일제강점기에 만들어진 작은 굴로서 내부 면적은 총 20평 정도이다. 조천 출신의 정모 씨는 1948년 4.3사건 당시 발이오름 토굴에 피신했던 것으로 추정되며, 이후 초토화작전 시기에 토벌대에 의해 학살된 것으로 보인다. 정모 씨의 유해는 1994년 3월, 제주 4.3연구소에 의해 발견되었는데, 발견 당시 유해와 더불어 생활도구 등이 함께 수습되었다. 일부 증언에 의하면 2연대 사병들이 총을 난사해 정 씨를 사살하고 굴 입구를 막았다고 한다. 발굴된 정 씨의 유해는 연고 가족이 나타나지 않아 애월읍의 무연고 묘지에 안장하였다.

의례를 위한 준비: 제주 4.3 현의합장묘 삼묘동친회

직접적인 발굴은 아니지만, 1961년부터 1999년까지 민간인 피학살자 유족들이 매장된 유해에 대한 의례를 어떤 방식으로 준비하고 있었던 가를 제주 '현의합장묘' 사례에서 확인할 수 있다. 1949년 1월 4.3사건의 초토화작전 당시, 국군 제2연대 1대대 2중대는 의귀리에서 무장대와 전투를 하였으며, 이 사건을 빌미로 2중대 병력은 당시 의귀국민학교에 수용되어 있던 민간인 80여 명을 학교 바깥의 밭으로 끌고 가 학살하였다. 학살 직후 유족들은 공포에 휩싸여 가족들의 시신을 감히 수습하지 못하였다. 희생자들의 유해는 흙만 대충 덮인 채 가매장되어 있다 마을에 축성이 될 때 속칭 '개튼물' 동쪽으로 옮겨져 세 개의 구덩이에 '멜젓 담듯' 매장되었다.

이후 유족들은 1960년 4.19혁명 시기 제4대 국회의 '양민학살 진상규명' 조사 작업에 신고서를 제출하기도 했지만 5.16 군사쿠데타로 인해 무산되었다. 이에 유족들은 5.16 군사쿠데타 이후 1964년에 독자적으로 '삼묘동친회'라는 조직을 만들어 유해가 매장된 지역의 토지를 매입하기 시작하였고, 1968년에 봉분을 단장하고 산담을 쌓아 해마다 벌초와 제례 등을 실시하였다. 또한 공포적 분위기가 조금 수그러들기 시작한 1983년에는 '의로운 넋들이 함께 묻혔다.'는 의미로 '현의합장묘'라는 이름의 묘비를 건립하였다. 제주 4.3 현의합장묘의 삼묘동친회는 민간인 피학살자 유족들이 '암흑기'에 어떠한 방식으로 자신들의 행동을 규정했는가를 보여주는 좋은 사례라 할 수 있다. 이들은 희생자의 죽음을 공적인 영역으로 이전하지 않은 채 비밀리에 공동체를 조직하여 비정상적 죽음에 대한 의례를 행한 것이다.

고양 금정굴 유해발굴

1995년 경기도 고양에서는 '고양 금정굴 사건'[42] 희생자 유족회와 시민단체가 '금정굴 양민학살 사건 진상규명 조사위원회'라는 단체를 설립한 후 희생자 유해발굴을 실시하였다. 당시 발굴은 고양시의 다양한 시민사회단체와 1993년 결성된 유족회가 중심이 되어 실시하였으므로 전문성을 견지한 발굴이었다고 볼 수는 없었다. 발굴은 금정굴의 토사를 수직으로 제거하면서 유해를 부위별

---

42) 진실화해위원회의 조사결과에 의하면, 고양 금정굴 사건은 9.28 수복 이후 고양 경찰서 및 치안대, 태극단 등이 주동이 되어 부역혐의자 및 그 가족을 금정굴이라는 폐광에서 집단총살 한 사건으로서, 비인륜적이고 불법적인 학살을 자행한 국가에게 유족에 대한 공식적 사과 등을 권고한 사건이다.

로 수습하는 형태로 진행되었고, 발굴 후 유해에 대한 감식은 서울대학교 법의학교실에서 실시하였다. 감식 결과 금정굴에서는 우대퇴부 기준 153구의 유해와 결박에 사용된 '삐삐선', '버클', 사살에 사용된 무기류(탄피와 탄두) 등이 발굴된 것으로 보고되었다.[43] 발굴 결과는 각종 언론을 통해 보도되며 사회적으로 큰 반향을 일으켰다.[44] 유족들은 발굴된 유해를 들고 국회 및 고양경찰서 앞에서 시위를 벌이며 사건의 진상규명과 발굴된 유해의 처리를 요구하였다. 하지만 끝내 문제의 해결책은 제시되지 않았으며, 결국 금정굴에서 발굴된 모든 유해들은 적절한 의례를 행할 수 없어 임시적인 안장을 할 수밖에 없었다. 모든 유해는 서울대학교 의과대학 부검실에 임시안치 될 수밖에 없었고, 그 기간은 16년을 훌쩍 뛰어넘어 서야 변할 수 있었다.[45] 국민들은 발굴된 금정굴의 유해를 언론을 통해 접하며 한국전쟁의 또 다른 이면에 주목하게 되었고, 이러한 관심의 축적은 이후 한국에서의 본격적인 과거사 청산을 가능하게 하는 밑바탕이 되었다.

---

43) 대부분의 유해는 금정굴의 15m 지점에서부터 17m 지점 아시에서 발굴되었으며, 두개골 약 70여 점과 삐삐선 150여 점, 신발 110개, 비녀 꽂힌 머리카락, 굵은 댕기머리, 버클, 도장, 신발(어린아이 포함) 100여 점 등이 발굴되었다. 감식을 맡았던 서울대 이윤성 교수는 사망자가 모두 153명이고 이중 여성의 비율이 10%를 차지한다고 말하였다(범국민추진위원회 1999: 27-28).

44) 대표적으로 1995년 10월 3일 MBC 〈PD수첩〉을 통해 방영됨으로서 큰 파장을 일으켰다.

45) 고양 금정굴 유해는 1995년 11월부터 2011년 9월까지 무려 16년간 서울대 법의학교실에 안치되어 있다가 2011년 9월에 이르러서야 경기도 일산에 위치한 모 납골당으로 유품과 함께 옮겨졌다. 하지만 이것 역시 완전한 형태의 안장이라기보다는 과도기적 상황에 놓여 있다고 볼 수 있다.

3) '떠도는 영혼'과 기념의례의 새로운 국면

위와 같이, 1961년 이후 실시되었던 몇 번의 유해발굴에서 나타나고 있는 공통적인 상황은 '죽음의 익명화'이다. 1961년 군사쿠데타 이후부터 민간인 학살과 연관된 죽음들은 모두 '빨갱이'로 처리한다는 '암묵적 합의'가 사회 전체에 퍼지게 되었고, 민간인 학살 사건 자체가 일종의 '공공의 비밀'이 되어버렸다.

이 상황에서 우연하게 발견된 민간인 피학살자의 유해는 어떤 의미를 가지게 되는가? 만약 어떤 유해가 발견되어 삼국시대의 것으로 판명된다면, 그 유해는 문화재와 비슷한 취급을 받게 될 것이다. 즉 유해가 역사의 '유물'로 인식되는 것이다. 또한 발견된 유해가 최근의 유해라면 어떠한 과정을 겪게 될까? 최근의 유해라면 당연히 검사의 수사권 지휘하에 수사가 진행될 것이며, 수사를 통해 죽음의 과정이 어떠하였는지, 가해자가 누구인지에 대한 것들을 조사할 것이다. 즉 유해가 수사의 '증거물'로 인식되는 것이다.

하지만 한국전쟁 시기 민간인 피학살자의 유해는 무엇인가? 이 유해들은 역사의 '유물'로 여겨지지도 않고, 수사의 '증거물'로 인식되는 것도 아니다. 이 유해는 시간과 공간을 초월한 우리 사회의 영원한 '이방인' 취급을 받았다. 다랑쉬굴이나 금정굴에서 발굴되었던 수많은 유해들은 참혹한 광경을 보여주었지만, 실제로 이 죽음들은 의례를 공식적으로 행할 수 있는 '의례주체'를 상실하였다. 한국 사회의 '공적 비밀'은 이들의 죽음을 사회적으로 공론화할 수 없도록 만들었고, 결국 수많은 비정상적 죽음의 마지막 의례가 완료되지 못하게 된 것이다. 결과적으로 1961년부터 1999년까지의 유해발굴 과정을 통해 시신을 수습할 수는 있었지만, 그 죽음들을 우리

사회 혹은 공동체로 품지 못한 채 영원히 영혼이 떠돌 수밖에 없는, '어중간하게 떠도는 상태(perpetual liminality)'에 방치할 수밖에 없었다. 즉 '죽었으되 죽지 않은 생명'(권헌익 2003: 39)이 만들어진 것이다. 이것은 의지의 문제가 아니라 한국 사회를 점유하고 있었던 뿌리 깊은 사회구조와 연관성을 가지고 있으며, 넓게는 냉전(cold war)이라는 현상이 한반도 남쪽 지역에서 어떻게 기능하고 있었는가를 보여주는 것이다.

하지만 이 시기에 특이한 사항으로 꼽을 수 있는 것은 유해발굴 과정에서 등장한 '제주 4.3연구소' 혹은 '금정굴 양민학살사건 진상규명 조사위원회'와 같은 시민사회단체의 활동이다. 1980년대 말 민주화운동의 여파는 한국 사회의 민주주의를 상당히 강화하였고, 이 과정에서 전면적으로 등장한 것이 각종 시민사회단체들이었다. 인권과 민주주의 등을 강화하기 위한 시민사회단체의 역할은 상당히 다양하지만, 특히 한국전쟁 전후 민간인 학살과 관련하여 각 지역에서 조직된 시민사회단체들은 이전 시기 유족들이 담당하였던 역할의 상당 부분을 자신들의 영역으로 대체하였다. 많은 시민사회단체들은 기존 군부에서 강요하던 일방적 역사인식을 부정하며 새로운 역사인식을 주장하였는데, 예를 들어 제주도의 경우 1980년대 말까지 제주 4.3사건은 소위 '공산폭동' 담론의 주도권이 형성되어 있었으나, 1980년대 말 처음으로 민간인 및 무장대 희생자를 대상으로 하는 '사월제 공동준비위원회'가 발족되어, 이데올로기에 관계없이 4.3사건 기간 동안 발생한 모든 희생자를 추모하기 위한 시도를 하였다(현혜경 2008: 20-22). 즉 민간인 학살 사건 진상규명 운동의 주체였던 유족이라는 범주 이외에 또 다른 행위주체가 등장한 것이며, 이들은 원칙적으로 민간인 학살의 불법성을 고발하는 동시에 '양민'이라는 특정 범주에 국한되지 않고 희생된 모든 이들을 기념하고자 노력하였다. 시민사회단체의 등장은 그동안 민간인 학살 죽음의 의례 주체였던 '가족'이라는 단위를 좀 더 넓은 사회적 영역으로 변화시켰고, 이로 인해 보다 폭넓은 위령과 기념을 할 수 있는 계기를 마련했다.

4) 민간인 학살에 대한 국가의 양방향 접근

5.16 군사쿠데타 이후부터 1999년 사이, 한국은 민간인 학살 진상규명에 있어서 사건에 대한 종합적인 접근 대신 선별적인 진상규명과 사과를 실시하게 되는데, 대표적인 것이 1996년 1월 제정된 '거창사건 등 관련자의 명예회복에 관한 법률'이다. 이 법률은 민간인 학살과 관련한 일체의 담론이 수용되지 않던 시기에 진상규명과 명예회복의 포문을 열었다는 측면에서 상당한 의의가 있으며, 이 법률의 제정을 위해 거창사건 피해자와 해당 지역의 많은 정치인들이 노력한 것은 이후 진상규명 운동에 있어서 모범적 선례로 남게 되었다. 하지만 사실 거창사건은 학살 직후인 1951년 12월 16일 대구중앙고등군법공판에서 학살의 지휘자였던 오익경 대령과 한동석 소령 등에 대해 무기징역 등이 선고된 사건이었다. 물론 이후 가해자들에 대한 사면이 진행되고 박산묘역이 파괴되었으며, 피해자에 대한 충분한 명예회복과 배·보상이 진행되지 않았다는 오점을 가지고 있었지만, 국가가 가해사실 전체를 반공이데올로기에 입각해 부정할 수 있는 사안은 아니었다. 이러한 배경에 근거해 국가는 한국전쟁 시기 민간인 학살에 대한 포괄적 과거사 청산을 실시하기보다 한 지역의 특수적 사안을 부각하였고, 이것은 자칫 피해자 범주

에 있어서 '양민'과 '(적대적) 민간인'의 구도를 더욱 심화시키는 여지를 만들 수 있었다. 즉 거창사건 이외의 포괄적인 한국전쟁기 민간인 학살에 가해자의 정당성이 입증될 수 있는 여지가 만들어진 것이다.

결국 거창사건 법률 제정 이후 민간인 학살의 진상규명과 명예회복을 위해서는 지역별로 특수한 사건을 중심으로 각각의 특별법이 제정되지 않는 이상 국가로부터 피해를 확인할 수 없는 어려움이 발생했으며, 이것은 동일한 시기, 동일한 원인에 의해 발생한 동일한 죽음을 이데올로기에 의거해 위계화시키는 계기가 된다.

제3장

약화된 '공공의 비밀'과
유해발굴의 다양화

2005년 경산코발트광산 인근 대원골에서 골프장
공사가 진행되면서 유해가 출토되었다. 이에 시민사회와
유족회는 긴급 구제발굴에 나설 수밖에 없었다.
2005년 코발트광산 인근 대원골 유해발굴 모습

1. 1999년 노근리사건: 판도라의 상자가 열리다

5.16 군사쿠데타 이후 '공공의 비밀'이 유지되면서 반공주의가 강화되던 사회적 분위기 속에서, 1999년 '노근리' 사건에 대한 사회적 공론화는 유족들에게 가히 혁명적인 일이라고 할 수 있다. 1999년 전 세계의 언론과 인권 운동 단체들은 한국의 '노근리'를 주목했으며, 이를 기점으로 국내에서는 한국전쟁을 전후한 또 다른 민간인 학살에까지 관심을 가지기 시작했다. 이렇듯 민간인 학살의 범주가 한층 더 확장된 이유는 무엇보다도 '노근리' 학살이 가지는 특징에 기인한다고 본다.

'노근리' 학살은 해방 이후부터 한국 사회의 국가지배 이데올로기를 유지하는 데 가장 큰 주축이 되었던 미군에 의해 자행된 학살이었다. 한국전쟁 이후 50여 년간 미국이라는 범주는 한국 사회에서 누구도 대항할 수 없는 '신성한 영역'이었으며, 미국은 항상 한국 사회 지배세력의 중요한 버팀목이자 영원한 우방으로 인식되었던 것이 사실이었다. 이러한 결과로 인해 미국이 표방했던 강력한 '반공주의' 정책은 한국의 주요한 지배이데올로기로 운용되었으며, 그 누구도 이에 대항할 수는 없었다. 이와 같은 상황 속에서 발생한 '노근리' 사건의 공론화는 한국 사회의 지배축이었던 미국의 위상을 새롭게 규정하는 계기가 되었으며, 이로 인해 한국의 지배이데올로기 역시 심대한 타격을 입게 되었다. 이러한 상황은 민간인 학살의 측면에서 볼 때 이전까지 금기시되어왔던 상당히 다양한 학살들에 대한 논의를 가능하게 하였다. 여기에는 주로 이전까지 '빨갱이'로 낙인찍혀 학살되었던 사람들의 '금지되었던' 이야기가 포함되었다. 이를 계기로 한국 사회에서 학살에 대한 논의는 '양민 학살'이라는 이분법적 단순 개념에서 좀 더 복잡한 개념으로 발전하게 된 것이다.

이러한 변화로 인해, '노근리' 사건의 발표 이후 민간인 피학살자 유족들은 자신감을 가지고 4.19혁명 이후 최초로 유족회를 구성하기에 이르렀다. 이 당시 유족회 결성 과정은 1960년과 비교해 볼 때 많은 차이를 보이고 있는데, 그중에서도 가장 큰 차이점은 유족회 결성과정에 있어서 시민사회단체의 결합이었다. 1960년 당시의 유족회가 대부분 유족들 스스로의 힘으로 결성된 것이었다면, 1999년 이후의 많은 유족회는 시민사회단체와 긴밀한 관계를 유지하면서 결성되었다. 그리고 유족들 스스로 유족회를 결성한 곳이라 할지라도 운영과정에서 시민사회단체와 연관관계를 맺는 곳이 많았다. 이렇듯 유족회와 긴밀한 관계를 유지하던 시민사회단체들은 민간인 학살의 진상규명과 피학살자 및 유족들의 명예회복을 위해 노력하는 반면에, 유족들에게 '민간인'의 개념을 전파하며 한국 사회의 과거사에 대한 근본적인 비판을 시작하였다. 시민사회단체들이 주장하는 '민간인'의 개념은 인간의 보편적 인권을 강조한 것이기도 하지만, 무엇보다도 '빨갱이'를 중심으로 사람의 죽음조차 차별화시키는 한국 사회의 지배이데올로기에 대한 저항 중의 하나라고 볼 수 있다.

이렇듯 1999년 '노근리' 사건에 즈음하여 시민사회단체의 활동력이 왕성해진 것은 1980년대 말부터 진행되어온 사회민주화의 영향력이 결정적 역할을 하였다. 이 시기부터 한국사회 내부에서도 소위 '시민사회' 세력이 형성되면서 다양한 영역에서 인권과 민주주의를 회복하기 위한 활동을 시작하였다.

'노근리' 사건 이후 결성된 유족회와 시민사회단체의 긴밀성은 유족회의 활동 목적이 1960년의 경우와는 달리 시민사회 영역에 기초하여 국가사회에 대항하는 대항담론의 성격을 가진다고 볼 수 있게 한다. 이러한 경향은 '노근리' 학살의 공론화 이후 결성되었던 대부분의 유족회에서 '양민학살'이라는 명칭 대신 '민간인 학살'이라는 용어를 사용했다는 것에서도 찾아볼 수 있으며, 또한 시민사회단체를 중심으로 전국적으로 결집한 유족회의 연합단체를 통해서도 확인할 수 있다.

2. 과거사 청산과 새로운 내셔널리즘, 그리고 유해발굴[1]

한국 사회에서 전반적인 민주화의 진전과 노근리 사건의 공론화 등을 통해 한 가지 주목할 만한 현상이 나타났다면, 그것은 여러 종류의 유해발굴이 전면적으로 시작되었다는 것이다. 1999년과 2000년을 경과하면서 한국 사회에는 이전 역사에서 볼 수 없을 만큼 다양한 종류의 유해발굴이 시작되었다. 그렇다면 왜 하필 1999년과 2000년을 경과하면서 한국 내 유해발굴이 본격화된 것일까? 이에 대한 설명을 위해서 2000년을 전후 한 몇 가지 사회문화적 배경을 언급하고자 한다.

---

1) 이 절의 글은 『기억과 전망』 제23권(2010년 겨울호)에 게재되었던 필자의 논문 「죽은 자의 몸과 근대성-한국의 전사자/민간인 피학살자 유해발굴 연구」를 토대로 작성되었으나 대부분 수정 보완된 것임을 밝혀둔다.

1) 반공이데올로기 극복에서 한국전쟁의 새로운 인식

한국은 1948년 12월 국가보안법 제정을 시작으로 한국전쟁을 거치며 '반공이데올로기'를 강력한 국가지배이데올로기로 삼았다. 특히 해방정국기부터 강화되어오던 반공주의는 한국전쟁을 겪은 후 더욱 심화되었는데, 이승만과 한민당 등 '극우세력'과 지배세력에 국한되어 있던 반공·반북 이데올로기가 절대다수 국민들의 '수동적 동의' 혹은 '능동적 동의'를 얻어낼 정도로 확산되면서 분단의식이 내재화되었다(손호철 1999: 13). 이러한 한국 사회의 정치 지형은 민주화운동과 진보운동의 전개에도 불구하고 1990년대까지 지속되었다.

하지만 반공주의 논리는 몇 가지 결정적 사건을 계기로 크게 약화되었다고 볼 수 있는데, 그중 대표적인 것이 1980년대 민주화대투쟁과 1997년 첫 평화적 정권교체를 통한 김대중 정부의 탄생이다. 물론 반공이데올로기를 약화시킨 요인은 방금 지적한 두 가지 요인 이외에도 상당히 넓은 영역에서 다양한 형태로 존재할 수 있다. 하지만 이 글에서 필자가 두 가지 요인을 대표적으로 지적한 것은 구체적인 법과 체제의 변화가 위 사건들을 통해 일어났기 때문이다.

특히 김대중 정부의 탄생은 한국 사회 정치의 근본적인 특성을 변화시킬 수는 없었지만 이전까지 활성화될 수 없었던 많은 부분들에 대한 정책을 시도하였는데, 과거사 청산과 통일논의에 대한 부분이 바로 그것들이라 할 수 있다. 2000년 '6.15 공동선언'이라는 형태로 결실을 맺은 김대중 정부의 통일 논의는 실질적으로 통일운동에 기여한 바도 있지만, 무엇보다도 국민들 내부에 잔존해 있던 강한 반북 이데올로기를 희석하는 데 큰 역할을 하였다. 국민들은 막연하게 '적'으로만 인식해오던 북한을 '통일의 동반자'로 인식하기 시작했으며, 이러한 움직임은 한반도 내 잔존해 있던 냉전과 대결 구도를 약화시키는 계기가 되었다.

또한 김대중 정부는 이러한 분위기 속에서 권위주의와 군사 독재정권 시절 국가에 의해 자행되었던 의문사 및 인권유린, 국가폭력 사건 등을 규명하기 위한 과거사 청산을 시작하였으며, 그 결과 2000년 '의문사진상규명위원회'를 정부 기구로 발족하여, 반공이데올로기에 기반하여 자행되었던 과거 국가폭력을 조사하여 진실규명과 피해자의 명예를 회복하는 활동을 시작하였다.

사실 이러한 일련의 과정을 돌아볼 때, 오히려 한국전쟁 전후 민간인 피학살자 진상규명 운동에 대한 인식은 '우연한 기회'를 통해 시작되었다고 볼 수 있다. 한국 현대사의 경우 가장 많은 비참한 죽음이 발생한 경우는 한국전쟁 시기라 할 수 있다. 한국전쟁 기간 중 수백만 명의 남북한 군인 및 UN군, 중국군 등이 사망하였으며, 이 중 많은 수의 유해가 아직 발견되지 않고 있다. 또한 진실화해위원회 등의 과거사 청산 결과에서도 나타나듯이 군인뿐만 아니라 수십만 명의 민간인들이 전쟁 당시 학살되거나 실종되었으며 이들 중 상당수의 피해자는 아직까지 실종상태에 머물러 있다.

하지만 한국 사회는 1960년을 제외하고는 전쟁이 종료된 후 수십 년 동안 군인과 민간인을 포함한 실종자들의 유해발굴에 큰 신경을 쓰지 않았던 것이 사실이었다. 간헐적으로 지역적 수준에서 민간인 피학살자 유해발굴을 진행하거나 소규모 군부대에서 자체적으로 전사자를 발굴한 경우는 있었지만 국가적 차원에서 본격적인 발굴이 시작된 것은 아니었다. 이 당시 유해를 발굴한다는 것은 단순히 실종자들의 주검을 찾아낸다는 의미보다 사회적 구조를 변화시킨다는 의미가 강하였다. 특히 민간인 피학살자의 유해발굴은 더욱 그러하였다.

이러한 과정에서, 앞선 절에서 설명한 바와 같이, 1999년 〈AP통신〉은 보도를 통해 1950년 7월 한국전쟁 기간 중, 미군 제1기갑사단이 민간인 300여 명을 학살했다고 발표하였고, 이것은 한국전쟁 이후 지역적으로 간혹 부각되기만 하던 민간인 학살 사건을 전국적 규모에서 다루는 하나의 도화선이 되었다. 이때부터 전국의 민간인 피학살 유족들은 1960년 이후 가장 광범위하게 유족회를 재결성하였으며, 이후 각계의 시민단체와 연계하여 민간인 학살 진상규명을 위한 특별법 제정 등의 노력을 전개하였다. 즉 노근리 사건 발표 이후 김대중 정부의 과거사 청산 정책으로 말미암아 권위주의 통치시기를 정리하기 위한 일환으로 유해발굴이 본격화되었던 것이다.

과거사 청산에 대한 활성화는 1990년대 후반부터 때마침 부각되기 시작한 역사 및 사회현상에 대한 새로운 해석을 통해 강화되기도 하였다. 인류학과 역사학, 사회학 등을 중심으로 1990년대 후반부터 일기 시작한 시도에서는 특히 역사인류학적 방법에 있어서의 구술사와 미시사, '로컬리티(locality)'와 '아래로부터의 역사' 관점 등이 강조되었다. 이러한 시도의 핵심은 무엇보다 사회와 역사를 바라보는 기존 관념들, 즉 '중앙성'과 '국가성'으로 대변되는 모더니티(modernity)적 관점에서 벗어나 좀 더 민중적이고 개별의 측면에서 사회를 바라봄으로서 '다수'와 '같음'의 논리보다 '소수'나 '다름'의 현상을 이해하고자 하는 것이었다. 이와 같은 해석 경향에서 '소수'나 '다름'의 수많은 사례들을 보유하고 있는 한국전쟁은 그 무엇보다도 중요한 연구대상 중의 하나였으며, 한국전쟁 전후 민간인 학살 문제는 한국전쟁을 새로운 관점에서 바라보는 주요 소재 중의 하나였다.

2) 새로운 형식의 내셔널리즘 강화: 전사자 유해발굴

2000년은 한국전쟁이 발발한 지 50주년이 되는 해였다. 한국전쟁은 한반도와 냉전(cold war)의 역사를 말하는 데 있어서도 빠질 수 없는 중요한 사건임에 틀림없다. 1950년 6월 25일을 기점으로 본격화된 전쟁은 휴전협정이 체결된 1953년 7월까지 지속되었고, 이 기간 동안 수백 만 명의 군인과 민간인이 목숨을 잃었다. 하지만 한국전쟁은 오랜 기간 동안 남북한 모두에서 각자의 체제를 정당화하고 선전하기 위한 도구로 사용되었고, 이러한 이유 때문에 각자의 시각으로 본 명확한 시나리오를 가지고 있었다. 적어도 종전 이후 약 50여 년 동안 남한에서 본 한국전쟁은 6월 25일 불법적 남침 → 서울 점령 → 낙동강 전투 → 인천상륙작전 → 서울 탈환 및 북진 등과 같은 틀에 박힌 전개방식을 가졌다.

그러나 한국전쟁에 대한 새로운 관점은 더 이상 '거시적 전투사'를 중심으로 전쟁을 사고하는 것에 심각한 의문을 제기하였다. 오히려 그동안 조명을 받지 못하던 로컬리티(박찬승 2000; 윤택림 2003; 이용기 2001; 노용석 2005; 표인주 외 2003 등)적 관점에서의 전쟁 읽기를 시도하였고, 여성과 소수자(김성례 1991) 등의 관점에서 바라본 '또 다른' 한국전쟁을 다루어 소개하였다.

이렇듯 2000년에 즈음하여 형성된 사회적 담론과 한국전쟁에 대한 다양한 해석은 국가의 '안보와 보훈'을 정책화하는 방식에도 새로운 변화를 요구하였다. 정부는 불과 10년 전인 1990년 6.25전쟁 40주년을 기념하기 위해 '전쟁기념관'의 기공식을 거행하였다.[2] 이러한 전쟁기념관의 성격은 1997년 발간된 『전쟁기념관 건립사』에 잘 나타나고 있는데, 여기에는 전쟁기념관 건립 배경이 "체제전복을 꾀하는 좌익세력"을 견제하고 "올바른 호국정신"을 함양시키기 위한 것임을 명시하고 있다(전쟁기념사업회 1997). 이처럼 1990년대까지만 해도 한국전쟁은 호국안보 및 보훈과 연결되어 있었고 반북, 반공이데올로기로 특정화되어 있었다.

하지만 2000년 한국전쟁이 발발한 지 제50주년이 될 무렵 사회의 많은 부분은 변화해 있었다. 일방적인 반북, 반공이데올로기가 더 이상 효율적인 사고로 받아들여지지 않고 한국전쟁에 대한 다양한 관점이 제기되기 시작하면서 전투사적인 '전쟁 공식' 이외에 다양한 사례들이 한국전쟁의 표상을 대체하였다. 민간인 학살에 대한 문제 역시 이러한 대체 표상 중의 하나였다. 즉 원색적인 용어를 써서 '괴뢰정권'의 흉악성만을 말하면 안보의식의 고취가 이루어지던 것이 더 이상 어려워진 것이다.

결국 정부는 한국전쟁의 바뀐 의미를 수용하면서 계속적으로 '안보의식'을 고취할 수 있는 무엇인가를 찾게 되었고, 그 결과 기획된 것이 전사자 유해발굴이었다. 50여 년 동안 이름 없는 계곡에 묻혀 있다 발굴된 유해들은 원색적인 용어를 쓰지 않더라도 충분히 국민들에게 '호국'과 '안보'의 의미를 전달할 수 있었다. 결국 한국전쟁기 비참한 죽음으로 동일하게 분류될 수 있지만, 정치적으로 전혀 다른 성격을 가진 두 가지 유형의 유해발굴이 한 시기의 동일한 전환점을 겪으면서 함께 활성화되는 계기가 된 것이다.

---

2)   전쟁기념관은 1994년 완공되었다.

3. 유해발굴의 사례들(1999~2005년)

　　전 세계적으로 볼 때 정치지도자 등의 개별 유해가 매장된 상태
에서 발굴되거나 특정 집단에 대한 유해발굴이 이루어진 경우는 상
당하다. 이와 같은 사례는 주로 정치지도자에 대한 새로운 해석과
과거사 청산 과정에서 많이 발생하였는데, 아르헨티나와 과테말라,
엘살바도르, 페루, 스페인, 구(舊)유고 연방, 캄보디아, 베트남 등이
여기에 해당한다. 특히 아르헨티나에서는 1984년 이후부터 군사통
치위원회의 '더러운 전쟁(dirty war)'[3) 시기 실종된 이들의 유해를 선
도적으로 발굴해 다른 라틴아메리카 국가들에게 영향을 끼쳤으며,
현재까지도 이 작업은 진행되고 있다(EAAF 2003, 2005, 2006 Fisher, J.
1989). 유럽 국가인 스페인은 1930년대 프랑코 독재 시절에 학살된
민간인들의 유해를 2001년부터 발굴하기 시작하여 현재 진행 중에
있다(Ferrándiz 2006: 8). 동남아시아의 베트남은 1975년 '대미항전(베
트남 전쟁)' 종료 이후 공산당과 군부에 의해 '열사(Liet Si)'들에 대한
유해발굴이 대대적으로 이루어졌으며, 이후 1980년대 말부터는 중
부 및 북부지방을 중심으로 '비엑호(Viec Ho)' 즉 '가사운동(家事運
動)'이라 칭할 수 있는 죽은 자의 유해 수습 열풍이 발생하였다. 이
때 가사운동의 주요 유해 수습 대상은 '열사(Liet Si)'들이 아니라 전
쟁의 승전 속에 잊혀져 있었던 민간인 전쟁 희생자들이었다(권헌익
2003: 40-47).

---

3)　아르헨티나는 1976년 3월 쿠데타에 의해 정권을 장악한 군사통치위원회(Junta
　　Militar)의 폭압정치로 인해 1976년부터 1983년까지 약 10,000명 이상의 실종자
　　(desaparecidos)와 수천 명의 국외 망명자가 발생하였다. 아르헨티나에서는 이
　　시기를 일명 '더러운 전쟁(dirty war)'이라 일컫는다.

위와 같은 집단 유해발굴 사례는 정치지형의 변동에 따라 죽은 자의 처지가 변화했을 때 실시된 경우가 많으며, 때로는 국가주의 및 지배이데올로기를 강화하기 위해 실시되기도 하였다.[4] 두 경우 모두 발굴된 유해는 변동된 사회의 정치적 지평을 대변하는 일종의 표상으로 작용한다고 볼 수 있다.

21세기 한국에서도 안중근 의사와 같은 특정 인물에 대한 유해발굴과 재매장, 그리고 이를 넘어선 집단 유해발굴이 연달아 실시되었다. 대개 발굴은 국군 전사자 유해발굴과 과거사 청산 관련 발굴로 나눌 수 있다. 구체적인 발굴 사례로는 2000년부터 시작된 '6.25전사자 유해발굴'을 비롯해 '한국전쟁 전후 민간인 피학살자 유해발굴', '실미도 전사자 유해발굴' 등이 포함되어 있으며, 국내에서 행해진 유해발굴은 아니지만 일제강점기 강제징용자의 유해도 일본 등지에서 발굴되어 국내로 다시 송환되고 있는 실정이다(정병호 2017). 1999년부터 2005년까지 실시되었던 한국의 주요 유해발굴은 다음과 같다.

1) 국군 전사자 유해발굴

6.25전쟁이 끝난 지 55년이 지난 지금 178,000위의 유해가 국립묘지에 안장되어 있으나 참전 전사자 중 102,000여 위의 호국용사들은 현충탑 내부에 위패만 모셔져 있다. 따라서 시신을 찾지 못한 호국영령의 유해를 발굴·안장 및 추모행사를 통해 호국영령의 넋을 추모하고 국가가 무한 책임의 의무를 이행한다는 의지를 천명하여 유가

---

4) 베트남에서 실시된 '열사'들에 대한 유해발굴 등이 이 경우에 속한다고 볼 수 있다.

족의 아픈 상처를 치유하고 (…) 참전국의 유해를 발굴하여 관련국
에 인도함으로써 정부의 인도적 차원의 노력을 알리고자 하는 데 의
의가 있다.[5]

세계사적으로 볼 때 전사자 유해발굴은 유럽과 미국 사회를
중심으로 광범위하게 확산된 전사자 매장문화와 연관을 가진다.
제1차 세계대전 직후인 1919년 유럽 각국에서 시작된 '무명용사의
묘' 열풍은 근대국민국가주의를 강화하고 국민 개병제에 내재해
있는 민주주의 원칙의 표상으로 여겨졌다. 무명용사의 묘는 묘지
에 실제 시신을 묻는 것은 아니지만 '용사'들의 영을 고국으로 모
셔와 국가의 의무를 다하고, 살아 있는 국민들에게 자신들도 전사
할 경우 이러한 대접을 받을 수 있다는 희망을 주게 된다. 이때 실
제 시신은 본국으로 봉환하는 것이 아니라 전사한 장소에 매장하
였다.[6] 그러나 이러한 매장 문화는 제2차 세계대전과 베트남 전쟁
을 치른 후 미국을 중심으로 변화를 일으켰다. 미국은 베트남 전쟁
이후 MIA의 유해를 본국으로 송환하는 사업을 중점적으로 추진하
였다(권헌익 2004: 185-186). 이를 위해 현재 미국은 JPAC(Joint POW/
MIA Accounting Command; 미국 포로 및 실종자 확인 연합사령부)이라는 전
문 유해발굴 부대를 운용하고 있다. JPAC은 일명 '실하이(CILHI, U.S
Army Identification Laboratory in Hawaii)' 부대로 불리기도 하는데 1973년

---

5)   『6.25전쟁 제50주년 기념사업계획』, 1999, 6.25전사자 기념사업회(육군본부 외
      2005: 164)
6)   예를 들어 제2차 세계대전 당시 수많은 연합군이 전사하였던 태국의 깐짜나부리
      (Kanchannaburi)에는 현지에 UN군 묘지가 설립되어 있다. 이 묘지에 안장된 유
      해의 많은 수는 국적과 신원이 확인된 경우지만 본국으로 옮겨가지 않았다.

부터 현재까지 제2차 세계대전, 한국전쟁, 동서 냉전, 베트남 전쟁 등에서 사망한 미군의 유해를 발굴하여 본국으로 송환하였으며, 이 중 738명의 신원을 확인하여 가족에게 인계하였다.[7] JPAC 활동과 그들의 모토인 "Until they are home", "You are not forgotten"에서 나타나듯이, 최근의 전사자 유해 처리는 전사 장소에 매장하는 것이 아니라 발굴 후 가족에게 유해를 인계하는 것을 목표로 하고 있다.

　한국은 이와 같은 전사자 유해 매장 전통을 이어 받아 2000년부터 한국전쟁 당시 실종된 170,000여 구의 유해를 찾아 나섰다. 이 사업은 국민들에게 새로운 유형의 안보의식을 고취시킴과 동시에 유해라는 특정한 소재를 이용함으로써 '다소 인간적' 측면에서 한국전쟁을 바라볼 수 있게 하였다.[8] 국방부는 2000년 한국전쟁 발발 50주년을 기념하기 위해 '6.25전쟁 50주년 기념사업위원회'를 구성하였으며, 전사자 유해발굴, UN묘지 추모행사, 휴전 50주년 기념행사, 주요 전적지 전투 기념행사, 참전 용사 명예 선양 및 복지시책 확대, 호국안보 정신 강화를 위한 전시회 및 각종행사, 참전국과 교류 확대 등을 계획 실시하였다. 이러한 사업 가운데 가장 눈길을 끈 것은 단연 전사자 유해발굴이었다. 한국의 전사자 유해발굴의 시작은 앞서 언급한 바와 같이 한국전쟁을 통한 안보의식 등의 고취를 변화된 사회상에 맞추기 위해 기획되었다. 그러다 보니 처음부터 계속 사업을 염두에 두고 시작한 것은 아니었으며 일시적인 기획사

---

7)　〈중앙일보〉 2007. 6. 21.

8)　경상북도 칠곡군 다부동 369고지에서 발견된 '최승갑(崔承甲)'의 유해발굴 사례는 영화 〈태극기 휘날리며〉의 모티브가 되기도 하였다. 이 사례는 유해발굴 당시 함께 발견된 삼각자에 이름이 새겨져 있어 신원을 확인할 수 있었고, 이후 미망인이 유해를 재회하는 극적인 장면이 텔레비전을 통해 방영되기도 하였다.

업의 형태로 출발하였다.

한국에서 최초의 전사자 유해발굴은 2000년 4월 낙동강 전선의 격전지였던 경상북도 칠곡의 다부동에서 시작되었다. 2000년부터 2003년까지 6.25 50주년 기념사업의 일환으로 진행되던 유해발굴은 2003년 7월 계속 사업으로 변경된다. 2004년에는 전사자 유해발굴과가 설치되면서 육군 산하에 전문적인 유해발굴단을 편성하기에 이른다. 또한 2005년 6월에는 전사자 유해발굴의 영구 추진이 결정되면서 조직 보강 등의 작업을 실시하였다. 이후 2006년 '국방부 유해발굴 감식단' 창설 법령을 제정하고, 2007년 1월 국방부 유해발굴 감식단을 정식으로 창설하였다. 유해발굴 감식단 창설 후효과적인 유해발굴을 위해 2008년 1월 '6.25 전사자 유해 등의 발굴에 관한 법률'(법률 제8924호)을 제정하였고, 2009년에는 현 국립현충원(서울 동작동 소재) 내에 신청사를 개관하기에 이른다. 2009년까지 국방부는 전사자 유해발굴을 통해 총 4,133구(아군 3,380구, 적군 753구)의 유해와 80,467점의 유품을 발굴하였다.

발굴은 대개 전사(戰史)를 통해 한국전쟁 중 격전지에 속한 지역을 중심으로 실시되거나 유해가 매장되어 있다는 제보 및 신고를 통해 이루어진다. 이러한 정보를 중심으로 발굴 계획이 세워지게 되는데, 2006년 국방부 유해발굴 감식단이 창설된 이후부터 모든 발굴 계획은 감식단에서 수립하고 있다. 발굴의 대상은 '6.25전쟁 중 전사하였거나 참전 중 실종된 군인, 군무원, 경찰과 경찰서장 혹은 국방부장관에 의해 참전을 인정받은 사람, 종군기자, 전시근로동원법에 의거해 동원되었던 자, 애국단체원'[9] 등이 포함된다.

---

9) 여기에서 말하는 '애국단체원'은 서북청년단 혹은 호림부대와 같은 한국전쟁 당

발굴의 과정은 사전조사 및 답사를 거쳐 발굴지역을 선정한 후 개토제(開土祭)라는 의례를 거행하면서 본격적인 발굴에 들어간다. 개토제는 보통 발굴 지역 향토 사단의 사단장이 중심이 되어 실시하며 발굴의 안전과 희생자 영령에 대한 추모를 목적으로 하고 있다. 개토제 후 유해매장추정지에 대한 본격적인 발굴이 시작되는데 여기에는 국방부 유해발굴 감식단의 전문 조사요원 및 지역 향토사단 병력이 투입된다. 유해의 발굴은 층서적으로 제토를 실시하면서 고고학적인 원칙을 지켜가며 실시된다. 유해가 발굴되면 함께 발견되는 의복이나 소지품, 총탄류 등을 기준으로 아군과 적군을 구분하게 된다.[10] 미국의 경우 전 세계적으로 발굴이 이루어지고 유

___

시의 민간인 준군사조직을 말한다.

10) 국방부 전사자 유해발굴은 여러가지 측면에서 상당한 의의를 가지고 있다. 하지만 진행과정에서 일부 '잡음'이 발생하기도 하였는데, 2015년 10월, 한국의 한 언론사는 대한민국 국방부 유해발굴단이 성과를 부풀리기 위해 적군(북한군, 중공군 등)의 유해를 아군으로 카운트한 사례를 소개한 바 있다. 아래는 이와 관련한 기사의 일부 내용이다.
"6.25 국군 전사자들의 유해발굴 작업에 성과를 부풀리기 위한 조작이 횡행한다는 소식이 들리는 것은 가슴 아픈 일이다. 그제 서울신문 보도에 따르면 국방부 유해발굴감식단은 아군과 적군의 유품을 바꿔치기하는 방식으로 국군 유해 숫자를 부풀렸다고 한다. 발굴에 참여한 30여 명을 인터뷰했더니 여럿이 같은 증언을 했다는 것이다. 국군에 총부리를 겨눴던 적군이 버젓이 현충원에 안장됐을 수 있다는 얘기다. 그 무엇보다 경건해야 할 전사자 유해발굴에 이런 속임수가 판을 쳤다니 기가 막힌다. 국유단 주변에서는 계속 소문이 나돈 모양인데 국방부는 도대체 뭐 하나라도 제대로 하는 것이 있는지 궁금하다. 몰랐어도 문제이며, 알면서 모른 척했으면 더 문제다. 국방부유해발굴단은 2007년 국방부 직속 조직으로 유해발굴 작업을 시작했다. 그해 11억여 원이었던 예산은 크게 늘어 올해는 70억 원 정도다. 그만큼 의미가 큰 국가사업인 것이다. 지금까지 국방부유해발굴단은 8,600여 구의 국군 유해를 발굴해 109구의 신원을 확인했다. 조작 의혹이 사실이라면 신원이 밝혀지지 않은 국군 유해 중에 적군도 끼어 있다는 뜻이다. 거꾸로 아군이 적군으로 판정돼 적군 묘지로 가는 황당한 일도 없었으리라는 법이 없

해의 체질인류학적 특성이 다양하여 아군과 적군의 구분이 용이한 측면이 있지만, 한국의 경우에는 대부분의 유해가 해부학적으로 차이가 없다는 점에서 구분이 상당히 어려운 측면이 있다. 그러므로 한국 전사자 유해발굴의 경우 피아 구분에 있어서 발굴된 유해의 소속을 규명하기 위해 최선을 다하지만 이것이 불가능할 때는 아군으로 취급하는 경우가 많다(박선주 2005: 165).

전사자 유해 매장의 유형이 무명용사의 묘와 같은 형태에서 개인의 시신을 찾는 것으로 바뀌었다고 하지만 본질적으로 국가주의를 강화하기 위해 유해를 '중앙으로 집중'시키려는 노력을 포기한 것은 아니다. 중앙으로 집중한다는 것은 발굴된 유해의 의미를 단일한 의미로 상징화하기 위해 한 곳에 초점을 맞춘다는 것으로서, 발굴 유해의 의미를 국가주의로 단일하게 상정하거나 국립묘지와 같은 중심적 공간으로 집중시키는 것을 말한다. 그러므로 발굴된 유해는 현장에서 '호국영령'의 예를 갖추어 수습되며, 이후 유전자 감식 등의 절차를 거쳐 신원이 확인된 유해는 유가족에게 인수되거나 국립 현충원 등에 안장하게 된다.

민간인 피학살자/전사자 유해발굴의 비교

현재 한국사회에서는 전쟁과 같은 폭력상황에서 발생한 '비정상적 죽음 혹은 비참한 죽음'을 대상으로 두 가지 유형의 유해발굴을 동시에 실시하고 있다. 이 중 첫 번

다."(〈서울신문〉 2015. 10. 25.)

째 유형은 '국가를 위해' 희생한 '호국영령' 및 전쟁 실종자(전사자)들에 대한 발굴로서, 국가는 이들의 유해를 발굴하여 생략된 의례 절차의 공백을 메움과 동시에 비정상적 죽음을 정상화하는 국가의례를 수행한다. 발굴된 유해는 국립묘지에 안장되며, 이들의 죽음은 국민국가(nation-state)가 모범적 선례로 제시한 죽음으로 인정된다(정호기 2005: 212). 즉 국가를 위하여 목숨을 바친 자들의 유해는 국가의 독점적 소유물로 취급되며, 국가는 이 유해를 처리하는 일종의 장의사(葬儀社) 역할을 하게 되는 것이다(권헌익 2003: 36). 대표적인 사례로는 2000년부터 시작된 '6.25 전사자 유해발굴'과 2010년에 시도하고자 했던 안중근 의사 유해발굴 시도 등이 있다.

두 번째 유형의 유해발굴은 국가와 매개를 갖지만 첫 번째와는 성격이 다른 '국가폭력 피해자'에 대한 발굴이다. 이 사례의 피해자들은 대부분 국가폭력에 의해 비참한 죽음을 맞은 후 오랜 시간 동안 국가의 공적 담론에서 철저히 외면당하였다. 국가는 최근까지도 이러한 죽음까지 자신의 '장의사' 역할을 수행하지 않았다. 하지만 2000년 이후 본격화된 과거사 청산 열기는 공적담론에서 외면되어 있던 수많은 국가폭력 사례들을 공식화시키는 계기가 되었으며, 특히 2005년 출범한 진실화해위원회는 2007년부터 한국전쟁 전후 민간인 피학살자에 대한 유해발굴을 실시함으로써 국가폭력 피해자에 대해 본격적으로 '장의사' 역할을 수행하였다.

하지만 국가가 동일한 시기의 '비참한 죽음'을 정상화

시키기 위해 유해발굴이라는 수단을 동원하였다 해도 그 의도와 내용에서는 확연한 차이점을 보이는 것이 사실이다. 전사자 유해발굴은 누구나 주지할 수 있듯이 안보와 호국의 기치 아래 실시되었다. 발굴된 유해들은 '국가를 위한 의로운 죽음'의 표상이 되었고 '국가성(nationality)'을 강화하는 중요한 도구가 되었다. 죽은 자의 유해들은 깨끗하게 씻기어 '국가의례'의 중추적 역할을 담당하고 있는 국립묘지에 안장되었다. 이러한 모든 과정은 국가에 의해 수행되었고, 국가의 장의사 역할은 국민국가의 정체성 강화라는 근대성과 밀접한 연관을 가지고 있었다. 발굴된 전사자 유해의 생애사(life history)가 어떠한 특징을 가지고 있든 모든 이야기는 국가중심주의로 귀결되고, 개인과 인간을 위한 위령이기보다는 '집단'과 '중앙성'을 강조하기 위한 죽음으로 포장된다. 전사자 유해발굴에서 중요한 것은 국가와 개인의 기억이 어떻게 동일하게 맞추어지는가의 문제이다. 이러한 '죽은 자의 몸 다루기'는 사실 근대성에 기인한 국민국가가 형성된 후 지금까지 꾸준하게 있어왔던 현상이기도 하다.

하지만 이와는 달리 민간인 피학살자 유해발굴은 전사자 발굴과는 사뭇 다른 특징을 가지고 있다. 일반적으로 한국의 과거사 청산 과정에서 행해지는 민간인 피학살자 유해발굴의 일차적 목표는 과거 숨겨져 있던 사실(事實)을 폭로하고 이와 관련된 사건을 조사하기 위해 행해지는 경우가 대부분이었다. 학살과 같은 과거사 청산 대상 사건은 대부분 국가공식 기록이 전무하므로, 진실을 규명하기 위해서는 사건의 실재 여부 확인이 필요하다. 이 과정에서 구술사 등을 통한 증언들이 증거로 활용되기도 하지만, 가장 확실한 물증은 피학살자 및 실종자들의 유해를 찾는 것이다. 특히 민간인 집단 학살 발굴 현장은 일반 살인사건 및 무연고자 매장지와는 확연한 차이를 보이므로 사건의 실재 여부를 가리는 데 있어서 가장 중요한 물증으로 작용할 수 있다. 하지만 민간인 피학살자 유해발굴의 효과는 유해를 찾는 것에서 멈추지 않는다. 한국 사회에서 약 60여 년 동안 민간인 학살 사건은 공식 역사에서 제외되어 있었고, 암매장지에 대한 지식 역시 전무했다. 결국 민간인 학살과 관련한 수많은 담론들은 비공식적 역사로 떠돌거나 암매장지의 유해와 함께 묻혀 영원히 사장될 처지에 놓여 있었다. 이러한 상황에서 국가에 의해 실시된 피학살자 유해발굴은 영원히 사장될 처지의 수많은 담론과 사실들을 세상에 알리는 계기가 되었다. 스페인에서는 이러한 유해발굴의 효과를 '역사적 기억회복운동'[11]이라 일컫고 있다. 한국 역시 스

---

11) 스페인에서는 2000년부터 (스페인)내전 혹은 그 직후 국민군(반란군) 진영 사람들에 의해 어디론가 끌려가 실종된 '강제실종자들'의 소재지와 집단 매장지를 발굴하는 운동이 전개되고 있다. 이 운동의 핵심은 실종자들의 매장지를 찾아 유해를 발굴한 후 새로 예를 갖추어 재매장해 주는 운동이다. 이 운동을 이끌고 있는 이들은 '역사적 기억회복협회(Asociacion para la Recuperacion de la Memoria Historica; ARMH)'와 '기억 회복을 위한 사회적 운동(Movimiento social por la Recuperacion de la Memoria; MRH)'이라는 단체로서, 국가는 직접적으로 관여하고 있지 않다. 2000년부터 시작된 이 운동은 2002년을 기점으로 본격화되기 시작하였으며, 발굴이 진행됨과 동시에 스페인 사회 내에 과거사 문제 혹은 내전과 그 직후 벌어진 폭력과 탄압에 대한 사회의 관심을 크게 증폭시켰다. 스페인에서는 이러한 과거사에 대한 높은 관심을 과거의 망각에 대비하여 '역사적 기억회복운동'이라고 부르고 있다. 즉 스페인 사회에서 집단 매장지의 발굴 문제가

페인과 마찬가지로 유해발굴이 실시된 지역[12]에서는 망각된 과거의 기억들이 다시 회자되면서 새로운 담론들이 조성되었다. 그것은 전사자 유해발굴과 같이 '중앙적'이고 '국가적'이지 않으면서 '지역적'이고 다소 '대항적'인 의미를 담고 있기도 하였다. 그러므로 민간인 피학살자 유해발굴은 지금까지 호국영령과 근대국민국가로 대변되는 '중앙성' 이외에 로컬리티(locality)[13] 및 근대성과 대비되는 대항담론 연구의 특징을 보여준다고 할 수 있다.

전사자 유해발굴과 민간인 피학살자 유해발굴은 '사람의 뼈'라는 물증을 찾는 일이지만, 보다 확대 해석해 보면 뼈를 통해 자신들의 담론을 공식적 지위에 올려놓고자 노력하는 일종의 '기억전쟁'(최정기 2006: 4)이라 할 수 있다. 이때 유해는 담론을 공식화하는 일종의 표상으로 작용하고, 죽은 자의 몸이라는 특수성 때문에 그 어떤 표상보다 강력함을 유지할 수 있다. 하지만 한국 사회는 아직까지 한편의 발굴은 공식적 지위로 인정하는 반면, 다른 한쪽에 대해서는 미묘한 반감을 가지고 있다. 민간인 피학살자 유해발굴이 계속 지속되고 이들의 유해가 아직까지 안정적으로

그동안 잊혀져 왔던 '과거 되살리기 운동', 즉 기억회복 운동을 촉발시켰다고 볼수 있다(진실화해위원회 2009b: 36-37).

12) 본서에서는 역사적 기억회복운동의 사례를 유해발굴이 실시된 지역으로 제한하여 설명하고 있지만, 실제로 이러한 움직임은 발굴이 실시되지 않더라도 민간인 학살 사건 조사가 진행되었던 곳 어디에서나 발견할 수 있는 것이었다.

13) 여기서 로컬리티는 '지역' 혹은 '지방'과 같은 중앙과 대비되는 특정지역으로 설명할 수도 있지만, 보다 엄밀히 말하자면 근대국민국가가 추구하던 '중앙성'과 대비되는 모든 측면을 가리킨다고 할 수 있다.

안장되지 못하는 이유는 근대국민국가의 중앙성에 대립하는 '대항담론'을 섣불리 공식적 지위로 이동시키지 못하기 때문이다. 이것은 곧 전사자 유해발굴과 민간인 피학살자 유해발굴이 근대국민국가라는 거대한 축을 중심으로 상호 대립하고 있으며, 근대국민국가의 '장의사' 역할을 다른 축으로 확장하는 것이 '근대 내셔널리즘'이라는 조금은 거대한 주제라고 생각되는 것과 연결되어 있음을 보여주는 것이다.

그러나 전혀 변화의 조짐이 보이지 않은 것은 아니다. 국가차원의 위령은 현대에 이르러 그 성격에 있어서 큰 변화를 겪게 되는데, 가장 중요한 변화는 근래 들어 국가의례가 국가를 위해 희생당한 이들에게만 해당하는 것이 아니라 국가권력 및 폭력에 의해 희생당한 이들까지 포함하게 되었다는 것이다. 이것은 현재 한국의 국립묘지가 현충원 이외에도 '5.18 민주묘지', '3.15 민주묘지', '4.19 민주묘지'를 포함하고 있다는 것에서도 잘 나타나고 있다. 또한 한국에서는 2000년 이후부터 '과거사 청산'이라는 명목 하에 과거 집단적 죽음을 양산했던 사건들이 조사되었고, 이후 이 사건들은 국가폭력에 의한 피해 사례로 확정된 후 국가의 례로의 편입이 결정되거나 대기 중에 있다. 이와 같은 사건의 대표적 사례로는 '제주 4.3사건', '거창 및 산청 함양 학살사건', '노근리 학살 사건' 등을 들 수 있는데, 이 사건들은 이미 추모공원 등의 구체적 위령 방법이 시행된 사례이다. 하지만 이러한 사례들은 전체 중 극히 일부분에 지나지 않으며, '국가중심적' 위령 방법에 있어서 구체적인 변화를 만들기 위해서는 결국 포괄적인 민간인 학살 사건에 대한 인식이 변해야 하며, 이것의 구체적 징표는 민간인 학살 매장지에 대한 추가발굴과 발굴된 유해의 처리 방식에 나타나게 될 것이다.

2) 개별 신원확인 유해발굴

세계 각국의 많은 사례를 보면 유해를 포함한 죽은 자의 몸에 대한 발굴 및 재매장이 정치적 표상으로 작용한 일이 심심찮게 등장한 것이 사실이었다. 1961년 죽음 후 레닌의 묘소에서 '추방되어' 재매장된 스탈린의 사례가 그러했고, 1997년 볼리비아에서 발굴되어 쿠바로 재매장된 체 게바라 시신의 이동도 커다란 상징성을 가지고 있었다. 이외에도 아르헨티나의 에비타 페론(Evita Perón), 칠레의 살바도르 아옌데(Salvador Allende), 필리핀의 페르디난도 마르코스(Ferdinand Marcos) 등의 사례에서 볼 수 있듯이 특정 인물의 유해가 발굴되어 재매장되는 과정이 특수한 정치적 표상으로 작용한 경우는 상당히 많이 있었다(Verdery 1999: 2). 한국에서도 21세기를 전후해 이와 같은 현상이 간혹 발생하였는데, 그중 대표적인 것이 안중근 의사 유해발굴이었다.

안중근 의사 유해발굴

1910년 3월 26일, 안중근 의사는 이토 히로부미 저격 사건에 대한 사형 집행이 이루어져 중국 뤼순에서 순국하였다. 그러나 사형 집행 후 안 의사의 유해는 곧바로 유족에게 인계되지 않았고, 중국 뤼순감옥 주변에 비밀리에 매장되었다. 2010년 한국 정부는 안중근 의사 순국 100주년을 맞이하여 안 의사의 유해를 조속히 발굴하여 국내로 봉환할 수 있도록 중국 및 일본 등과 외교적 협력 노력을 강화하겠다고 발표하였다. 안중근 의사 유해발굴은 2005년 '대한민국 광복 60년 기념사업'의 일환으로 시작하여 남북한이 공동으로 발굴하기로 결정하였으며, 2008년 3월 중국 뤼순 감옥 부근에 대한 발굴까지 실시하였으나 유해를 찾지 못하였다. 2010년 사업은 이 사업의 연속선상에서 진행된 것이었다.[14]

이 사업의 주요 목적은 누구나 인지할 수 있듯이 안중근 의사의 영혼을 달래주는 위령과 기념사업(commemoration and consolation)에 방점을 두고 있지만, 이외에도 유해의 발굴을 통해 '민족사의 정통성을 계승'하고 국가주의의 기틀을 강화하겠다는 의도를 포함하고 있다. 즉 죽은 자의 유해가 이데올로기와 정치적 표상으로 승화하는 것이다.

또한 이 발굴은 안중근 의사의 유해가 변화된 남북관계의 표상으로 작용하고 있다. 안중근 의사 유해발굴은 순국 100주년이라는 기념비적 의미도 존재하지만, 2000년 6.15 공동선언 이후 한반도에서 변화해가는 남북한의 협력이 유해발굴을 통해 나타났다. 2004년 통일부장관의 남북공동발굴 추진계획이 먼저 발표되었고, 이후 2005년 6월, 남북한은 서울에서 개최된 제15차 '남북장관급회담'에서 안중근 의사 유해발굴을 공동으로 추진하기로 결의하였다. 또한 2006년 6월에는 남북당국이 안중근 의사 유해발굴 예정지역을 설정하여 중국 측에 보존해줄 것을 요청하였고, 2007년 4

---

14) 2010년 실시된 유해발굴 작업에서도 안중근 의사의 유해는 발굴할 수 없었다. 2018년 현재 정부의 관련 부처는 안중근 의사의 유해를 찾기 위해 여러 가지 방안을 강구하고 있다.

월에는 개성에서 유해공동발굴사업 4차 남북 실무접촉이 개최되어 양측이 공동발굴단을 파견하기로 합의하였다(박선주 2010: 60-61). 실제 2008년 3월 뤼순 감옥 부근에 대한 유해발굴에는 북한이 불참한 채 남한만이 참여하였지만, 이것은 북한의 사정으로 인해 발굴참여가 힘들다는 교감하에 이루어진 것이었다. 이와 같이 2000년 이후 변화한 남북 간의 교류협력은 더욱 강화되었고, 이것은 남북한 공동의 '민족히어로'인 안중근 의사의 유해발굴을 통하여 가능하였다.

3) 과거사 청산 관련 유해발굴

한국 정치사에서 최초로 평화적 정권교체를 달성한 김대중 정부는 출범부터 강력하지는 않았지만 과거사 청산에 대한 의지를 가지고 있었다. 이러한 의지는 결국 1999년 '제주 4.3사건 진상규명과 희생자 명예회복에 관한 특별법'이 제정되어 51년 만에 국가차원의 제주 4.3사건 진상규명의 길을 열었고, 이후 2000년 10월 대통령 직속 기구로 만들어진 '의문사진상규명위원회(Presidential Truth Commission on Suspicious Deaths)' 등이 설립되어 권위주의 통치시기 국가폭력의 실태를 조사할 수 있게 되었다. 이후 출범한 노무현 정부는 초반부터 강력한 과거사 청산을 표명하면서 '동학 농민혁명 참여자 명예회복 심의위원회', '일제 강점 하 강제동원 피해 진상규명위원회', '친일반민족행위진상규명위원회', '친일반민족행위자 재산조사위원회', '진실화해를위한과거사정리위원회' 등을 정부 조직 내 신설하였고, 기존 국방부, 국가정보원, 경찰청 산하에도 각각 과거사 청산 기구들이 설치되었다. 이렇듯 1999년 이후는 한국 과거사 청산에 있어서 상당한 전환점으로 인식될 수 있는데, 특히 위와 같은 일련의 과정을 거치면서 전 사회적으로 민간인 학살 담론이 공유되었다는 것은 상당히 중요한 부분이었다. 당시 광범위하게 조성된 과거사 청산 분위기 속에서, 이것을 강력하게 리드하고 있었던 것은 여러 지역에서 실시되었던 유해발굴이었다. 이때 실시되었던 유해발굴들은 다음과 같다.

1997~2010년: 일제강점기 강제징용자 유해발굴

1930년대 후반부터 일제는 태평양전쟁을 준비하기 위해 '국가총동원법'을 제정하여 조선인과 중국인 등을 강제로 전쟁준비를 위한 노동에 동원하였다. 강제징용에 동원되었던 노동자들은 열악한 조건 속에서 생활해야 했으며, 사망했을 경우 별다른 조치 없이 인근에 매장되는 경우가 많았다. 1997년부터 한국과 일본의 시민사회단체 및 종교인, 지식인들은 공동으로 워크숍을 개최하여 희생자들의 매장지를 조사하였고, 특히 일본 홋카이도 슈마리나이 지역에 매장되어 있던 강제징용자의 유해를 발굴하기 시작하였다. 슈마리나이는 1935년부터 일본 최대의 댐공사와 철도 공사가 이루어진 곳으로서, 최대 3천 명에 달하는 조선인 노동자가 강제노동에 동원된 것으로 알려져 있다. 1997년 한일 대학생과 지식인들은 공동으로 발굴을 하여 4구의 유해를 발굴하였는데, 이 중 2구가 조선인 강제징용자인 것으로 추정하고 있다(정병호 1998: 215-216, 박선주 2010: 59-60). 이후 강제징용자에 대한 유해발굴은 홋카이도 사루후쓰무라 근처의 아사지노 비행장 건설 현장에서도 진행되었다. 이 발굴은 2005년 시굴조사를 기점으로 2006년과 2007년, 2010년 등 총 3차에 걸친 발굴이 진행되었고, 일본 홋카이도 대학 고고학과와 한양대학교 박물관, 충북대학교 유해감식센터 등의 학술기관과 한일 양국의 시민사회단체 회원들이 참여하였다.[15] 발굴 결과 2006년 12 구, 2009년 7구, 2010년 4구의 유해가 발굴되었으며, 부수적으로 발 굴된 유품과 유구 등을 고려하면 최대 20구의 유해가 존재했었던 것으로 추정하고 있다(박선주 2010: 60).

강제징용자 유해발굴은 여러 가지 측면에서 의미를 가지는데, 먼저 발굴의 주체가 유족이 아닌 시민사회단체 회원과 지식인, 대 학 등으로 구성되었다는 점이다. 이것은 이전 시기 대부분의 유해 발굴이 희생자의 죽음과 연관성이 있는 사람들에 의해 실시되었다 는 점을 돌이켜 볼 때 상당히 독특한 상이성이라 할 수 있다. 또한 강제징용자 유해발굴은 제2차 세계대전 중 발생한 근대국민국가 경계 영역 이외의 죽음을 다수의 국가가 초국가적(transnational) 민 간협력으로 실시하였다는 것에서 의의를 찾을 수 있다. 유해발굴을 진행하면서 주최 측은 한국과 일본, 중국, 재일동포 청년들이 서로 모여 워크숍을 개최하였고, '하나의 국가' 혹은 '하나의 민족' 속에 내재해 있던 과거사를 청산하기 위해 노력한 것이 아니라 동아시아 라는 거시적 범주에서 아픔을 치유하기 위해 노력하였다.

본 행사의 기획은 공존의 기틀 위에서 동아시아의 미래를 만들어가 는 데 있어 국가적 경계를 뛰어넘어 각 개인라는 역사적 주체들 간의 소통이 무엇보다 중요하다는 인식에서 출발한다. (…) 또한 무엇보 다 현지발굴과 문화교류라는 과거의 복원과 재해석의 작업은 서로

---

15) 당시 한국에서는 한양대학교의 정병호 교수와 안신원 교수, 그리고 충북대학교 박선주 교수 등이 참가하였다.

의 역사인식에 대한 차이를 더욱 드러낸다는 점에서 정직한 절망 다시 말해, 또 다른 희망의 끈을 만들 수 있다(2006 동아시아 공동워크숍 추진위원회: 1).

근대국민국가의 경계를 넘어, 동시대의 아픔을 치유하기 위해 초국적 유해발굴이 실시되었다는 것은 놀라운 이념적 발전이라 하지 않을 수 없다. 특히 1990년대 후반 개별적 장의 의례로서의 유해발굴조차 허가되지 않고 있던 한국의 사례를 본다면, 강제징용자 유해발굴은 이 사업이 궁극적으로 나아가야 할 방향을 제시하였다고 볼 수 있다.

2000년 제주 섯알오름 추가 유해발굴 및 이장

2000년 11월 20일, 섯알오름 제주 예비검속 유족 50여 명이 참석한 가운데 1956년 이후 46년 만에 유해발굴이 실시되었다. 이 발굴은 제주도의 지원하에 실시되었고, 발굴 결과 잔해뼈 34점, 희생자의 치아 3개, 희생자의 신발창 2개, 썩지 않은 나일론 런닝 1개, M1탄피 1,700여 발, 기타 20여 종의 포탄 등이 발굴되었다(백조일손유족회 2010: 233). 하지만 추가 발굴에서는 더 이상 두개골을 발견하지 못했으며, 이때 수습된 유해는 2008년 7월 27일, 유족공동벌초일에 기존 백조일손묘역에 안장되었다. 또한 2002년 4월 5일에는 5.16 군사쿠데타 이후 시신을 빼앗길 수 있다는 두려움에 다른 곳으로 무덤을 이장했던 유족 8명이 다시 백조일손묘역으로 희생자들의 유해를 재이장하였다. 2002년 유족 8명이 백조일손묘역으로 다시금 유해를 이장한 것은 상당한 의미를 내포하고 있다. 이것은 유족들이 1961년 당시의 강력했던 '빨갱이 지배이데올로기'로부터 벗어나 가족과 공동체의 의례를 제주 4.3사건의 공식적 의례로 통일하였다는 점에서 의의가 있다.

2000년 경남 산청 외공리 유해발굴

2000년 당시 산청 외공리 유해발굴 이후 수습된 유해를 관 2개에 담아 재매장하고 있다.

경남 산청 외공리 민간인 학살 사건은 1951년 2월 하순부터 3월 중순 사이 산청군 시천면 외공 마을로 군용트럭을 앞세운 약 11대 이상의 버스[16] 행렬이 들어왔으며, 버스에 타고 있던 민간인들은 외공마을 뒤 '소정골'로 끌려간 뒤 모두 학살되었다. 이 사건은 아직까지 가해자가 누구인지, 그리고 피학살자들이 누구인지가 전혀 알려지지 않았지만, 다만 여기에서 희생된 사람들이 대부분 산청군의 사람들이 아닌 외지인이었다는 것만 확인되고 있다.

이 사실은 기나긴 세월 침묵 속에 방치되어 있다, 1998년에 진

---

16) 당시 버스의 번호판은 '신흥', '경북', '서울시영버스'였다는 증언이 있었다(지리산 외공 양민학살 대책위 2000: 2).

주지역의 모방송국이 다큐멘터리 제작을 위한 현장조사와 탐문을 시작하면서 다시 거론되기 시작하였다. 이후 지역에서는 여러 시민사회단체를 중심으로 외공리 학살 현장에 대한 역사기행이 시작되었고, 2000년 5월 현장을 발굴하기 위한 '지리산 외공 양민학살 진상규명 추진위원회(이하 추진위원회)'가 설립되어 유해발굴을 실시하기에 이르렀다. 물론 이 발굴의 기초 기획이 모 방송국에 의해 추진되었다고는 하지만 본격적인 추진을 시도한 것은 추진위원회였다. 2000년 5월 14일, 외공리 학살지 현장에서는 '지리산 외공 양민학살사건 진상규명 및 통일기원 진혼굿' 행사를 시작으로 발굴이 시작되었으며, 매장지로 추정되는 6개의 구덩이 중 '숯굴'이라 알려진 한 개의 구덩이를 발굴하였다. 발굴 결과 뒤죽박죽 엉킨 상태의 유해 150여 구가 발견되었고, 이와 더불어 단추와 지퍼, 혁띠, 헝겊조각, 숟가락(플라스틱과 놋, 스텐 등), 탄두와 탄피, 구두칼 등의 유품이 다량 발굴되었다. 또한 발굴에서 특이한 것으로는 '仁商', '金中', '京農'이라 적혀 있는 단추가 발견되었으며, '○常小學校○'라는 글귀가 새겨진 국화문양의 잔도 발굴되었다. 이와 같은 유품들은 피해자들의 신원을 확인하는 데 중요한 단서가 될 것으로 추정되었다.

하지만 발굴이 시작된지 하루 만인 5월 15일, 유해발굴은 드러난 유해를 같은 장소에 재매장하고 봉분을 만드는 것으로 마무리되었다. 재매장은 2×2m의 관 2개에 피학살자들의 유해를 부위별로 안치하는 것이었다. 당시 외공리 유해발굴은 시민사회단체의 주도하에 급하게 진행되었지만 진주지역을 제외한 나머지 지역으로까지 민간인 학살의 참상을 알리는 데 중요한 역할을 하였다. 또한 대책위원회는 매장지가 있는 지역의 토지를 공동으로 매입하여 관리하는 등 상당한 노력을 기울였다. 하지만 민간인 학살의 참상을 알릴 수는 있었지만 매장된 유해를 제대로 발굴하고 이를 안장하는 등의 의례적 단계까지 이르는데는 상당한 한계가 존재하였다.

2001년 제1차 경산 코발트광산 유해발굴

2001년 방송사와 유족회, 시민사회단체가 코발트광산의
제2수평갱도에 최초 진입하여 유해를 발견한 모습

4.19혁명 이후 대구경북 지역의 각종 신문에서 언급되며 화제가 되었던 경산 코발트광산의 유해 역시 1990년대 후반까지 대중들에게는 '잊혀진 역사'였다. 하지만 1990년대 후반부로 오면서 역사에 대한 인식이 확산되기 시작했으며, 1998년 지역의 지식인들이 결합하여 최초의 위령제를 지내기에 이르렀다. 이후 1999년 노근리 사건이 공개되면서 경산지역에서도 시민사회단체를 중심으로 코발트광산에서의 학살 사건을 조명하기 위한 노력이 강화되어, 2000년에는 경산코발트광산유족회가 결성되었다. 1960년 이

후 40년 만에 재결성된 유족회는 시민사회단체와 함께 '유족찾기' 운동을 전개하는 한편, 코발트광산의 제1수평갱도에서 눈으로 확인할 수 있는 유해를 중심으로 사건의 진실을 규명하기 위한 활동을 전개하였다. 이러한 과정에서 2001년 모 방송국사와 경산의 시민사회단체는 경산 코발트광산에서의 학살을 특별조명하여 프로그램을 제작하였다. 그러던 중 수직갱도에서 희생자들이 아래로 추락하여 학살되었다면 가장 많은 유해는 당시 육안으로 유해를 확인할 수 있는 제1수평갱도보다 아래에 있을 것으로 추정하고 하부에 존재하고 있던 제2수평갱도의 존재를 확인하게 되었다. 마침내 2001년 3월 11일, 방송국 관계자와 경산의 시민사회단체, 그리고 유족회는 콘크리트로 막혀 있던 제2수평갱도의 입구를 다이너마이트로 파괴하였고, 그 내부로 들어가던 중 수직갱도와의 접점 부근에서 엄청나게 많은 수의 유해를 발견하게 되었다. 당시 발견된 일부 유해는 법의학팀으로 보내져 감식을 실시하였는데, 두개골에서 선명한 총상 관통과 불에 탄 흔적이 보였고 대부분이 20~30대 남성이라는 결론을 얻을 수 있었다. 이 과정은 정상적인 유해발굴이기보다 일종의 탐사였다고 볼 수 있지만, 2001년 다큐멘터리로 제작되어 전 국민에게 알려진 코발트광산 내 피학살자들의 유해는 한국전쟁기 민간인 학살 문제를 새롭게 조명하는 중요한 계기가 되었다.[17]

---

17) 당시 다큐멘터리는 '이제는 말할 수 있다'(보도연맹1-잊혀진 대학살, 보도연맹2-산 자와 죽은 자)라는 제목으로 2001년 4월 27일과 5월 5일에 MBC에서 방송되었다.

2003년 제주 4.3 현의합장 묘 유해발굴[18]

'4.3 특별법'이 공포된 이후인 2003년 9월 16일, 제주 의귀리 현의합장묘에서 유족들이 3개의 봉분(동, 서, 중앙)을 직접 발굴하여 모두 39구(남자 15구, 여자 7구, 청소년 2구, 미상 17구)의 유해를 수습하였다. 당시 현의합장묘 유해발굴은 1992년 다랑쉬굴에서 11구의 4.3사건 유해가 나온 이후 최대규모의 발굴이었다. 이 유해발굴을 주도한 단체는 유족이었으며, 모든 발굴이 유족들이 고용한 이들에 의해 진행되었다. 유족들은 오전 5시 파묘제와 개토제를 거행한 후 본격적인 발굴에 돌입하였다. 유해발굴은 발굴현장에 원활한 발굴을 위해 제주 4.3연구소 관계자와 법의학전문가, 해부학 교수 등이 함께 자리하였지만 상당히 '투박'하게 진행될 수밖에 없었다. 발굴된 유해는 개인 신원을 확인할 수 없어서 모두 화장되

2003년 발굴 이후 신산모루 지경에 새롭게 마련된 현의 합장묘 전경

---

18) 이 사건은 1949년 1월 10일과 12일, 두 차례에 걸쳐 의귀리 주민 80여 명이 국방경비대 1대대 2중대원들에게 학살된 채 속칭 개탄물 동쪽(의귀리 765-7번지)의 세 구덩이에 집단매장된 사건이다.

었으며, 이후 수망리 신산모루 지경에 새롭게 마련된 매장지에 재매장되었다.

2004년 마산 여양리 유해발굴

2004년 마산 여양리 유해발굴 현장 모습

2004년 태풍 루사의 영향으로 마산시 진전면 여양리 부근에서 약 160여 구의 유해가 우연히 드러나게 되었다. 드러난 유해는 모두 1950년 당시 군경에 의해 학살된 진주 국민보도연맹원 혹은 진주형무소재소자들로 추정되었다. 이와 관련해 인근 주민 목격자들의 증언을 종합해보면, 1950년 7월 말 경, 군인들이 10여 대의 군용트럭에 민간인들을 가득 싣고 당시 행정구역상으로 함안군 여항면 여양리 인근의 둔덕마을 아래 저수지로 끌고 간 후, 저수지 옆 골짜기에 있던 폐광 근처에서 집단적으로 민간인을 학살한 사건이었다.

2004년 유해가 발견된 직후 진주유족회 회원들은 유해 수습을 위해 장의사 등을 고용해 작업에 나섰으나, 이후 경남대학교 박물관의 이상길 교수팀에 의해 최종적으로 167구의 유해가 발굴되었다. 또한 발굴 당시 피학살자의 유품으로 추정되는 '泰仁'이라고 조각된 도장이 발견되기도 하였지만, 피해자의 신원을 확인하는 데는 실패하였다. 이 당시 발견되었던 유해와 유품들은 2014년 2월까지 경남대학교 박물관 인근 컨테이너에 임시로 보관되다, 현재(2018년)는 진주시 명석면 일대 야산에 마련된 컨테이너에서 다른 지역에서 발굴된 진주 보도연맹원 및 형무소재소자 피학살자 유해와 함께 안치되어 있다.

2005년 고양 금정굴 2차 유해발굴

앞선 장에서 살펴보았듯이, 고양 금정굴 학살 사건과 관련한 1차 유해발굴은 1995년 시민사회단체와 유족회에 의해 실시되었다. 이후 고양지역에서는 시민사회단체와 유족회를 중심으로 '고양 금정굴사건 공동대책위원회'가 결성되어 고양 금정굴 사건의 진상규명과 '민간인 학살진상규명 통합특별법' 제정을 위한 활동을 계속해서 추진하였다. 2002년 대통령에 당선된 노무현은 '과거사법' 제정을 4대 입법 과제 중의 하나로 내세웠으며, 전국의 많은 유족과 시민사회단체들이 공동으로 노력한 결과, 2005년 5월 '진실화해를위한과거사정리기본법'이 국회를 통과하였다. 이러한 과정에서 고양 금정굴 사건 유족과 시민사회단체는 고양시에 끈질기게 금정굴 내의 잔여 유해 확인이 필요함을 요구하여, 마침내 2005년 7월 충북대학교 중원문화연구소(소장 박선주)가 1차 유해발굴 이후 추가 유해가 존재하는지에 대한 조사를 실시하게 되었다. 발굴 결과 금정굴 내부에서는 더 이상의 유해가 발견되지 않았다.

2005년 경산시 평산동 대원골 일대 유해발굴: 제2차 코발트광산 유해발굴

2005년 실시된 경산코발트광산 인근 대원골 유해발굴에서 발굴된 피해자의 두개골 모습

　　1950년 경산 코발트광산에서의 민간인 학살은 비단 광산 내부에서만 자행된 것이 아니었다. 일부 증언에 의하면, 코발트광산에서의 학살은 광산 수직갱도에서 주로 이루어졌으나, 수직갱도가 시신으로 가득차게 되자 인근 지역에서도 학살이 자행되었다고 한다 (노용석 2005b: 14-15). 2000년 결성된 경산 코발트광산유족회가 민간인 학살 문제를 해결하기 위해 정부기관(국방부, 행자부, 청와대 등)에 진정서 등을 올리며 노력하던 중, 2005년 경산 코발트광산 인근 대원골 주변에 골프장 건설이 가시화되었다. 이에 유족들은 대원골 일대가 한국전쟁 당시 민간인 학살이 자행되었을 가능성이 많으며, 이곳에 골프장을 건설한다는 것은 민간인 학살의 진상규명을 불가

능하게 만드는 것이라며 강력히 대응하였다.

그러나 유족들의 항변을 수용하는 정부기관은 없었으며, 대원골 일대 민간인 학살지는 개발로 인해 훼손될 위기에 처하게 되었다. 경산 코발트광산유족회와 경산 시민사회단체는 이러한 상황에 봉착하자 자체적으로 대원골 일대 유해 확인작업을 실시하였으며, 그 결과 2003년 지역주민의 증언을 토대로 대원골 일대에서 몇 점의 유해를 발견할 수 있었다. 이를 토대로 경산 코발트광산유족회는 골프장 시공업체로부터 발굴비를 지원받아 2005년 8월부터 구제 발굴 조사를 진행하게 되었다. 발굴은 코발트광산유족회의 요청으로 영남대학교 문화인류학과 팀에서 담당하였다.[19] 유해발굴은 2005년 8월 16일부터 11월 9일까지 실시되었으며, 모두 2개 지역(A지구와 B지구)에서 최소개체수(Minimum Number of Individual, MNI) 기준 31구의 유해가 발굴되었고, 유해와 더불어 칼빈소총과 M1소총 탄두 및 탄피, 희생자들의 각종 유품이 발굴되었다. 이 발굴은 코발트광산 갱도 내부뿐만 아니라 인근지역에서도 대규모 민간인 학살이 있었다는 사실을 알리게 된 최초의 사례였으며, 개발로 인해 민간인 피학살자 유해매장지가 훼손될 수 있기에 빠른 시일 내에 유해발굴이 필요함을 역설해 준 경우이기도 하였다(노용석 2005: 24-32).

4. 약화된 '공공의 비밀'과 새로운 차원의 유해발굴
: 1999~2005년 유해발굴의 특징

1999년 이후 사회 공적 영역에서의 유해발굴은 이전 시기와는

---

19) 당시 필자가 발굴팀을 이끌고 유해발굴을 진행하였다.

달리 뚜렷한 증가를 보였다. 이러한 현상의 기저에는 독재정권에서 민주정부로의 희망과 정치 변화에 대한 확신, 과거사 청산을 통한 새로운 미래의 개척, 남북관계의 낙관적 희망 등 상당히 많은 시대적 표상이 원동력으로 작용하고 있었음을 기술하였다. 결국 이전 시기까지 존재하지 않았던 다양한 시민사회 세력이 등장하면서 소위 한국 사회의 '앙시앙 레짐'을 청산하고자 하는 노력이 발생하였고, 유해발굴은 이러한 활동의 한 영역이었다고 볼 수 있다.

1) 대항담론으로서의 유해발굴

한국에서 유해발굴과 재매장의 의미가 장의 체계에서 좀 더 사회적으로 확장된 시기는 5.16 군사쿠데타를 겪은 후 1980년대 후반부터라고 볼 수 있다. 5.16 이후 한국 사회에서 민간인 피학살자 유해발굴은 단 한마디도 발설할 수 없는 금기의 영역이 되어 있었다. 대다수의 국민과 유족들은 민간인 학살 사건과 피학살자, 그리고 암매장지 등에 대한 일체의 기억을 공적영역에서 제외하였다.

하지만 1980년대 후반 민주화운동과 1997년 첫 정권교체 이후의 과거사 청산 정국 등을 겪으며, 이 문제는 다시 사회적으로 대두되기 시작하였다. 다시 민간인 학살 담론이 사회에 대두되었을 때는 가족과 공동체의 한이라는 개념보다 오히려 '인권'과 '국가폭력'이라는 측면이 부각되어 나타났다. 전술한 바와 같이, 민간인 피학살자 문제가 사회적으로 재차 대두되기 시작한 원인에는 몇 가지 요인들이 중요하게 작용하였는데, 첫 번째 요인은 무엇보다 1980년대 후반 민주화운동과 1997년 국민의 정부 이후부터 시작된 과거사 청산 정국의 영향력이다. 1980년대 후반 이후 한국의 사회정치적 변화들은 '공공의 비밀'로 묶여 있던 민간인 학살 문제를 사회적으로 논의할 수 있는 분위기를 조성하였고, 특히 2000년대부터 본격화된 과거사 청산 담론의 열풍은 문제를 사회화하는 데 결정적 역할을 하게 된다. 이와 더불어 과거사 청산의 논의가 활발하던 1990년대 후반부터 부각되기 시작한 역사 및 사회과학에서의 '아래로부터의 역사' 관점은 그동안 주류 역사학에 포함되지 못했던 수많은 소수의 연구대상을 공론의 장으로 끌어냈는데, 이 중 하나가 한국전쟁 전후 민간인 학살 문제였다. 이로써 과거에는 유족들을 중심으로 민간인 학살 문제가 거론되었으나, 위에서 열거한 논의가 활성화된 이후부터는 다양한 시민사회 영역에서 민간인 학살의 본질적 문제를 밝히기 위한 노력이 시도되었다. 이러한 노력은 자연스럽게 민간인 학살 문제의 본질을 '인권'이나 '국가폭력'의 범주로 이끌어내게 되었다.

위와 같은 영향으로 인해, 이 시기 유해발굴은 일종의 정치개혁과 지배이데올로기에 맞서는 일종의 대항담론으로서의 역할을 하였다. 물론 국군 전사자 유해발굴이나 안중근 의사 유해발굴과 같이 새로운 형식으로 내셔널리즘을 강화하기 위한 일부 발굴이 실시되기는 하였지만, 대부분의 유해발굴은 한국 역사에서 지배이데올로기의 영향 하에 망각되어 있던 국가폭력의 진실을 세상에 알리는 것과 연관되어 있었다. 많은 국민들이 한국전쟁기부터 익히 알고 있었던 민간인 학살의 실체적 진실은 수십 년간 한국 사회내부에서 금기의 영역이 되어 왔었고, 이것을 해체하는 것이 사회의 진보를 이루는데 중요함을 인식한 채 발굴을 진행한 것이었다. 이전 시기 대항담론이 '군사독재정권' 등으로 대변되는 구체적 대상에 의거해 형성되었다면, 이 시기부터 대항담론의 형성은 특정 정권 등의 구체

적 대상이기보다는 한국 사회 내부에 형성되어 있던 '구조적 모순'
에 기인해 형성되었다고 볼 수 있다.

이렇듯 사회의 추상적이고 전체적인 모순을 개혁하기 위한 과
정에서는 실무적이고 구체적인 제도적 개선보다도 암울했던 시대
의 표상을 상징할 수 있는 무엇인가가 더욱 필요할 수도 있다. 그
시대의 표상이 바로 발굴된 유해들이었다. 전국의 많은 지역에서
50여 년 만에 발굴된 참혹한 유해들은 국민들에게 상당한 충격을
준 것이 사실이었고, 또한 국민들은 50년이 지났지만 이와 같은 비
정상적 죽음이 사회적으로 해결되지 않았다는 부분에서 공감하게
되었다. 유해들은 이전 시기 '지배이데올로기의 표상'이나 '한반도
냉전의 상징'으로 취급되었고, 발굴을 한다는 것은 이전 시기 표상
과의 단절이라는 의미를 내포하고 있었다.

2) 가족이 아닌 사회적 유산으로서의 뼈

1999년 이후 유해발굴은 발굴의 실행주체가 이전과 확연히 차
이를 드러낸다는 점에서 중요성을 가지고 있다. 1999년 이전까지
유해발굴의 실행 주체는 유족들이 대부분이었다면, 1999년 이후부
터는 점차적으로 유해발굴의 주체가 시민사회의 영역으로 이동하
는 경향이 두드러지기 시작한다. 이렇듯 실행주체가 변경된 유해
발굴은 2004년 마산 여양리 발굴과 2005년 고양 금정굴 2차 발굴,
2005년 경산시 평산동 대원골 일대 발굴에서도 나타나고 있다. 이
세 발굴의 실행주체에는 유족이 포함되어 있었지만 본격적인 발굴
은 모두 대학 혹은 시민사회단체에 의해 조직되고 실행되었다. 이
들은 발굴된 유해를 통해 과거의 적폐를 사회 속에 드러내고, 사회

전체적인 구조를 개조하기 위한 작업을 시도하였다.

또한 이 시기 결성된 유족회 역시 1960년 조직되었던 유족회와 성격에 있어서 약간의 차이를 보이는데, 그중 가장 대표적인 것이 시민사회단체와의 연관성 문제이다. 1960년 유족회가 유족 스스로의 결정과 의지에 의해 결성되었다면, 1999년 이후 유족회의 상당수는 시민사회단체와 연계되어 행보를 시작하였다. 유족들은 시민사회단체와 함께 활동하며 '자신들만의 문제'라고 생각했던 민간인 학살 문제가 우리 사회 및 역사의 구조와 뿌리 깊게 연계되어 있음을 조금씩 인지하기 시작하였고, 이러한 인식을 바탕으로 많은 활동에 있어서 타단체와의 연계를 적극적으로 실시하였다. 유해발굴의 측면에서도 1960년도와 달리 실제적이고 구체적 실행은 유족회가 아니라 시민사회단체에 의해 진행되었다. 이것은 당시 유족회 구성원의 연령이 대부분 고령이어서 스스로 효과적인 조직을 구성할 수 없었다는 이유도 있었겠지만, 그보다는 시대적 요구를 대변한 것이라 할 수 있다.

발굴의 실행주체 변화와 유족회 조직에서 시민사회단체의 비중이 커진 특성은 민간인 학살 문제를 다루는 데 있어서 첨예한 문제였던 '양민'과 '민간인'의 개념을 구분하는 데 중요한 영향력을 미쳤다. 즉 앞부분에서 잠시 언급한 바와 같이, 시민사회단체에서 주장한 학살의 국가폭력성과 위법성이 강조되면서 과거 양민학살로 인식되던 개념이 민간인 학살로 이동할 수 있는 기회가 되었다. 또한 발굴 실행주체가 전문가 집단으로 구성됨으로서 발굴의 과학화와 공식화를 위한 초석을 다질 수 있었다. 발굴의 과학화와 공식화가 전체 과거사 청산의 인식에서 어떠한 영향을 미쳤는가에 대해서는 다음 장의 국가 주도 유해발굴 과정을 설명하면서 좀 더 자세히

기술하기로 하겠다. 다만 1999년에서 2005년까지 유족의 직접적 발굴보다 전문기관에 의한 실행이 많았던 이유 중의 하나는 상당수의 발굴이 유족이 특정되지 않는 지점(경산코발트광산, 산청 외공리, 마산 여양리 등)에서 많이 행해졌기에 가능한 것이었으며, 피학살자 유족의 연령이 상당히 높아져 자체적으로 발굴 등의 행위를 스스로 조직할 수 없었다는 이유도 포함되어 있었다. 종합해 보면, 1999년부터 2005년까지 여러 가지 사회적 배경과 원인들이 결합하면서 민간인 피학살자의 유해는 단지 유족의 '뼈'가 아닌 '사회적 유산' 개념이 각인된 물질적 증거라는 담론이 팽배해지기 시작했고, 이를 통해 유해발굴을 바라보는 사회의 시선도 조금씩 변화하기 시작했다.

3) 의례의 완결로서 국가의 필요성

과거사 청산의 과도기였던 1999년부터 2005년은 민간인 학살과 관련한 여러 개념을 혁신적으로 변화시킨 중대한 시기였다. 하지만 상당한 변화를 겪었음에도 불구하고 근본적으로 남아 있던 아쉬움은 국가의 책무성이었다. 다양한 시민사회단체 및 학계는 민간인 학살 유해발굴을 주도적으로 실시하였지만, 이들은 항상 국가폭력에 의한 희생자를 왜 시민사회가 스스로 발굴하고 추념해야 하는가를 문제제기하였다. 이것은 피학살자 유족들에게도 마찬가지였다. 특히 유족들은 간헐적으로 이루어진 유해발굴을 통해 사회 내부에서 피학살자에 대한 추모의 분위기는 조성되었으나, 본질적으로 희생자들의 신분이 바뀐 것이 아니었기에 이에 대한 시정을 요구하였다. 결국 국가가 이 문제에 개입하여 희생자들의 신분이 '양민'이었다는 것을 증명해야 하는 것이다. 그러므로 유족들에게 있어서 유해발굴은 국가로 하여금 한국전쟁기 민간인 학살 문제에 개입하게 하는 가장 중요한 수단 중의 하나였다. 희생자의 유해는 자신의 결백을 호소할 수 없지만, 발굴된 유해의 표상은 많은 사람들에게 정서적 공감을 불러일으켰고, 이러한 분위기는 과거 국가폭력을 국가 스스로 결자해지해야 한다는 여론을 조성하게 되었다. 결국 2005년 제정된 '진실화해를위한과거사정리기본법'도 이러한 배경에서 시작된 것이며, 유해발굴은 일정 부분 국가에 의한 과거사 청산이 시작될 수 있는 동력을 조성한 것이다.

제4장

국가와 유해발굴
: 진실화해위원회를 중심으로 한
국가주도 유해발굴

2007년부터 유해발굴은 국가기관인 진실화해위원회에
의해 실시되었다. 사진은 2007년 충북 청원 분터골
유해발굴 현장으로서, 발굴 전 개토제 의식을 지내고 있다.

2005년 이전까지 대부분의 발굴들이 민간 차원에서 진행되었다면, 2007년부터 시작된 유해발굴은 진실화해위원회라는 국가기관의 주도로 추진되었는데, 이것은 곧 과거 국가폭력에 대한 국가주도의 유해발굴이 시작되었음을 의미한다. 이것은 민간인 피학살자 유해발굴의 역사에 있어서 상당히 의미 있는 진전으로 볼 수 있다. 그 이유는 드디어 발굴의 행위 주체가 개인이 아닌 국가와 같은 공적 영역으로 이전되었기 때문이다. 세계사적으로 보더라도 과거 국가폭력에 의한 죽음을 국가 스스로가 청산하기 위하여 유해발굴 등의 행동을 실행한 경우는 그리 많지 않다. 하지만 1999년부터 시민사회단체 등의 노력으로 상당한 지역에서 민간인 피학살자 유해발굴이 실시되었고, 이를 통해 사회 곳곳에서 민간인 학살 문제를 해결하기 위해 국가의 노력이 필요하다는 인식이 확산되었기에 이와 같은 경향이 가능하게 되었다.

1. 진실화해위원회의 유해발굴 결정 과정

1) 발굴 결정의 어려움

진실화해위원회는 2005년 5월, 국회에서 '진실화해를위한과거사정리기본법'(이하 과거사정리기본법)이 통과됨에 따라 동년 12월 1일 설립되었다. 진실화해위원회 설립 당시 사회 각계각층에서는 과거사 청산의 본질적 의미가 희석될 만큼 과거사정리기본법의 내용이 변화되었기에 상당한 우려를 표한 것이 사실이었다. 하지만 한국전쟁 이후 최초로 국가폭력 양상에 대해 포괄적인 청산을 시도한다는 측면에서 긍정적 측면이 없는 것은 아니었다.

진실화해위원회는 2006년부터 한국전쟁기 민간인 학살 진상규명과 관련하여 유해발굴이 필요한지에 대해 수많은 논의와 토론을 하였다. 하지만 진실화해위원회 논의에서 유해발굴이 확정되는 데는 상당한 시간이 걸렸다. 이렇듯 유해발굴 결정에 상당한 시간이 걸릴 수밖에 없었던 것에는 여러 가지 요인이 있었으나, 가장 중요한 요인은 진실화해위원회 가동의 한시성과 발굴 후 유해의 안치문제였다.

　진실화해위원회는 2005년 12월 1일 정식으로 출범하였으나 조사 기한이 4년으로 한정된 한시기구였다. 물론 활동 종료 후 필요에 따라 조금의 연장은 가능하였으나, 유해발굴과 같이 기나긴 시간과 절차를 필요로 하는 사업에 한시적 기구라는 측면은 상당한 약점이 될 수 있었다. 또한 법률적 측면에서도 진실화해위원회 하에서 유해발굴이 실시되는 데에는 상당한 한계가 있었다. 사실 진실화해위원회 활동의 기초가 되었던 과거사정리기본법에는 위령화해사업과 관련한 구체적 조항이 포함되어 있지 않았다. 상황이 이러하다 보니 진실화해위원회의 유해발굴은 단지 사건의 진실규명을 위한 보조 수단으로밖에 행할 수 없었으며, 유해를 발굴한 이후 안장으로 이어지는 프로세스를 전혀 예측할 수 없었다. 이러한 실정으로 인해 진실화해위원회는 2009년까지 전국적으로 10개소의 민간인 피학살지만을 발굴할 수 있었고, 그나마 발굴한 유해 또한 적당한 안장 방식을 찾지 못한 채 현재(2018년)까지도 모처에서 임시 보관되고 있는 실정이다. 이것은 외형적으로는 국가 주도의 '의례'가 시작되었지만, 정작 실질적으로 완성할 수 있었던 의례과정은 전무하였다는 한계를 보여주고 있다. 이와 같은 어려움은 유해발굴을 주저하게 하는 충분한 한계들이었으며, 이로 인해 발굴을 결정하는 데 상당한 시간이 걸릴 수밖에 없었다.

하지만 많은 이들은 수십 년 만에 찾아온 과거사 청산 정국에 민간인 피학살자 유해발굴이 실시되지 않는다면 민간인 학살 사건의 진실에 전면적으로 다가서지 못한다는 불안감이 있었고, 또한 발굴된 유해의 안장 문제 역시 발굴 자체가 이루어지지 않는다면 안장의 방법조차 거론될 수 없다는 의견이 일기 시작했다. 결국 진실화해위원회의 유해발굴은 한국전쟁기 민간인 학살 사건의 실체를 밝히고, 향후 안장에 대한 효과적인 로드맵을 만든다는 명분하에 2007년부터 실시하게 되었다.

2) 발굴의 프로세스

진실화해위원회 유해발굴은 2007년부터 시작되었으나, 그 준비 작업은 2006년부터 개시되었다. 당시 전국적으로 상당히 많은 민간인 피학살지가 있을 것으로 예상은 하고 있었으나, 실제 얼마만큼의 발굴이 필요하고 정확히 어느 지점인가에 대한 데이터는 부족한 상황이었다. 이에 진실화해위원회는 한국전쟁기 민간인 피학살지 중 유해발굴이 필요하고 가능한 지점을 찾는 것으로 사업을 시작하였다. 2006년부터 실시된 '전국 유해매장추정지 조사'는 민간인 학살 집단매장지로 알려진 곳의 위치를 확정하고, 현재 유해가 존재할 가능성, 발굴 가능 여부 등에 대해 총체적인 조사를 실시하는 것이었다.

전국 유해매장추정지 조사
한국전쟁 전후 민간인 집단희생과 관련한 유해매장추정지는 여러 구술증언에 의하면, 일부 지역에 편중되어 있는 것이 아니라 전국적으로 넓게 분포하고 있다. 이에 진실화해위원회는 2006년 12월, '한국전쟁 전후 민간인 집단희생'[1]과 관련하여 유해가 매장되어 있을 가능성이 큰 매장 추정지 168개소[2]에 대한 지표조사 및 유해발굴 가능성 조사를 실시하였다. 조사 결과 진실화해위원회는 약 59개소의 매장추정지에서 유해발굴이 가능하다는 결론을 얻었고, 이 가운데서 사건조사와의 연관성, 유해발굴의 시급성, 유해발굴 현장의 특정 여부 등을 고려하여 39개소의 우선 발굴 대상지를 선정하였다(표8 참조).

유해매장추정지에 대한 실지조사 의결

일반적으로 문화재 발굴의 경우 문화재보호법에 의거해 발굴을 실시하고 있으나, 진실화해위원회의 유해발굴 조사와 관련해서는 적당한 관련 법이 존재하지 않았다. 그러므로 진실화해위원회의 유해발굴은 '진실·화해를위한과거사정리기본법' 제23조 제3항(진실규명 조사방법)과[3] '진실·화해를위한과거사정리기본법시행령' 제7조 제6항(조사의 절차 및 방법)[4]에 의거하여 유해발굴을 실시하였으며, 이를 위해 집단희생규명위원회에서 발굴 이전, 발굴 가능한 유

---

1) 진실화해위원회는 공식적으로 한국전쟁 전후 민간인 학살과 관련하여 '학살'이라는 용어를 사용하지 않고 '집단희생'이라는 용어를 사용하였다.
2) 수도권·강원권역 27개소, 충청권역 31개소, 영남권역 69개소, 호남권역 41개소.
3) 위원회는 그 의결로 위원 또는 소속직원으로 하여금 진실규명 사건의 원인이 된 사실이 발생한 장소 그 밖의 필요한 장소에서 관련 자료나 물건 또는 기관·시설 및 단체(이하 "기관 등"이라 한다)에 대하여 실지조사를 할 수 있다.
4) 위원회는 법 제23조 제3항에 따른 실지조사 과정 중 필요하다고 인정하는 경우에는 토지소유자 등의 동의를 얻어 「장사 등에 관한 법률」 제8조 및 제23조에 따라 개장 등 필요한 사항을 처리할 수 있다.

해매장추정지에 대해 실지조사를 의결하였다. 이것은 유해의 발굴과 가장 연관성이 있는 기존법률 '장사 등에 관한 법률'과 조사상 관련자료를 획득한다는 실지조사 개념을 결합한 방식이었다.

유해발굴에 대한 전원위원회 의결

유해발굴을 위해 마지막으로 필요한 과정은 발굴 개시를 위해 위원회 전체의 의결이었다. 진실화해위원회는 2007년 3월 전원위원회에서 '민간인 집단희생사건'의 진실규명을 위해 발굴 가능한 유해매장추정지에 대한 유해발굴을 의결하였다.

권역별	사건명	발굴대상지	비고 (연번)
경기 인천 강원	고양부역혐의 사건	고양 일산 동구 성석동 귀란골	1
	파주적대세력 사건	파주 파평면 두포리 산39번지	2
	강화부역혐의 사건	강화 길상면 온수리 사슬재	3
	안성보도연맹 사건	안성 보개면 기좌리 장재울	4
	김포부역혐의 사건	김포시 하성면 양택리 태산공원	5
		김포시 하성면 석탄리 야산	6
	삼척부역혐의 사건	삼척시 근덕면 맹방백사장	7
충북	청주보도연맹 사건	청주 삼선동 삼거리 300m 인근 골짜기	8
	청원보도연맹 사건	청원 남일면 고은리 분터골	07/08년 발굴지
		청원 남일면 두산리 지경골	08년 발굴지

	단양곡계굴 사건	단양 영춘면 곡계굴 인근 매장지	11
	보은보도연맹 사건	보은 내북면 아곡리 아치실 방앗골	12
	영동보도연맹 사건	영동군 상촌면 고자리	13
	옥천보도연맹 사건	옥천군 군서면 오동리 61-9	14
충남	대전형무소 사건	바울교회인근	15
		바울교회 맞은편 기도원 방향 도로변	16
		동구 낭월동 산13-4번지(3개소)	07년 발굴지
		동구 낭월동 산6번지 일대	18
		동구 낭월동 산4-1번지 일대	07년 발굴지
	공주형무소 사건	공주 상왕동 산29-19	09년 발굴지
	아산부역혐의 사건	아산 배방면 인근 금광	2018년 시민사회 단체에 의해 발굴
경북	경산코발트 광산사건	경산 평산동 산42-1번지 일대	07/ 08/ 09년 발굴지
	김천형무소 사건	김천 구성면 송죽동 근처 돌고개 계곡	23
	김천보도연맹 사건	김천 대뱅이재 계곡	24
	경주보도연맹 사건	경주 내남동 노곡리 개무덤 계곡	25
경남	산청군 시천면 원리· 외공리 사건	산청군 시천면 외공리 소정골 골짜기 및 원리 뒷산	08년 발굴지

	거창보도연맹 사건	합천 묘산면 마령재, 봉산면 권빈재 (2개소)	27
	합천보도연맹 사건	산청 생비량과 진양군 경계지점인 방아재	28
	진주보도연맹 사건	진주 명석면 우수리 갓골내 밀밭골, 송고 송밭골	09년 발굴지
	마산보도연맹 사건	마산 구산면 해안마을(5~6개소)	30
전북	전주형무소 사건	전주 완산구 효자동 공동묘지	31
전남	여순사건	전남 구례읍 봉성산 암매장지	07년 발굴지
		순천시 매곡동 매산등	08년 발굴지
		여수시 만흥동 형제묘	34
	불갑산사건	영광 불갑면 쌍운리 내산서원 근처 야산 전남 함평군 해보면 광암리 일대	09년 발굴지
	해남나주부대 사건	해남군 송지면 석수리 석수마을 야산	36
	해남보도연맹 사건	진도 의신면 구자도리 갈명도	08년 발굴지
	여순사건	전남 순천시 서면 구랑실재 (고속도로 건설 공사 구간)	08년 한국도로 공사에서 발굴 수행
제주	제주예비검속 사건	제주 제주국제공항	08년 제주 4.3 위원회에서 발굴 수행
우선발굴대상지		39개소	

표8. 진실화해위원회 유해매장추정지 조사 결과

2. 진실화해위원회 유해발굴 결과

유해발굴은 2007년 6월부터 2009년까지 구례 봉성산을 시작으로 총 13개소에서 진행되었다.[5] 진실화해위원회 유해발굴은 이전까지 발굴의 주체가 가족 혹은 공동체, 지역사회였던 것을 국가단위로 승격시킨 것이었다. 또한 라틴아메리카 및 유럽의 경우처럼 한국의 유해발굴에도 고고학자 및 체질인류학자, 사회인류학자, 사회학자들이 적극적으로 참여하였다. 하지만 한국에는 아르헨티나의 EAAF(Equipo Argentino de Antropología Forense)나 과테말라의 FAFG(Fundación de Antropología Forense de Guatemala), 스페인의 ARMH[6], Foro por la Memoria(Forum for Memory)와 같은 유해발굴 전문기관들이 존재하지 않기 때문에, 매년 발굴을 위해 각 매장지별로 여러 전공 영역의 전문가들이 모인 한시적 발굴팀이 구성되었다.

국가폭력 사건에 대한 국가기관의 첫 공식적 발굴은 시작부터 상당한 사회적 관심을 불러일으켰다. 다만 한계로 지적된 것은 한시적인 위원회 활동 기한 동안 얼마나 많은 발굴을 진행할 수 있으며, 또한 발굴된 유해를 어떻게 안장하는가의 문제였다. 진실화해위원회는 유해매장추정지 조사 결과를 바탕으로 2007년부터 2009년까지 모두 13개소에 대한 유해발굴을 실시하였다. 발굴지 선정은 사건조사와의 연관성, 매장지 현장의 특정성 및 발굴의 용이성,

---

5)   진실화해위원회는 2007년 4개소, 2008년 5개소, 2009년 4개소 등 총 13개소 유해매장추정지에 대한 유해발굴을 실시하였고, 1,617여 구의 유해와 5,600여 점의 유품을 발굴하였다.

6)   Asociación para la Recuperacion de la Memoria Historica(Association for the Recovery of Historical Memory)의 약자

집단매장 가능성 등을 종합적으로 고려하여 선정하였고, 경북 경산 코발트광산(2007, 2008, 2009)과 충북 청원 분터골(2007, 2008)은 연속 발굴지역으로 선정되었다. 진실화해위원회 유해발굴은 국가기관에 의해 실행된 최초 발굴인 만큼 향후 발굴의 정형성 확보를 위해서도 면밀한 검토가 필요하다. 이에 연도별 유해발굴 결과 및 내용을 조금 상세하게 소개하고자 한다.

1) 2007년 유해발굴 결과[7]

경북 경산 코발트 광산(2007. 6. 25 ~ 9. 17)

진실화해위원회는 경남대학교 박물관과 함께 경북 경산시 코발트 광산 내부에서 학살되어 유기된 유해를 수습하기 위해 2007년 6월 25일부터 발굴에 착수하였다. 경산 코발트 광산 사건은 1950년 7월부터 9월까지 당시 대구형무소에 수감 중이던 재소자와 경산, 청도지역 국민보도연맹원들을 광산으로 데려와 처형한 후 그 시신을 폐광 내부에 집단매장한 사건으로, 희생자 규모는 약 3,500여 명(유족 주장)으로 추정하고 있다. 이 발굴에서는 제1, 2수평갱도와 제1수직갱도에 대한 발굴 조사를 실시하였다.

발굴은 다음과 같은 과정으로 진행되었다. 먼저 수평갱도 및 수직갱도의 연결 상황을 파악하기 위한 평판 측량 및 도면을 작성하였다. 이후 수평갱도 내부에 전원을 연결시킨 후 유해가 분포한 지점에 대해 실측을 실시하였고, 실측이 끝난 유해는 조심스럽게

---

7) 발굴 결과에 대한 세부적 내용은 2007년부터 2009년까지 진실화해위원회에서 발간된 『한국전쟁 전후 민간인 집단희생 관련 유해발굴 보고서』를 참조하였음을 밝힌다.

2007년 코발트광산 유해발굴이 종료된 후 유해를 감식소로 보내는 장면. 유족회
는 감식소로 발굴된 유해를 보내기 전 제례를 지내고 있다.

수습되어 밖으로 옮겨진 후 세척되었다. 또한 희생자들이 처형된
지점으로 알려진 수직갱도에 대해서도 발굴을 실시하여, 갱도를 메
우고 있던 토사를 제거하면서 약 11m까지 굴착을 실시하였다.

발굴 결과 제1, 2수평갱도에서 최소개체수 107구의 유해를 수습
할 수 있었고, 유품으로는 허리띠, 신발, 칫솔, 탄피·탄두(M1 및 칼빈
소총) 등 231점의 증거물을 발굴하였다. 특히 제2수평갱도에서는 '박
봉우'라 새겨진 도장이 발견되어 향후 사건의 진실규명에 있어서 중
요한 자료로 활용되리라 본다. 민간인들이 처형된 수직갱도는 11m
까지 토사를 제거하며 굴착하였지만 유해를 발견할 수는 없었다.

충북 청원 분터골(2007. 7. 6 ～ 8. 31)

2007년 충북 청원권 분터골에서 발굴된 피학살자의 유해 모습

　　충북 청원 분터골 유해 매장지는 진실화해위원회와 충북대학
교 박물관이 2007년 7월 6일부터 발굴을 실시하였다. 유해 매장지
는 충북 청원군 남일면 고은리 산 74번지에 위치하며, 1950년 7월
4~11일 사이에 청주경찰서와 청주형무소에 수감 중이던 재소자들
과 청주·청원지역 국민보도연맹원 약 1,000여 명이 고은 3구 맞은
편 분터골 안쪽 계곡에서 집단희생된 것으로 추정된다. 실제 발굴
은 두 개 지구(제1지구, 제2지구)에서 이루어졌으며, 결과는 다음과
같다.

① 1지구

1지구는 발굴 결과 북에서 남쪽 방향으로 길이 32m, 너비 2m 내외의 규모에서 108구의 유해가 집단으로 매장되어 있음이 확인되었다. 유해의 매장 상태는 머리 부분이 능선 상부 쪽을 향하고 있었고, 개체 구분이 어려울 만큼 서로 뒤엉켜 있었으며, 최대 6겹으로 층층이 매장되어 있었다. 또한 발굴 결과 많은 유해들이 결박당한 자세에서 발견되었고, M1탄두가 직접 박힌 유해가 5구 출토되었다. 유품 및 증거물로는 M1, 칼빈, 45구경 등의 탄두 및 탄피 219점을 포함해 단추, 삐삐선, 고무줄, 옷감 등의 유품 410점이 발견되었다.

② 2지구

2지구는 탐색 트렌치 조사만을 실시하였으며, 양쪽 능선사면 하단부에서 유해가 매장되어 있음이 확인되었다. 10구의 유해가 발견되었고, 총탄류와 단추, 신발 등이 출토되었다. 2지구에 대한 본격적 발굴은 2008년 유해발굴에서 실시되었다.

전남 구례 봉성산(2007. 6. 18 ~ 7. 17)

전남 구례 봉성산 유해매장지는 진실화해위원회와 한양대학교 박물관이 2007년 6월 18일부터 발굴을 시작하였다. 매장추정지는 전남 구례군 구례읍 봉서리 봉성산 산5번지 일대 서쪽 사면 공동묘지에 위치한다. 여순사건 발발 직후인 1948년 11월 9일, 구례경찰서에 연행·유치되어 있던 민간인 70여 명이 경찰서 앞마당에서 총살당한 후 봉성산 기슭에 암매장당한 사건이다. 봉성산 유해매장지 발굴은 모두 3지점에서 이루어졌으며, 결과는 다음과 같다.

① 1지구

1지구는 약 70여 구의 유해가 매장된 것으로 추정되었으나, 발굴 결과 예상과는 달리 집단희생과 연관된 유해가 발굴되지 않았다. 사건 이후 60여 년의 시간이 경과한 만큼 매장추정지를 특정할 수 있는 증언에 신빙성이 없었던 것으로 보인다.

② 2지구

2지구는 1지구에서 약 30m 하부에 위치한 곳으로서, 집단희생과 관련된 매장지일 것이라는 증언을 접한 후 발굴을 시작하였다. 발굴 결과 10×9.2m의 범위에서 상부에 5~6개체, 하부에 7~8개체의 유해가 2열로 매장되어 있었다. 그러나 유해는 대부분 부식되어 완전한 형태를 확인하기 힘들었고, 유해의 매장자세도 판단하기 어려웠다. 최종적으로 2지구에서는 총 14구의 유해가 발굴되었고, 유해와 함께 두개골 및 기타 부위에서 M1탄두 1점, 칼빈탄두 20점이 발견되어, 이 유해가 여순사건 관련 민간인 집단희생과 연관된 것임을 증명하였다. 또한 총탄 류와 함께 단추 21점, 빗 1점, 액자틀 1점, 곰방대 1점 등 총 46점의 유품이 발굴되었으나, 희생자의 신원을 확인할 수 있는 것은 발견되지 않았다.

③ 3지구

3지구에서는 십자 방향으로 트렌치를 구획하였으나 유해는 발견되지 않았다.

대전시 동구 낭월동 골령골(2007. 6. 25 ~ 9. 22)

대전시 동구 낭월동 골령골 유해발굴은 진실화해위원회와 충

2007년 대전 골령골 형무소재소자 희생지 제3지구에서
발굴된 유해매장지 모습

남대학교 박물관이 하였다. 골령골 유해 매장지는 대전시 동구 낭
월동 13번지에 위치하며, 총 7개 지점의 유해 매장추정지가 확인되
고 있었다. 하지만 이 발굴에서는 토지소유주와의 협의가 이루어지
지 않아 7개 지점 가운데 4개 지점(3, 4, 5, 7지점)에 대한 유해발굴만
이루어졌다. 이 유해매장지들은 1950년 7월 초순부터 20일 사이에
당시 대전형무소의 재소자들과 국민보도연맹원 및 예비검속자들을
처형한 곳으로 알려져 있으며, 미국 국립문서보관소(NARA)의 기록
에 의하면 희생자가 약 1,800명에 이르고, 일부에서는 최대 7,000명
까지 희생된 것으로 추정하고 있다. 유해가 출토된 각 지점의 발굴
결과는 다음과 같다.

① 3지점

3지점 유해매장지는 직사각형으로 가로 1.7m, 세로 4m, 면적은
6.8m²이다. 발굴 당시 유해 29구가 조밀하게 매장되어 있었고, 대체
적으로 7행 4열 구조로 확인되었다. 유해들은 1구를 제외하고 모두
무릎이 굽혀지고 상체가 엎어진 자세에서 발견되었으며, 손목에 수

갑이 차여 있는 유해와 두개골 부근에서 선명한 총상흔이 발견된 유해들도 상당수 출토되었다. 유해 이외에 유품 및 증거물로는 신발, 단추, 총탄류, 고무줄, 수갑 등 총 366점이 발굴되었고, 신발들은 대부분 유해의 발에 신겨진 상태에서 출토되었다.

② 5지점

5지점에서는 성인 한 사람이 묻힐 정도의 작은 구덩이에서 5구의 유해가 겹겹이 매장된 상태로 발굴되었다. 대부분의 유해는 상태가 양호했으며, 탄두 및 탄피의 출토지점이 매장지 내부가 아니라 매장지 외부 퇴적토 상에서 출토되어 매장지 내에서 희생당한 것이 아니라 외부에서 희생된 것으로 보인다. 또한 5지점에서 발견된 탄두는 대부분 45구경 권총이 출토되었다. 5지점에서는 유해뿐만 아니라 명찰, 빗, 연필, 시계줄고리, 열쇠 등의 유품들이 출토되었고, 특히 명찰의 경우는 '총무부○' '남용○'이라는 문구가 새겨져 있어 향후 희생자의 신원 확인에 중요한 단서가 될 것으로 보인다.

2) 2008년 유해발굴 결과

충북 청원 분터골 및 지경골(2008. 7. 28 ～ 9. 28)

충북 청원 분터골 유해발굴은 2007년에 이어 2년 연속 실시한 곳으로서, 2007년에는 118개체의 유해를 발굴한 바 있다. 진실화해위원회와 충북대 박물관은 2008년 분터골 제2지구에 대한 발굴을 계획하였고, 또한 유족과 시민사회의 요구에 따라 분터골과 인접한 지경골과 여우굴에 대한 발굴 및 확인 작업도 실시하였다. 충북 분터골 및 지경골 유해발굴은 2007년과 동일한 사건으로서, 청주·청원지역 국민보도연맹 집단희생 사건의 조사과정에서 실시하였다.

① 분터골 제2지구

분터골 제2지구는 2007년 발굴한 제1지구와 동일한 시기에 민간인들이 집단희생된 곳으로서, 2007년 발굴 시 10구의 유해를 수습한 바 있다. 이곳에서는 계곡부를 개간한 논과 능선 사면의 경계지점으로부터 약 1.0~2.8m 떨어진 6개 지점에서 유해들이 확인되었으며, 모든 유해들은 대략 부위별로 재매장된 흔적이 뚜렷하였다. 발굴 결과 분터골 제2지구에서는 211구의 유해가 수습되었고, 총탄 류와 고무신 등 유품 127점이 발견되었다.

② 지경골

지경골은 분터골에서 약 1km 떨어진 곳에 위치하고 있으며, 마을 주민들의 증언에 의해 유해가 매장되어 있음이 확인되었다. 발굴팀은 증언에 따라 탐색 트렌치를 설정하여 제토하였으나, 지표 10~20cm 하에서 생토층이 확인되었다. 이후 발굴팀은 트렌치 양옆으로 조사 가능한 부분에 대해 전면 제토를 실시하였으나 M1탄피 1점과 유해 1구만을 수습할 수 있었다.

③ 여우굴

유족의 요구에 의해 발굴이 이루어졌고, 모두 4기의 탐색트렌치를 설정하였다. 이 중 유해는 1기의 트렌치에서 6개체가 발견되었으며, 유해와 함께 피해자의 유품으로 보이는 백색 1공 단추가 출토되었다.

경남 산청 원리 및 외공리(2008. 7. 18 ~ 10. 18)

2008년 경남 산청 외공리 발굴 당시 제4호 매장지 발굴 광경

　앞선 장에서 서술한 바와 같이, 산청 외공리 민간인 학살 사건은 1951년 2월경 장갑차를 앞세우고 군용트럭을 탄 군인들이 10대 가량의 버스에 태우고 온 민간인들을 외공리 소정골에서 집단 학살된 사건이다. 이 사건은 아직까지 피해자의 신원 및 유족과 가해자가 누구인지 등이 전혀 밝혀지지 않았다. 그러므로 이 사건은 유해 발굴을 통해 출토되는 여러 가지 정황 및 유품이 향후 사건 해결에 큰 열쇠로 작용할 수 있다.

　진실화해위원회와 경남대 박물관은 2008년 7월 18일부터 발굴을 실시하여 우선적으로 2000년 시민사회단체에 의해 발굴되었다 재매장된 곳의 유해를 새롭게 발굴하였다. 발굴 당시 재매장된 유해는 극도로 훼손된 상태였으며, 더 이상의 부패를 막기 위해 시급한 발굴이 필요하였다. 이외에도 발굴팀은 새롭게 5곳의 매장지를 추가 발굴하였는데, 총 6개의 구덩이에서 257구의 유해를 수습할 수 있었다. 또한 유해와 함께 '仁商', '京農', '金中', '崇中', '仁中' 등의 명문이 있는 단추와 '李柄濟' 도장 등 1,251점의 유품도 함께 발굴하였다. 외공리에서 발굴된 많은 종류의 유품은 한국전쟁 당시 생활상을 연구하는데 상당히 유용하게 쓰일 뿐 아니라, 피해자들의 신원을 확인할 수 있는 유일한 증거물이므로 앞으로 면밀한 분석이 필요하다고 본다.

경북 경산 코발트광산(2008. 7. 21 ~ 11. 4)

진실화해위원회는 2007년에 이어 2008년에도 경산 코발트광산 유해발굴에 착수하였다. 2007년 발굴이 수평갱도 내 육안으로 확인되는 유해들의 수습이 주목적이었다면, 2008년 발굴의 목표는 광산의 전체적인 구조를 파악하면서 수직갱도 내 토사에 섞여 있는 유해를 최대한 발굴해 내는 것이었다. 또한 발굴 기법 측면에서, 2007년의 발굴이 수직갱도 상부에서 토사를 들어 올려 제거한 것이라면, 2008년의 발굴은 수직갱도와 수평갱도가 만나는 접점에서 토사를 아래로 끌어내려 제거하고자 하였다.

발굴 결과, 수직갱도 내 토사에서 최소 216구의 유해가 발견되었고, 신발, 고무줄, 버클 등 약 296점의 유품을 수습할 수 있었다. 또한 2008년 발굴에서 특이할 만한 사항은 76mm 고폭탄의 발견이었다. 76mm 고폭탄은 제2수평갱도 하부에서 발견되었으며, 군부대에 정밀 감식을 의뢰한 결과 한국전쟁 시기 사용된 대규모 살상용 폭탄으로 밝혀졌다. 고폭탄은 발굴 기간 중 군부대에 의해 수거되어 파괴되었다.

전남 진도 갈매기섬(2008. 9. 18 ~ 11. 9)

갈매기섬 유해발굴지 전경. 갈매기섬은 현재 무인도로서, 한국전쟁 당시 군경이
피학살자들을 무인도로 끌고 가 학살한 사건이다.

　　전남 진도 갈매기섬 민간인 집단희생사건은 1950년 7월 해남
경찰이 후퇴 도중 수감 중인 국민보도연맹원 약 300여 명을 진도군
구자도리 앞 갈매기섬에 하선시킨 후 총살시킨 사건이다. 진실화해
위원회와 충북대 중원문화연구소는 여러 증언을 바탕으로 갈매기
섬 서쪽 무인도에 대한 유해발굴을 실시하였으며, 발굴 결과 19개
체의 유해와 탄피 및 탄두(M1, 칼빈, 45구경), 신발류, 고무줄, 혁대,
거울, 안경알 등 150점의 유품을 수습할 수 있었다.

3) 2009년 유해발굴 결과

경북 경산 코발트광산

2007년과 2008년에 이어, 경북 경산 코발트광산은 3년 연속 유해발굴을 실시하였다. 2009년 유해발굴은 진실화해위원회와 영남대학교 인문과학연구소가 실시하였고, 이전 발굴과 달리 수직갱도 내 토사와 암석을 밖으로 들어낸 후, 수직갱도 50m 하부에 매장된 유해를 발굴하는 데 집중하였다. 2년 동안 약 400여 구의 유해가 수습된 관계로 수직갱도 내 토사 및 암석에서 발견된 유해는 상당히 적은 편이었다. 하지만 광산 갱도의 구조 등을 참작해 볼 때 유해가 가장 많이 매장되어 있을 것으로 파악되는 수직갱도 50m 하부지점에 대한 발굴은 상당히 어렵게 진행되었다. 발굴은 주로 제2 수평갱도로부터 토사와 암석을 들어내었고, 이후 상부에 적재된 토사를 안전장치를 설치해 막은 후 수직갱도 하부지점에 대한 조사를 실시하였다. 발굴 결과, 47구의 유해를 수습함과 동시에 수직갱도 50m 하부지점에 상당히 많은 양의 유해가 매장되어 있음을 확인하였다.

충남 공주시 상왕동(2009. 6. 11 ~ 7. 20)

충남 공주시 상왕동 민간인 집단희생사건은 1950년 한국전쟁 발발 이후인 7월 9일경, 공주형무소에 수감 중이던 재소자와 인근 지역 국민보도연맹원 500여 명이 트럭으로 실려 와 군과 경찰에 의해 집단희생된 사건으로 알려져 있다. 이 사건은 진실화해위원회 출범 이전부터 시민사회로부터 꾸준히 유해발굴에 대한 민원이 제기된 곳이었고, 또한 2000년경에는 일부 유해가 출토되기도 하였

공주시 상왕동 유해발굴에서는 상당히 많은 수의 유해가 발굴되었다. 발굴된 대부분의 유해는 상당히 계획적으로 학살한 흔적이 뚜렷하였다.

다. 이번 발굴에서는 모두 4개 지점에 대한 발굴이 실시되었으며, 발굴 결과 매장추정지 3개 지점과 추가 1개 지점에서 유해가 발굴되었다.

① 1지점

1지점에서는 길이 15m, 너비 2.5m, 깊이 55cm의 긴 방형 구덩이에서 91개체의 유해가 발굴되었다. 출토된 유해는 모두 두 줄로 양쪽 벽을 향해 무릎을 꿇은 채 손이 뒤로 묶여 있었으며, 일부 유해는 목 뒤로 깍지를 끼고 있었다. 1지점에서는 유해와 더불어 M1, 칼빈소총 탄피와 탄두, 고무줄, 칼, 단추 등 270점의 유품도 함께 발굴되었다.

② 2지점

1지점에서 능선 아래쪽으로 약 20m 떨어진 곳에 위치하며, 길이 19m, 너비 2.5m, 깊이 60~120cm의 방형 구덩이에서 85개체의 유해가 발견되었다. 2지점의 출토 유해는 1지점과 마찬가지로 벽을 향해 무릎을 꿇고 있었으며, 탄피 및 탄두(M1, 칼빈, 45구경)를 포함해 안경, 단추 등 총 402점의 유품이 발견되었다.

③ 3지점

유해 매장 여부를 확인하기 위해 H자 형태의 트렌치를 설정하였으나, 잔존하는 유해는 없는 것으로 확인되었다.

④ 4지점

4지점의 구덩이는 길이 21.5m, 너비 2.5m, 깊이 80cm를 이루고 있으며, 141개체의 유해가 매장된 것으로 확인되었다. 1, 2지점과 마찬가지로 모두 양쪽 벽을 향해 무릎을 꿇은 채 손이 결박되어 있었으며, 사살에 사용된 것으로 보이는 탄피 및 탄두를 포함해 495점의 유품이 확인되었다.

⑤ 5지점

5지점은 당초 발굴 계획 선상에 없던 구덩이지만, 배수로 공사 도중에 우연히 유해가 발견되어 확인하게 되었다. 그러나 5지점에 대한 발굴은 발굴 기한 및 예산상의 문제로 발굴하지 못한 채 다시 복토하였다. 5지점에 대한 유해발굴은 2013년에 공주시에 의해 재개되어 마무리되었다.(현재 상태 p.212 참조)

전남 함평군 해보면 광암리(2009. 6. 18 ~ 8. 17)

함평군 광암리 발굴에서는 불갑산으로 피난온 것으로 보이는 가족단위의 흔적을 발견할 수 있었다. 사진은 어느 가족이 지니고 다녔을 숟가락들로서, 민간인들이 희생되었음을 짐작게 한다.

전남 함평군 해보면 광암리 사건은 일명 '불갑산' 사건으로 불리며, 1951년 2월 20일, 국군 11사단 20연대 2대대가 함평군 해보면 불갑산지역 공비 토벌 작전 과정 중 전라남도 함평, 장성, 영광 지역 거주 피난민들을 빨치산 또는 그 동조자로 간주하여 희생시킨 사건이다. 또한 동년 2월 25일, 불갑면 쌍운리 옴팍골과 묘량면 시산재, 홀루개재 등지에서 영광경찰이 민간인을 희생시킨 사건을 통칭해 말한다. 2009년 유해발굴은 순천대학교 문화유산연구소와 함께 해보면 광암리 일대 2개 매장지에 대한 발굴을 실시하였으며, 결과는 다음과 같다.

① 제1지구

해보면 광암리 제1지구 발굴지는 일명 '가정마을' 뒷산에 위치하고 있으며, 1951년 당시 빨치산이 조성한 방공호에서 발굴되었다. 이 지점에서 발굴된 유해는 143구 이상이며, 약 60m에 걸친 방공호 곳곳에서 발견되었다. 발굴된 유해 중 특이한 사항은 15세 이하 어린이의 유해가 2~3개체 발견되었다는 것이다. 또한 유해와 함께 당시 희생자들이 전투능력이 없는 순수 민간인임을 가늠케 하는 신발 79개, 단추 65개, 고무줄 14개, 버클 14개, 반지 11개, 비녀 10개, 수저 16개, 동전 6개, 칼 4점, 담뱃대 5개, 거울 4개, 구슬 3개, 안경 2개, 빗 2개, 틀니 1개, 구리선(철사) 1꾸러미, 집게 1개, 가위 1개, 라이터 1개, 만년필 1개 등의 유품이 발견되었다. 이러한 유품은 주로 민간인들이 소지한 것으로서, 불갑산 집단희생사건이 빨치산에 동조한 전투 병력을 살해한 것이라는 기존 입장을 뒤집는 중요한 증거가 될 수 있다.

② 제2지구

제2지구는 제1지구에서 직선거리로 약 1km 정도 떨어진 용천사 뒷산에 위치하고 있으며 1951년 당시 불갑산 지구 빨치산의 본부로 사용되었던 곳이다. 이곳에서는 제1지구에서처럼 많은 유해가 발견되지 않고 성인 대퇴부 2개만이 발견되었다. 하지만 제2지구에서는 당시 작전에 사용된 것으로 보이는 수십 점의 MG50 탄피와 거울, 비녀, 만년필, 안경 등의 생필품이 발견되었다.

경남 진주시 문산읍 진성고개(2009. 7. 2 ~ 8. 15)

2009년 경남 진주시 문산읍 일대의 유해발굴은 진실화해위원회와 경남대학교 박물관이 실시하였다. 이 매장지는 '진주형무소재소자 및 국민보도연맹원 집단희생사건'과 연관이 있는 곳으로서, 사건의 개요는 1950년 7월 말경, 진주형무소에 수감 중이던 재소자와 보도연맹원 1,200여 명(최소)이 특무대, 경찰, 헌병 등에게 진주시 명석면 및 문산읍 일대에서 희생된 사건을 말한다. 2009년 발굴 결과 유해는 문산읍의 2개 지점에서 출토되었으며, 총 111개체의 유해가 발굴되었다. 대부분의 유해는 두 손이 결박된 채 매장되어 있었고, 유해와 더불어 고무신, 탄피 등이 함께 발굴되었다. 특히 고무신 등의 일반 유품이 많이 발견된 것은 진주 형무소 재소자 이외 상당수의 국민보도연맹원이 함께 희생되었다는 것을 입증해 주는 계기가 되었다.

년도	발굴지	관련 사건	신청 건수 8)	발굴 결과
2007 (4개소)	전남 구례 봉성산	구례지역 여순사건	12	• 유해 14개체 발굴 • 탄두(M1, 칼빈) 20개 및 단추 등 유품 46점 발굴
	경북 경산 코발트광산	경산 코발트 광산 사건	163	• 유해 107개체 발굴 • 도장, 단추, 허리띠 및 탄피 및 탄두 등 유품 231점 발굴
	대전 동구 낭월동	대전 형무소 재소자 희생사건	110	• 유해 34개체 발굴 • 명찰, 신발, 단추, 탄피 및 탄두, 수갑 등 유품 456점 발굴

---

8) 여기서 신청 건수라 함은 해당 유해발굴과 연관하여 진실화해위원회에 접수된 사건 진실규명 접수 건수를 말한다.

연도	발굴 장소	사건명	유해수	발굴 내용
	충북 청원 분터골	청원 국민보도 연맹 사건	80	• 유해 118개체 발굴 • 명찰, 신발, 단추, 탄피 및 탄두(M1, 칼빈), 신발, 고무줄 등 유품 410점 발굴
2008 (5개소)	경북 경산 코발트광산	경산 코발트 광산 사건	163	• 유해 216개체 발굴 • 신발, 고무줄, 버클, 탄피 및 탄두 (M1, 칼빈), 76m 고폭탄 등 유품 296점 발굴
	충북 청원 분터골 및 지경골	청원 국민보도 연맹 사건	80	• 유해 218개체 발굴 • 탄두 및 탄피(M1, 칼빈, 45구경, 신발, 허리띠, 고무줄, 단추, 삐삐선 등 유품 129점 발굴
	전남 진도 갈매기섬	해남 국민보도 연맹 사건	42	• 유해 19개체 발굴 • 탄피 및 탄두(M1, 칼빈, 45구경), 단추, 버클, 거울, 허리띠, 고무줄, 신발 등 유품 150점 발굴
	경남 산청 원리 및 외공리	경남 시천 삼장 민간인 희생사건 외공리 사건	24	• 유해 257개체 발굴 • 탄피 및 탄두(M1, 칼빈, 45구경), 숟가락, 단추, 신발끈, 고무줄, 열쇠, 주걱, 도장 등 유품 1,251점 발굴
	전남 순천 매곡동	순천지역 여순사건	5	• 유해 발굴되지 않음
2009 (4개소)	경북 경산 코발트광산	경산 코발트 광산 사건	163	• 유해 47개체 발굴 • 유품 36점 발굴
	충남 공주시 상왕동 29-19	공주형무소 재 소자 및 보도 연맹 사건	30	• 유해 317개체 발굴 • 유품 1,170점 발굴
	전남 함평군 해보면 광암리	불갑산 지역 민간인 희생사건	62	• 유해 159개체 발굴 • 유품 1,048점 발굴
	진주시 문산읍 상문리 일대	진주형무소 재소자 및 국민보도 연맹 사건	64	• 유해 111개체 발굴 • 유품 377점 발굴
총 계				유해 1,617개체 및 5,600점의 유품 발굴

표9. 진실화해위원회 유해발굴 결과

4) 발굴 유해의 보관 및 안장

발굴된 유해를 어떻게 안장할 것인가? 이것은 발굴 시작 전부터 '뜨거운 감자'였다. 2007년부터 이루어진 유해발굴의 결과 상당수의 유해가 발굴되었고, 많은 이들은 유해를 통해 한국전쟁기 민간인 학살의 참상을 접할 수 있었다. 하지만 아무리 유해발굴의 목적이 민간인 학살 사건의 실체에 접근하기 위한 방도였다고 하지만, 발굴된 유해를 처리하는 것 역시 중요한 문제였다. 이것은 조사상의 진실규명 이외에 비정상적 죽음의 의례를 완료한다는 의미를 내포하고 있기에 정형적인 로드맵이 필요한 상황이었다.

2009년까지 발굴한 1,617구의 유해는 일단 발굴 후 발굴단의 본부로 사용되었던 충북대학교 유해감식센터로 옮겨져 보관되었다. 상당수 과거사 청산 전문가들의 본 계획은 한시적 기구인 진실화해위원회에서 국가폭력 사건의 진실을 우선적으로 규명하고, 이후 발생하는 위령과 화해 사업들은 과거사재단을 설립하여 진행하고자 하였다. 하지만 진실화해위원회 이후 과거사재단 설립에 관한 논의는 상당히 더디게 진전되었고, 2008년 이명박 정부가 들어선 이후로는 이 사업이 폐기되기에 이르렀다. 이러한 측면에서 발굴된 유해를 제대로 안장할 수 있는 로드맵을 공식적으로 만든다는 것은 더욱 힘든 일이 되었다.

이에 진실화해위원회는 발굴된 유해를 한시적이나마 안정적으로 안장할 수 있는 방안을 찾게 되었고, 2008년 8월 충북대학교와의 협약[9]에 의거해 '한국전쟁 민간인 희생자 추모관'을 충북대학교

---

9) 협약의 구체적 명칭은 '임시유해안장시설관리운영에 권한 협약서'이다.

내에 설립하였다. 추모관은 총 2개의 층으로 구성되었으며, 유해를 보관할 수 있는 상온시설과 유족들이 찾아와 의례를 행할 수 있는 분향실이 설치되었다. 그러나 이곳 역시 2008년 8월 1일부터 2015년 12월 31일까지 유해를 임시로 보관할 수 있었으며, 이러한 이유로 2016년 8월에는 다시 세종시에 마련된 '추모의 집'으로 유해를 옮겨야만 했다.

3. 진실화해위원회 사업 외 유해발굴(2006~2010년)

2006년부터 진실화해위원회 유해발굴 이외 국가기관에 의해 수행된 다수의 유해발굴이 있었다. 이것은 노무현 정부가 과거사 청산을 주요 개혁과제로 공포하면서 각종 과거사 청산 관련 유해발굴이 늘어났기 때문이었다. 대부분의 발굴은 진실화해위원회의 과거사정리기본법 이외 독자적인 과거사 청산 법률을 가지고 있던 제주 4.3사건과 노근리 사건 등의 영역에서 실시되었다.

1) 제주 4.3 관련 유해발굴

2006년 이후 진실화해위원회 사업 이외 국가 주도 발굴로는 '제주 4.3사건 진상규명 및 희생자 명예회복에 관한 특별법'에 의거해 실시된 제주 4.3 민간인 피학살자 유해발굴이 있다. 유해발굴은 총 2단계로 나뉘어 진행되었는데, 1단계 발굴은 별도봉 일본군 진지동굴과 제주시 화북동 일대 5개소에 대한 것이었고, 2단계 발굴은 옛 정뜨르 비행장(현 제주국제공항) 인근 지역이었다. 발굴의 근거는 2003년 10월 15일, 제주 4.3사건진상규명및희생자명예회복위원회 전체회의에서 '제주 4.3사건진상조사보고서'를 최종 확정하면서 건의한 7개의 조항 중 제주 4.3사건 '집단매장지 및 유적지 발굴 사업 지원' 조항을 토대로 진행되었다. 이 발굴은 '4.3의 실체를 추적하여 땅속 깊이, 물속 깊이 방치되어 있는 역사의 진실을 양지로 끄집어내서 이 시대의 발전된 과학적 방법을 총동원하여 폭력의 실태를 드러내고 피해자의 신원을 규명'한다는 목적 하에 실시되었다 (사단법인 제주4.3연구소 2008: 15). 제주지역의 유해발굴은 지역적으로 희생자들의 근거지가 한정되어 있었기에, 발굴 후 신원을 확인하기 위한 적극적인 유전자 감식을 실시하였다. 또한 발굴 후 제주 4.3평화공원에 유해를 안장할 수 있다는 측면에서 진실화해위원회 유해발굴보다 훨씬 좋은 조건을 가지고 있었다.

1단계 발굴: 제주시 화북동 일대

4.3사건 희생자 유해발굴 1단계는 2006년 10월 31일 제주특별자치도와 제주대학교, 사단법인 제주4.3연구소가 유해발굴을 위한 업무 위탁협약을 체결하면서 시작되었다. 유해발굴은 2006년부터 본격화되어 화북동 소재 5개 지점에서 완전 유해 10구와 부분 유해 1구, 파편 유해 133점, 유품 380점이 수습되었다. 유해발굴은 법의학 전문가와 고고학자 등이 참여한 가운데 실시되었고, 발굴된 유해들은 현장에서 제의를 지낸 후 감식 장소로 운구되었다. 최종 감식 결과 119명의 유족에 대하여 친족이 확인된 유해는 모두 2구이며, 이 중 화북천에서 발견된 유해는 최종적으로 신원이 확인되었고, 별도봉에서 발견된 부분 유해 1구는 잠정적으로 가능성이 제시되었다(사단법인 제주4.3연구소 2008: 283).

	발굴대상지 및 성격		발굴기간	발굴결과			유해감식결과
				유해	유품	기타	
1	화북천 인근밭	암매장지	2006. 5. 4 ~ 5. 12	3구	18점		1구 확인
2	가릿당동산 동녘밭	학살/ 암매장지	2007. 1. 15 ~ 1. 30	133점	156점		최소 7~10명 추정
3	동제원입구	4.3과 무관	2007. 2. 6 ~ 2. 7				
4	별도봉 진지동굴	학살/ 암매장지	2007. 2. 8 ~ 3. 31	8구	188점	완전유해 7구	1구 확인
5	고우니모루 저수지	학살/ 수장지	2007. 4. 18 ~ 5. 23		18점		

표10. 화북동 유해발굴 결과(사단법인 제주4.3연구소 2008, 328)

2단계 발굴: 제주 국제공항 유해발굴

2008년 2단계 '옛 정뜨르 비행장'(현 제주국제공항)에 대한 유해발굴은 1950년 한국전쟁 발발 이후 예비검속되어 피학살된 이들의 유해를 발굴하는 것이었다. 특히 이 발굴은 현재 제주국제공항의 활주로 인근에서 실시하는 것이므로 정부 및 관계기관과의 협의가 무엇보다도 중요하였다. 아마도 당시 집권정부가 노무현 정부가 아니었더라면 유해발굴은 사실상 불가능하였을 것이다. 발굴은 2회에 걸쳐 실시되었으며, 제주국제공항 활주로 인근 지하에서 1950년 한국전쟁 이후 예비검속되어 총살당한 유해 300여 구를 발굴하였다. 특히 2008년 실시된 제주국제공항 유해발굴에서는 DNA검사를 통해 발굴된 유해 중 13구에 대한 신원을 확인할 수 있었다(제주대학교 외 2010). 2009년까지 발굴된 제주 4.3관련 유해는 제주대 의과대학에 임시보관되어 있다, 제주 4.3 평화공원 내 유해 안장시설로 모두 이장되었다.

	발굴대상지 및 성격		발굴기간	발굴결과		유해감식 결과	
				유해	유품		
1	제주 국제 공항 I	학살/ 암매 장지	2007. 8. 31 ~ 12. 15	완전 유해 54구 부분 1,000여 점	659점	123구 개체 확인	21구 신원 확인
2	제주 국제 공항 II	학살/ 암매 장지	2008. 9. 9 ~ 2009. 6. 10	완전 유해 259구	1,311 점	260구 개체 확인	48구 신원 확인

표11. 제주 국제공항 유해발굴 결과

2) 2007년 노근리 유해발굴

노근리 사건은 1950년 7월 25일부터 29일까지 노근리의 경부선 철로와 쌍굴 일대에서 미군의 공중공격과 지상군의 공격에 의해 피난을 가던 피난민들이 희생을 당한 사건이다. 노근리 사건대책위원회는 학살이 있은 후 많은 유족들이 시신을 수습하였지만, 쌍굴과 경부선 철로 주변을 중심으로 미수습된 시신이 70~80여 구 있었으며 이를 주변의 몇 개 지점에 매장하였음을 주장하였다. 이후 2004년 노근리사건 특별법(노근리사건 희생자 심사 및 명예회복에 관한 특별법)이 제정됨에 따라, 미수습된 유해를 찾기 위한 필요성이 꾸준히 제기되어왔었다. 이에 2007년 7월 27일부터 2008년 3월 3일까지 충북 영동군이 주관하는 미수습 유해 70~80구를 찾기 위한 유해발굴을 개시되었다. 발굴 과정에서 수습된 유해는 노근리 평화공원 인근에 있는 희생자 합동묘역에 안장될 예정이었다.

발굴은 매장추정지로 짐작되는 총 6개 지점에서 실시하였으나, 결과는 어린이로 추정되는 유해 2점과 탄피 3개 등만을 발굴하는 데 그쳤다(영동군, 충북대학교 박물관 2008, 15-28). 또한 이 발굴에서는 예상보다 유해발굴이 난항을 겪자 토지를 굴착하지 않은 채 지표 내부에 유해의 잔존여부를 확인하기 위해 물리화학적 조사인 GPR(Ground Penetration Radar) 탐사를 실시하기도 하였다. GPR 탐사에서도 실제 대량의 유해가 매장되어 있을 것이라는 명확한 결론이 나오지는 않았다. 이처럼 노근리 유해발굴에서 성과를 볼 수 없었던 것은 1950년 학살 이후 다수의 경부철도 철로 보수공사로 인한 사면의 유실과 지형적 변화, 그리고 전체적으로 상당한 시간이 경과하면서 유해가 자연적으로 소실되었을 가능성이 높았기 때문이다.

3) 2013년 공주시 상왕동 추가 유해발굴[10]

앞서 언급한 바와 같이, 2009년 진실화해위원회는 공주형무소 재소자 피학살 사건을 조사하면서 공주시 상왕동 인근에서 유해 발굴을 실시하였다. 당시 진실화해위원회는 두 달 동안 모두 5개의 지점에서 발굴을 실시하였지만, 예산과 일정상의 이유 등으로 인해 발굴을 종료하지 못했으며, 2013년에 이르러서야 지방자치단체의 도움을 받아 보강 발굴을 실시할 수 있었다. 보강 발굴에서는 모두

---

10) 공주시 상왕동 유해발굴은 2013년에 진행되었지만, 발굴의 성격상 유사한 부분이 있어 이곳에서 언급한다.

50여 구의 유해를 발굴할 수 있었으며, 발굴된 유해는 정부 차원에서 운영하고 있는 임시안치소에 안치되었다.

4) 2005~2006년 실미도 전사자 유해발굴

실미도 사건은 1968년 4월 1일, 북한침투작전을 목표로 창설된 실미도 부대에서 3년 4개월 동안 훈련을 받아오던 공작원 24명이 1971년 8월 23일 기간병 18명을 살해하고 실미도를 탈출하여 서울로 진입하는 과정에서 군경과 교전한 사건으로서, 교전 과정에서 경찰 2명, 민간인 6명, 공작원 20명이 사망하고, 생존 공작원 4명은 군법회의에서 사형을 언도받고 1972년 3월 10일 형이 집행된 사건이다(국방부과거사진상규명위원회 2006: 3). 이 사건은 1970년대 권위주의 통치시대에 발생했던 대표적인 인권침해 사건으로서, 2005년 '국방부과거사진상규명위원회'가 발족하면서 공식적으로 진상을 규명하게 되었다.

조사 과정에서 유해발굴은 2005년 실시되었다. 유해발굴의 주요 목표는 1971년 8월 23일 교전 중 사망하여 시립 벽제 공동묘지(현 벽제동 서울시립묘지 1-2 지역)에 가매장된 것으로 추정되는 실미도 부대원 20명의 유해와 1972년 사형이 집행된 후 서울시 구로구 오류동 인근에 매장되었을 것으로 보이는 4명의 유해를 찾아 신원을 확인하는 것이었다. 벽제 지구의 유해발굴은 2005년 11월 15일부터 25일까지 국방부과거사진상규명위원회와 육군 유해발굴단, 충북대학교 중원문화연구소 팀이 참여한 가운데 실시되었고, 오류동 발굴은 2006년 3월 28일부터 3월 31일까지 진행되었다. 발굴 결과 오류동 소재 공군 2325부대 인근 야산에서는 당시 사형집행과

매장 등에 관련된 군 관계자들의 제보가 확보되지 않아 유해를 발굴하는 데 실패하였다. 하지만 벽제 지역의 유해발굴에서는 실미도 부대원 사망자로 추정되는 유해 20구를 발굴하였으며, 유해에 대한 DNA 샘플을 채취하여 모두 8명의 희생자의 신원을 확인할 수 있었다(국방부과거사진상규명위원회 2006: 90-99).

실미도 사건은 자체적으로 상당한 인권침해 요소를 포함하고 있었다. 특히 부대원이 숨진 이후 국가가 주도적으로 나서 불법 암매장과 사체를 인도하지 않았다는 점에서 국가의 중대한 범법 행위가 형성될 수 있다. 이러한 측면에서 실미도 유해발굴은 국가폭력에 의해 방치되었던 유해가 국가에 의해 수습되었다는 것에 상당한 의의를 가질 수 있다.

4. 민간인 학살과 국가의례과정의 형성

1) 국가주도 유해발굴의 의의

국립묘지와 무명용사의 묘, 그리고 충혼탑 등은 근대국민국가의 대표적 표상이라 할 수 있다. 제1차 세계대전 직후 유럽의 각국가들은 '무명용사의 묘'를 만들어 근대국민국가를 강화하고 국민 개병제에 내재해 있는 민주주의 원칙을 지키고자 하였다. 이러한 움직임은 국가주의를 더욱 강화하기 위한 중요한 행보이므로 국가 주도하에 체계적으로 진행되는 것이 사실이다. 하지만 전쟁이나 학살 등의 과정에서 국가폭력에 의한 민간인 피해자에 대한 국가적 움직임은 그리 흔치 않은 것이 사실이다.

이러한 현실에서 2006년 이후부터 진행되어온 한국의 국가 주도 민간인 피학살자 유해발굴은 예외적 의미에서 상당히 중요한 상징성을 가질 수 있다. 진실화해위원회의 국가 주도 유해발굴은 약간의 논란을 일으키며 시작되었고, 2007년부터 2009년까지 총 3년간에 걸쳐 실시되었다. 2010년 진실화해위원회의 활동이 종료된 이후로는 더 이상의 발굴이 진행될 수 없었다.

2007년부터 진실화해위원회에 의한 국가 주도 유해발굴은 몇 가지 특징을 지니고 있는데 그것은 첫째, 유해발굴과 연관된 관련 법령의 미비로 인해 발굴이 해당 사건의 진실을 규명하는 차원에서 이루어졌다는 것이고, 둘째, 전체 유해발굴 매장지 가운데 극히 일부 지역인 9개 지역만이 발굴되었으며, 셋째, 발굴된 유해가 해당 사건의 진실을 규명하는 데 활용되었을 뿐 일체의 위령 화해사업을 진행할 수 없었다는 것이다(노용석 2015: 227-228 참조). 결국 진실화해위원회의 유해발굴은 최초의 국가주도 유해발굴이라는 의미를 가질 수 있었지만, 그 짧은 활동기간만큼이나 유해발굴의 복합적인 의미를 달성하지 못한 채 중지되고 말았다. 특히 피학살자 유해발굴은 사건의 실체가 존재했다는 것만을 증명하는 데 그쳤으며, 이후 필요한 비정상적 죽음에 대한 사회적 의례를 통해 죽음을 '공론화'할 수는 없었다.

반면 민간인 피학살자 유족들은 불충분한 발굴이었지만, 국가에 의해 유해발굴이 실시되었다는 것에 상당한 만족감을 표하였다. 특히 유족들은 국가에 의해 발굴이 실시되어 피학살자들의 죽음이 사회적으로 '공인'되었다는 것에 상당한 의의를 느꼈으며, 이로 인해 이전 시기 피학살자의 유해를 찾아 장례를 행하기 위한 단순목적에서 벗어나 희생자들의 죽음을 좀 더 사회적인 측면에서 고려하여야 한다는 인식이 발생하였다. 국가주도 유해발굴이 진행되면서 비정상적 죽음을 다루는 과정에 상당한 변화가 시작되었다. 이 변화들은 제도나 법률과 같은 외형적 측면에서 발생한 것이 아니라 발굴의 전체적 과정에서 미세하게 형성되어 인식의 변화로 퍼져나갔다.

2) 의례과정으로서 개토제

2008년 충북 청원군 분터골 발굴 당시의 개토제 모습. 개토제에는 유족을 비롯하여 지자체 기관장, 발굴연구원 등이 참여한다.

진실화해위원회의 국가주도 유해발굴은 기본적으로 사건의 진상을 규명하는 차원에서 실행되었다. 그러므로 유해발굴은 어디까지나 조사의 보완 수단이었다. 유해 안장의 로드맵이 완성되지 않은 가운데, 발굴을 통해 피해자 유족들이 꾀할 수 있는 것은 참상의 고발과 사건의 재확인이었다. 하지만 유족들은 유해발굴 과정에서 애도와 의례를 행할 수 있는 적절한 기회를 희망하였고, 특히 발굴이 국가주도로 진행되는 만큼 민간인 피학살자의 죽음이 국가에 의해 위령되기를 원하였다. 이것은 공식적인 '국가의 사죄' 단계는 아니었지만 비공식적 영역에서 비정상적 죽음의 원혼을 달랜다는 의미였다. 이러한 바람은 유해발굴 전 행해지는 '개토제(開土祭)' 의식을 통해 구체화되었다.

개토제는 묘를 파거나 발굴을 시작하기 전에 토지신이나 영령들을 위로하기 위해 지내는 일종의 '기원제'로서, 매장지 주변의 모든 신과 희생자 영령들에게 발굴의 시작을 알림과 동시에 순조로운 발굴을 기원하는 의식이다. 보통 개토제는 고고학적 발굴을 행할 때 발굴 전 고고학 발굴팀에 의해 간략하게 치러지는 것이 일반적이다. 하지만 진실화해위원회 등에 의해 행해진 국가주도 유해발굴에서는 개토제의 위상이 한층 높아졌다. 개토제에는 발굴팀을 비롯하여 해당 발굴지의 유족들, 발굴지 이외 지역의 전국 유족회 회원들, 해당 지역의 기관장 및 공무원, 진실화해위원회 주요 간부, 언론사 등이 참석했으며, 이들은 단순히 참석하는 데 그치지 않고 개토제 과정에서 행해지는 의례에 결합하였다.

1960년 유해발굴 현장에서도 유족들이 중심이 된 개토제가 진행되었지만, 의례의 중심은 명확히 유족들이었다. 하지만 국가주도 유해발굴에서는 유족과 국가기관이 중심이 되어 의례를 조직하였고, 유족들은 이 행사에 적극적으로 결합하였다. 예를 들어 2008년 7월 19일 진행된 진실화해위원회의 '경남 산청 외공리' 유해발굴 개토제에서는 진실화해위원회 상임위원이 초헌을 하고 지역 기관장의 아헌, 유족대표의 종헌으로 헌작(獻酌)이 이루어졌다. 또한

2008년 9월 19일 개최된 '전남 진도군 갈매기섬' 유해발굴의 개토제에서도 진실화해위원회 상임위원의 초헌을 필두로 피학살자들의 연고지 기관장인 진도군수와 해남군수가 각각 아헌과 종헌을 실시하였다.

이처럼 진실화해위원회 유해발굴은 개토제에서 국가가 '제주(祭主)'로서의 역할을 담당한다는 점이 이전과 다른 점이었다. 각 발굴지 개토제에는 진실화해위원회 주요 간부와 같은 국가의 대리인이 참석하여 망자에게 초헌(初獻)을 올리고 부복(俯伏)하였다. 이것은 유족들에게 상당한 의미를 시사하는 것이었다. 비록 국가가 학살에 대해 공식적으로 사죄한 것은 아니지만, 최소한 망자의 유해에 가해 주체 대리인이 애도를 표했다는 것은 이들의 죽음이 '사회적'으로 복원될 수 있음을 의미하기 때문이다. 또한 많은 유족들은 개토제를 완전하지는 않지만 피학살자의 비정상적 죽음을 원상회복하고 망자에 대한 의례를 종결할 수 있는 과정으로 인식하였으며, 그 과정에 반드시 국가가 참여해야 한다는 점을 강조하였다.

3) 발굴의 과학화와 공식화

진실화해위원회 유해발굴에서는 소위 '장의사식' 발굴이 아닌 '과학적' 방식이 적용되어 진행되었다. 사실 2000년대 이후부터 강화된 '과학적 발굴 기법'의 활용은 단순히 발굴 기술의 현대화 혹은 학계의 참여라는 이유만으로 설명할 수 없는 부분들이 있다. 이러한 발굴 기법의 변화는 유해발굴이 유족이라는 '가족'의 틀을 벗어나 좀 더 '사회적' 범주에서 진행된 상호연관성의 결과이다. 2000년대 이후부터의 유해발굴은 유족들이 실행주체가 되어 진행된 것이 아니라 학계 및 시민사회단체의 주도하에 진행되었다. 이렇게 실행 주체의 범위가 넓어진 유해발굴은 자연히 '가족'이기보다는 '사회'라는 개념 하에서 진행될 수밖에 없었다. 즉 좀 더 인권이나 평화 담론을 가지기 위해 확대된 보편적 가치를 가져야만 했고, 그러기 위해서는 좀 더 '과학적'으로 보이는 유해의 발굴과 수습이 필요했다.

시민사회단체 및 전문가들로 구성된 발굴팀은 체질인류학과 고고학, 사회인류학자들이 결합하였으며, 이들은 유해와 유품을 찾기 위해 발굴 대상지의 층위를 구분하여 층서적 제토를 실시하였다. 그리고 지하에서 유해와 유품이 드러나면 학살 당시의 정황을 재구성하고자 원형 그대로의 모습을 유지하기 위해 노력하였으며, 이 상황은 모두 사진 및 영상기록으로 보존하였다. 또한 체질인류학자는 발굴 현장의 정황과 유해의 특성을 고찰하여, 희생자의 성별, 나이, 연령, 키와 사망원인 등을 분석하였다. 체질인류학적 조사는 발굴 현장에서도 이루어졌지만, 대부분의 작업은 유해를 실험실로 옮긴 후 진행되었다. 이와 동시에 인류학자들은 현장 발굴에 직접 참여하기도 하였지만, 목격자 및 인근 주민, 유족들과의 심층 인터뷰를 실시하여 정확한 매장지점과 학살 당시의 정황에 대한 광범위한 배경을 제공하였다.

이처럼 진실화해위원회의 국가주도 유해발굴은 고고학과 체질인류학, 사회인류학 등의 학문적 지식을 이용하여 조사의 신뢰도를 '과학적' 단계로 격상시키며, 이를 바탕으로 전체적인 발굴의 이미지를 '공식화'시켰다. 과거 유족이 주도가 되어 실시한 1960년 당시 유해발굴과 고양 금정굴 발굴(1995년 발굴), 제주 현의합장묘(2003년 발굴) 발굴, 산청 외공리 유해발굴(2000년 발굴) 등은 소위 '과학성'이 결여된 '과도기적 실험'으로 인식되기 시작했다. 실제 위의 발굴에서 유족들은 매장된 유해의 수습에만 몰두하여 현장보존에 실패함으로서, 학살 당시의 정황과 사망원인 분석 및 유해의 개체별 수습을 불가능하게 하였다. 특히 유해를 개체별로 수습하지 못함으로서 DNA검사를 통한 신원확인의 마지막 가능성을 현저하게 낮춰버렸다.

이와 같은 발굴 단계의 '과학화' 및 '공식화'는 발굴된 유해를 바라보는 새로운 시각을 제공하였다. 1960년도 유해발굴 당시 유족들은 발굴된 유해가 자신의 가족들이라 인식하였지만 사회적 '증거'나 '표상'으로 공감하지 않았다. 하지만 2000년 이후 유해발굴에서는 많은 발굴이 전문적 발굴팀의 주도하에 작업이 이루어짐으로써, 개인적인 연고를 주장하며 유해를 자의적으로 처리하는 것이 아니라 좀 더 개별적 지위에서 거리를 둔 '사회적 표상'으로서 인식하기 시작하였다. 특히 일부 유족들은 많은 발굴지에서 다소 엄격화된 발굴 과정에 직접 참여하여 발굴을 하였는데, 이 과정에서 유족들은 표준화된 절차와 기법을 통해 유해발굴을 실행하면서 감정적으로 '아버지의 뼈'가 아닌 '한 시대의 증거'로서의 유해를 접할 수 있게 되었고, 좀 더 객관적 측면에서 발굴을 바라보게 되었다.

제5장

사회적 기념으로의 전환

2018년 충남 아산시에서 실시된 유해발굴.
진실화해위원회 종료 이후 유해발굴은 시민사회단체와
자원봉사자에 의해 실시되고 있다.

1. 시민사회의 유해발굴

2017년, 대한민국 정권의 교체와 더불어 사회 속에서 잠시 사라졌던 '일종의 담론'들이 다시 고개를 들기 시작했다. 다름 아닌 '과거사 청산' 담론이다. 김대중과 노무현 정부 당시 '과거사 청산'은 중요한 국정지표로 설정되어 다양한 과거사 청산 위원회가 출범하게 되었으며, 실제 위원회들의 활동을 통해 여러 영역에서 큰 성과를 이룬 것이 사실이다. 하지만 2008년 이명박 정부의 출범 이후 과거사 청산은 '시대역행의 대명사'로 전락하여, 짧은 기간 동안 진행해오던 많은 여정들을 멈출 수밖에 없었다. 이렇듯 잠시 정지되어 있던 한국의 과거사 청산은 2017년 정권교체와 함께 다시 작동할 것 같은 분위기를 연출하고 있는 것이다.[1]

그러나 한국의 과거사 청산이 단지 '정권교체'라는 한 가지 표면적 이유만으로 다시 공식화될 수 있었던 것은 아니다. 비록 국가영역의 과거사 청산은 중지되었지만, 이 기간 동안 국가 이외 영역에서의 과거사 청산 활동은 꾸준히 진행되어온 것이 사실이다. 이들 활동의 주요 목표는 '국가차원의 진실규명'을 요구하는 슬로건 하에 다양한 그룹에 의해 진행되어 왔으며, 주로 국가기구에 의한 '역사정리'가 반드시 필요하다는데 초점을 맞추고 있었다. 이와 같은 과정은 소위 국가의 공권력이 부당하게 개인의 자유를 침해하거나 폭력을 가한 경우에는 반드시 국가가 이에 대해 잘못을 인정하고 재발하는 것을 방지하여야 한다는 원칙에 의거해 이루어진 것이다.

---

1) 문재인 정부는 대표적으로 '5.18민주화운동'에 있어서 헬기 발포 및 발포 책임자에 대한 문제를 공론화하고 있으며, 제주 4.3사건의 피해자에 대한 배·보상 문제도 활기를 띠고 있다.

이 장에서는 한국의 대표적 과거사 청산 기구였던 진실화해위원회가 2010년 활동을 종료한 이후, 시민사회단체들이 한국전쟁 전후 민간인 학살의 진실규명을 위하여 독자적으로 실시한 피학살자 유해발굴의 과정과 그 상징적 의미를 분석하고 있다. 2014년 다양한 시민사회단체들은 '한국전쟁기 민간인 학살 유해발굴 공동조사단'을 결성한 후 국가주도의 유해발굴이 정지된 상태 하에서 시민사회 차원의 발굴을 실시하며 민간인 학살 사건의 진실규명을 촉구하였다. 이러한 과정은 '기억투쟁'의 관점에서 과거사 청산이 역사 속에서 배제되었거나 비공식화되어 있던 기억들을 사회 내 주류역사로 재구성하는 것이라고 볼 때, '시민'영역의 기억투쟁이 국가의 공식적 기억에 어떻게 영향을 미치고 있으며, 또한 어떠한 상호연관성을 가지고 있는가에 대해 중요한 사례를 제공해주는 것이라할 수 있다. 승리자의 기억이 지배적인 기억이 되고 이것이 역사쓰기에 반영되는 것은 소위 말해 '기억의 정치'가 작동하기 때문이다 (허버트 허시, 강성현 역 2009: 341). 어떤 의미에서 본다면 과거사 청산의 많은 과정은 국가의 공식적 제도 혁신에 머물러 있는 것이 아니라, 그 하부구조에서 치열하게 대립하고 있는 '기억의 변형' 과정이라 할 수 있다.

하지만 대의적 측면에서 제기되는 위와 같은 시민사회단체의 유해발굴 의의는 지극히 '표준적'이어서, 시민사회단체의 독자적 유해발굴이 한국의 전체 과거사 청산에 어떠한 기능을 수행하는가에 대한 부분을 지나치게 일반화할 수 있다. 특히 유해발굴은 상당히 복잡한 상징성을 지니고 있기에, 공적 기구인 국가가 아닌 시민사회 영역에 의해 발굴되는 유해들이 유가족들과 사회, 그리고 과거사 청산 전체 영역에 어떠한 상징성을 부여하는가에 대해서는 좀 더 깊은 관찰과 분석이 필요하다. 그러므로 이 책에서는 시민사회단체의 유해발굴을 좀 더 미시적으로 관찰하면서, 발굴 과정이 피학살자유족회 등에 어떤 영향을 미쳤는지 분석해 보고자 한다. 그리고 현재까지 한국에서 시민사회단체를 중심으로 한 유해발굴이 2014년부터 매년 진행되어왔으나, 이에 대한 정보는 발굴단의 소규모 팜플렛으로만 공유되어 많은 사람들에게 알려지지 않았으므로 이를 공론화한다는 목적 또한 가지고 있다.[2]

2. 2014년부터 시민사회단체에 의한 유해발굴 경과 및 결과

2010년 진실화해위원회의 활동이 종료된 이후, 민간인 피학살자유족회 및 시민사회단체는 계속해서 미비한 한국전쟁 전후 민간인 학살 조사의 재개를 요구하였고, 특히 유해발굴이 실시되어야 함을 주장하였다. 하지만 진실화해위원회 해체 이후 과거사 청산 관련 사건의 후속처리를 담당하였던 '과거사관련업무지원단'(행정자치부 소속)은 실질적인 조사권한과 예산 등이 부재하다는 이유로 위와 관련한 후속처리에 대해 난색을 표하였다.

이러한 상황에서, 2014년 2월 18일, '한국전쟁유족회'와 '민주사회를위한변호사모임' 등의 단체들은[3] "보수정권이 수립됨에 따라

---

2) 필자는 2014년 제1차 발굴부터 4차 발굴까지의 모든 발굴에 참여하였으며, 이 당시 발굴팀을 구성하고 있던 시민사회단체 관계자들과 피학살자 유가족들과의 일상적인 조사를 실시하였다.

3) 당시 조사단에 참여한 단체들은 '한국전쟁전후민간인희생자전국유족회'와 '민주사회를위한변호사모임', '민족문제연구소', '민주화운동정신계승국민연대', '4.9 통일평화재단', '포럼진실과정의'이다. 하지만 단체의 구성은 매년 조금씩 바뀌고

중단되었던 한국전쟁기 민간인 학살 진상규명 사업을 재개하기 위한 사업의 일환으로 유해발굴"을 추진하기 위하여 '한국전쟁기 민간인 학살 유해발굴 공동조사단'(이하 공동조사단)을 구성하였다(한국전쟁기 민간인 학살 유해발굴 공동조사단 2014: 53). 이렇듯 공동조사단은 한국 역사에서 대규모 학살과 국가폭력의 진실을 유해발굴이라는 수단을 통해 규명하고자 결성된 최초의 모임으로서, 시민운동단체와 피학살자유족회, 그리고 유해발굴의 전문가 그룹이 결합된 형식으로 구성되어 있다.

공동조사단은 조직 구성의 목표를 설명하면서 '국가범죄에 대해 국가가 마땅히 책임져야 할 일을 하지 않음으로써 피해자와 유족들에게 범죄 상태를 지속시키고 (…) 이러한 범죄와 부정의한 상황을 만든 국가의 무책임에 대해 엄중한 경고와 개선을 촉구한다'(한국전쟁기 민간인 학살 유해발굴 공동조사단 2014: 54)는 의견을 개진하였다. 이것은 공동조사단의 목표가 중지된 국가주도 과거사 청산이 계속적으로 지속되어야 함에 있음을 확인한 것이다.

공동조사단은 먼저 민간인 피학살자 유해발굴의 필요성을 사회적으로 확산하기 위해서는 명확한 유해발굴 결과가 필요하다는 인식을 하고, 매장 여부의 특정성이 확실히 보장되는 몇 개의 후보 지역을 선정한 후 발굴을 실시하였다. 또한 발굴에는 시민사회단체의 회원을 비롯하여 고고학과 사회인류학, 체질인류학 전문가들이 참여하였으며, 참여를 원하는 피학살자의 유족들 역시 발굴에 동참

있으며, 2017년 발굴에서는 앞에서 언급한 단체 이외에 역사정의실천연대, 이내창기념사업회, 인권의학연구소·김근태기념치유센터, 인권재단사람, 장준하기념사업회, 제주4.3희생자유족회, 태평양전쟁피해자보상추진협의회, 평화디딤돌 등의 단체들이 추가되었다.

할 수 있었다. 공동조사단은 2014년부터 매년 유해매장추정지 1개소에 대한 발굴을 진행하였으며, 2017년까지 총 세 곳의 매장추정지에서 네 번의 발굴을 실시하였다. 각 지역에서 진행되었던 발굴의 결과는 다음과 같다.

1) 1차·4차 유해발굴: 경남 진주시 명석면 용산리(2014년, 2017년)

2014년과 2017년, 공동조사단은 진주시 명석면 용산고개 일대의 매장지 두 곳에서 최소개체수 기준 유해 66구와 다수의 유품을 발굴하였다. 공동조사단에 의해 발굴이 진행된 이곳은 진실화해위원회가 사건의 진실규명을 진행하는 과정에서 유해발굴이 실시된 곳이었다.[4] 2009년, 진실화해위원회는 전원위원회를 개최하여 '부산경남지역 형무소 재소자 희생사건'과 '진주 국민보도연맹 사건'에 대한 진실규명 결정을 내렸으며, 조사과정에서 밝혀진 희생자 명단을 공개하였다(진실화해위원회 2010a: 371-444 등 참조). 진실화해위원회의 유해발굴은 위 사건과 연관하여 2009년 실시되었으며, 진주시 문산읍 상문리 진성고개 일대(이하 진성고개) '아랫법륜골'과 '웃법륜골'에서 모두 111구의 피학살자 유해를 발굴하였다(진실화해위원회 2009b: 194-305). 하지만 2009년 진실화해위원회의 유해발굴

---

4) 진실화해위원회에서 수많은 한국전쟁 전후 민간인 학살 사건이 진실규명되었으나, 유해발굴을 실시한 후 규명된 사건은 약 10여 개에 불과한 것이 사실이다. 진주지역은 2009년 진주 국민보도연맹 사건과 진주형무소 학살 사건의 진실을 규명하기 위해 진주시 문산읍 상문리 등지에서 국가 차원의 유해발굴이 실시되었으며, 이보다 앞선 2003년 마산 진전면 여양리에서는 위 사건과 연관된 피학살자들의 유해가 경남대학교 박물관에 의해 발굴되기도 하였다.

은 진주지역의 모든 민간인 피학살매장추정지를 발굴한 것이 아니었다. 진실화해위원회는 증언으로 전해진 피학살매장추정지 중 네 곳 만을 발굴하였으며, 이 중에서 두 곳의 매장추정지에서만 111구의 유해를 발견할 수 있었다.[5] 이처럼 진실화해위원회의 유해발굴이 제한적인 곳에서만 실시되었던 이유는 여러 가지 원인이 존재하지만, 무엇보다도 예산과 조사 기간이 부족하였기 때문이었다. 이러한 이유로 인해 진주유족회는 진실화해위원회의 활동이 끝난 이후에도 진주지역에 존재하고 있는 다른 매장추정지에 대한 발굴을 계속적으로 요구해왔으며, 이러한 결실이 국가기구가 아닌 공동조사단에 의한 발굴로 맺어지게 된 것이었다. 2014년과 2017년, 유해발굴의 실행은 공동조사단에 의해 주도되었으나, 진주지역의 피학살자유족회와 시민사회단체들이 주변에서 보조 활동을 전개하였다. 2017년 현재 발굴된 유해는 안정적으로 안장할 장소를 찾지 못해 발굴지 주변에 마련된 컨테이너에 임시 보관 중이다.

2) 2차 유해발굴: 대전시 동구 낭월동(2015년)

공동조사단은 2015년 2월부터 일주일 동안 대전시 동구 낭월동에 위치한 '대전형무소재소자 학살사건' 매장지를 발굴하였다. 공동조사단이 발굴한 매장지는 소위 '제1매장지'[6]라 불리는 가장

---

5) 2009년 당시 나머지 두 곳의 매장추정지가 있었던 진주시 명석면 용산고개 일대에서는 유해를 확인하는 데 실패했다.

6) 2007년 진실화해위원회는 대전형무소학살사건 매장지를 모두 7개로 분류하였으며, 이 중 3, 4, 5, 7 매장지에 대한 발굴을 실시하였다(진실화해위원회 2007b: 157-190).

큰 규모의 집단학살 추정지로서, 이곳은 2007년 진실화해위원회가 발굴을 시도하였으나 토지소유주와의 협의가 이루어지지 않아 발굴이 성사되지 못한 곳이었다. 2015년 이곳에서 공동조사단은 유해 20구(최소개체수 기준)와 총탄류 등이 포함된 유품 32점을 발굴하였으며, 특히 제1매장지에서 대전형무소 학살 처형지의 전체적인 윤곽을 찾아내었다. 공동조사단이 발굴한 대전 형무소 집단 학살지는 민간인 피학살자 진상규명 운동에 있어서 상당한 상징성을 가지고 있는 곳이므로, 학살지의 원형이 대체적으로 어떻게 형성되어 있다는 윤곽을 찾았다는 것은 발굴 작업에 있어서 상당한 성과라 할 수 있다. 하지만 계속적으로 유해가 발굴됨에도 불구하고, 발굴은 일주일간 진행된 후 향후 국가차원의 본격적 조사를 촉구하는 선에서 마무리되었다. 발굴에는 공동조사단뿐만 아니라 19개 대전지역 시민사회단체로 구성된 '한국전쟁기대전산내민간인 학살유해발굴 공동대책위원회'가 참여하였다. 2017년 현재 발굴된 유해는 발굴지에 마련된 컨테이너에 보관 중이다.

3) 3차 유해발굴: 충남 홍성군 광천읍 담산리(2016년)

3차 유해발굴은 2016년 2월 25일부터 약 2주일간 충남 홍성군 광천읍에 위치한 폐광에서 진행되었으며, 발굴결과 최소개체수 기준 21구의 유해와 M1소총 탄두를 비롯한 30여 점의 유품을 발굴하였다. 이곳에서 발굴된 유해는 '충남지역 부역혐의 민간인희생사건'과 '충남서부지역 국민보도연맹사건'과 연관성을 가지고 있다. 특히 이 발굴은 일주일간의 발굴 이외 6일간의 추가 발굴이 이어졌는데, 이때 홍성군청이 추가 유해발굴 비용을 지원하였고, 모든 발굴이 끝난 이후에는 유해를 인근 지역에 영구 안장하였다는 특징을 가지고 있다. 충남 홍성군 지역에서는 이 발굴을 위해 '한국전쟁기 민간인 학살 유해발굴 홍성대책위원회'라는 시민사회단체 연합체를 건립하여 발굴을 도왔으며, 여기에는 홍성지역의 민간인 피학살 자유족회가 포함되어 있다.

4) 5차 유해발굴: 충남 아산시(2018년)

공동조사단의 5차 유해발굴은 충남 아산시 배방읍 설화산 인근 폐금광에서 실시되었다. 이 유해발굴은 진실화해위원회 사건 중 '아산 부역혐의 희생사건'[7]과 연관되어 있으며, 1951년 1월 6일, 1.4 후퇴 시기에 온양경찰과 향토방위대가 온양읍과 아산군 일대의 좌익관련자와 그 가족, 부역혐의자 200~300명을 배방면 방앗간에 감금하였다가 인근 폐광산으로 끌고 가 전원 총살한 사건이다. 이 사건은 전형적인 한국전쟁기 부역혐의 민간인 학살로서, 대부분의 피해자들이 사건과 직접적 연관성을 가지지 않은 여성과 어린이들이었다. 희생자들의 대부분은 인민군이 퇴각한 이후 북한군에게 부역한 이의 가족이라는 이유만으로 학살당한 것으로 보인다. 발굴에서도 이러한 상황은 적나라하게 드러났다. 유해 감식 결과 최소개체수 기준 208명의 희생자가 확인되었고, 이 가운데 남자 성인이 19명, 여자 성인이 68명, 12세 이하 어린이가 41명이었다(한국전쟁기민간인 학살유해발굴공동조사단 2018: 65-68).[8] 한국의 민간인 학살 유해

---

7) 2009년 5월 11일 진실화해위원회 전원위원회에서 진실규명 결정되었다.
8) 최종 감식 결과, 남녀 미상 16명의 성인이 포함되어 있었다. 또한 희생자 가운데 여성 성인의 경우, 41명이 18~24세 사이의 젊은 연령이었으며, 어린이의 경우에

발굴 결과 이처럼 여성과 어린이가 많이 분포하고 있었던 경우는
없었다. 또한 유해와 함께 출토된 각종 유품은 학살 당시의 참혹함
을 더욱 실감케 했다. 피학살자 중 많은 이들이 여성과 어린이였기
에 유품으로는 비녀 89개, 가락지 및 반지 23개, 구슬 1개, 어린이
신발 2개 등 총 551점이 발굴되었다.

유해발굴은 한 차례의 시굴조사를 거친 후 2018년 2월 20일부
터 4월 1일까지 실시되었고, 발굴의 재정적 부분은 아산시가 부담
하였다. 이처럼 지방자치단체에 의해 유해발굴이 실시된 것은 상당
히 드문 경우인데, 여기에도 아산유족회와 공동조사단의 끈질긴 요
청이 큰 효력을 발휘하였다. 감식 과정에서 일부 유해는 연고자를
찾기 위한 유전자 감식을 실시하였으나 매칭이 이루어진 케이스는
없었다. 최종 감식이 끝난 후 공동조사단은 아산시 공설 봉안당에
서 안치식을 거행하였는데, 여기에는 아산유족회 회원과 한국전쟁
전국유족회 회원, 그리고 아산지역 시민사회단체 회원들이 참석하
였다. 안치식이 마무리와 함께 유해는 경찰차의 인도 하에 5대의 리
무진에 나뉘어 세종특별자치시 소재 '한국전쟁 민간인 희생자 추모
관'에 임시 안치되었다(한국전쟁기민간인 학살유해발굴공동조사단 2018:
65-68).

5) 경남지역 유해매장지 현황조사(2012년)

직접적인 유해발굴이 실시된 것은 아니었지만, 지방자치단체

도 1~3세가 3명, 3~6세 6명, 6~9세 23명, 9~12세가 9명이었다(한국전쟁기민간
인 학살유해발굴공동조사단 2018: 65-68).

와 학계, 시민사회단체가 공동으로 한국전쟁기 민간인 학살 유해
매장지 현황조사를 실시하기도 하였다. 경남대학교 박물관과 마
산 YMCA가 공동으로 기획하고 경상남도가 이를 후원하는 방식으
로 '한국전쟁 전후 민간인 집단희생사건 유해매장 현황조사 용역'
이 2011년 9월 9일부터 2012년 5월 18일까지 진행되었다. 이 조사
에서는 경상남도 18개 시군 전체에 산재한 한국전쟁기 민간인 학
살 유해매장추정지를 조사하였으며, 증언조사와 고고학적 지표조
사가 결합된 방식이었다. 이 작업은 중앙정부 차원에서 기획되지는
않았으나 지방자치단체와 학계가 소위 '과거사 청산의 암흑기'였던
2012년에 실행했다는 점에서 의의가 있다. 현황조사 결과 경상남도
전역에서는 진실화해위원회 조사 등을 통해 알려져 있던 매장지보
다 33개 많은 매장지가 새롭게 수집되었으며, 총 69개소에서 유해
발굴의 필요성이 확인되었다(경남대학교박물관 2012: 332). 이 결과는
현재까지도 남한 전역에 상당히 많은 유해매장지가 존재하고 있고,
이에 대한 현황조사가 지방자치단체별로 필요함을 말한다.

번호	시군	기초조사 건수	현장조사 건수	매장지 확인	발굴가능 지역	비고
1	창원시	23	15	13	9	신규추가6
2	진주시	18	13	13	11	신규추가2
3	통영시	4	3	3	2	신규추가1
4	사천시	19	2	2	0	
5	김해시	7	5	5	4	신규추가1
6	밀양시	12	10	6	3	신규추가3
7	거제시	20	13	12	1	

8	양산시	9	3	3(부산1)	0	
9	의령군	9	3	3	3	신규추가1
10	함안군	16	3	3	3	신규추가1
11	창녕군	4	2	2	2	
12	고성군	8	6	5	3	신규추가2
13	남해군	2	2	1	0	
14	하동군	4	9	7(광양4)	5	신규추가5
15	산청군	38	27	19	9	신규추가3
16	함양군	84	20	19	8	신규추가2
17	거창군	15	10	7	1	신규추가6
18	합천군	17	12	11	5	
합계		309	158	134	69	신규추가 33

표12. 경상남도 유해매장지 집계(경남대학교 박물관 2012: 332)

위에서 살펴본 공동조사단의 발굴 경과는 이전 시기 행해졌던 유족회 혹은 진실화해위원회 중심의 발굴과 비교해 몇 가지 변화된 특징을 가지는데, 그 특징은 다음과 같다. 첫째, 이전 시기 발굴의 주요 주체가 피학살자의 가족 혹은 국가기관에 의한 것이었다면, 이 발굴의 행위주체는 명확히 시민사회단체가 주도하고 있다는 것이다. 2000년대 초반 '민간인 학살 진상규명을 위한 특별법' 제정을 위해 시민사회단체가 적극적으로 활동을 펼친 바는 있으나, 유해발굴만을 위해 시민사회단체의 역량이 집중된 것은 2014년이 처음이었다.

두 번째 특징은 시민사회단체 유해발굴의 운동적 특성이다.

2007년부터 2009년까지 진실화해위원회에 의해 추진된 유해발굴은 언급한 바와 같이 유해매장지의 사건을 진실규명하기 위한 보조적 역할을 수행하였다. 하지만 국가적인 발굴이다 보니 모든 행위를 하는 데 있어서 법적인 측면을 고려하지 않을 수 없었다. 예를 들어 발굴을 추진하기 전에 해당 발굴행위가 기존 국가법률들('문화재보호법'과 '장사등에관한법률', '국토의계획및이용에관한법률')과 충돌하는가를 항시 염두에 두면서 계획을 수립해야 했다. 이 과정은 유해발굴을 수행하는 데 상당한 장애가 될 수도 있었지만, 한편으로는 민간인 피학살자 유해발굴이 국가의 제도 속에서 정상적으로 운영되고 있음을 보여주는 한 단면으로 보여지기도 했다. 즉 앞선 언급했던 '발굴의 공식화' 과정의 일환이었던 것이다. 하지만 2014년부터 실시된 시민사회단체의 유해발굴은 토지소유주와의 합의 이외에 공식적으로 각종 법률과의 연관성은 없었다. 이것은 피학살자 유해발굴이 잠시 국가체계의 영역으로 포함되었다 독자적인 영역으로 돌아선 것을 의미한다. 결국 시민사회단체의 유해발굴은 2010년을 기점으로 마무리된 한국의 포괄적 과거사 청산을 새롭게 시도하기 위한 사회운동의 성격을 강하게 가졌다고 볼 수 있다. 시민사회는 과거사 청산의 담론을 부흥하기 위해 유해의 상징성을 앞세웠으며, 여기에는 한국전쟁기 민간인 학살 문제를 포함한 권위주의 통치 시기 국가폭력에 대한 포괄적인 영역이 포함되어 있었다.

마지막으로 공동조사단 유해발굴의 특징은 위 두 가지 특징을 포함한 발굴 전체의 본질적 의미와 연관이 있다. 애당초 공동조사단은 발굴을 진행함에 있어서 모든 유해를 완전히 발굴하는 것에 목표를 두지 않았다. 예를 들어 대전 유해발굴의 경우, 공동조사단은 발굴이 마무리될 무렵 더 많은 유해가 나올 수 있는 학살지의 윤곽선을 찾았음에도 불구하고, 더 이상 발굴을 진행하지 않고 작업을 마무리하였다. 이러한 원인에는 공동조사단의 재정 및 인력가동의 요소 등이 영향을 미쳤지만, 더 본질적인 것은 공동조사단의 발굴 목표가 유해의 발굴 및 안장에 있는 것이 아니라, 자신들의 행위가 사회적인 담론으로 전환되어 더 큰 효과를 가져오게 하는 데 있었기 때문이다. 이것은 국가영역에서의 과거사 청산이 부재할 때 시민사회가 국가영역을 과거사 청산 과정에 끌어오기 위한 과정으로 해석할 수 있으며, 이른바 '비공식적 기억'을 국가의 새로운 '역사재구성'으로 견인하기 위한 활동이 시민사회 영역에서 꾸준히 진행되었음을 말하는 것이다.

3. 사회적 기념으로의 유해발굴 인식

과거사 청산에 대한 논의는 많은 학문 분야에서 다양하게 이루어지고 있다. 가장 논의가 많이 진행된 곳은 정치학과 사회학 등의 분야라고 할 수 있다. 특히 유럽을 중심으로 한 서구의 정치학 분야에서는 제2차 세계대전 기간 도중 발생하였던 홀로코스트와 같은 제노사이드, 국가폭력에 의한 인권유린 등의 문제를 중심으로 특정한 시기의 폭력적 상황이 종료되었을 때, 이후의 시대가 앞선 시대의 부정의를 어떻게 정리하는가의 문제를 '이행기정의(Transitional Justice)'라는 용어로 설명하고 있다. 이때 과거사 청산의 의미는 상당히 정치적이고 제도 개선적인 프로세스로 구성되며, 특히 목표를 달성하기 위해서 '국가 혹은 공공영역'의 주도적인 노력이 필요하다는 것이 일반적이다. 전 세계적으로 많은 국가들은 이미 '특별법정(special court)' 혹은 '진실위원회(truth commission)' 등의 형식을 이용해 일국가나 범국가적인 과거사 청산을 시도한 바 있으며, 이에 대한 구체적인 논의는 상당히 많은 학문영역에서 다루어진 바 있다 (Roht-Arriaza, Naomi and Mariezcurrena, Javier, 2006 등).

국가영역에서 제도 등을 개선한다는 관점에서 바라볼 때 과거사 청산의 주요한 이행 포인트는 '진실규명'과 '가해자 처벌', '피해자 배·보상', '사건의 재발방지를 위한 기념 화해사업' 등으로 구성된다. '국가 혹은 공공영역'은 과거 구체제 하에서 발생하였던 많은 부조리를 청산하는 과정에서 가해자에 대한 법적 처벌과 피해자에 대한 배·보상을 실시하고, 다시는 이러한 사건이 재발되는 것을 방지하기 위해 기념사업 등을 배치한다. 물론 이러한 과정의 모든 기반에는 과거 어떠한 사건들이 발생했는가에 대한 진실규명이 선결조건이어야 한다.

하지만 많은 경우 위와 같은 과거사 청산의 주요 포인트는 달성되지 못하거나 생략되는 경우가 많다. 특히 과거사 청산을 실행하는 과정에서 가해자 처벌과 피해자에 대한 배·보상 등을 실현하는 것은 각 지역의 정치사회적 상황에 따라 상당히 어려운 것이 사실이다. 과거사 청산은 그 과정에서 수많은 제도와 사회구조를 정치적으로 변화시킴으로써, 가해자에 대한 처벌과 피해자의 지위를 '원상회복'할 수 있다. 하지만 대개의 과거사 청산 프로세스는 기존 사회구조 내에 잔존하고 있는 구체제의 '저항'으로 인해 그 목표를 외형적으로 달성하는 것이 쉬운 것은 아니다. 예를 들어, 전 세계에서 가장 많은 진실위원회가 존재하였던 라틴아메리카에서 여러 국가들이 냉전 기간 동안 발생하였던 많은 국가폭력의 결과들을 청산하지 못하고 있는 이유는 현재까지도 과거사 청산 정국에서 '사면법' 등을 이용해 주요 가해자에 대한 처벌을 달성하지 못하게 하는 등의 구체제의 '저항'이 진행되고 있기 때문이다(Skaar, Elin., García-Godos, Jemima., Collins, Cath 2016).

한국의 과거사 청산 과정도 위의 경우와 비교해 크게 다르지 않다. 한국은 2005년부터 2010년까지 의욕적으로 포괄적 과거사 청산을 실시하였지만 일부 소수사건에 대한 진실규명 이외 다른 프로세스를 전혀 진행하지 못한 것이 사실이다. 이것은 한국의 과거사 청산 기간이 충분하지 않았다는 데에 기인한 것이 아니라, 소위 과거사 청산 과정의 본질적인 어려움에서 설명할 수 있다.

하지만 과거사 청산은 반드시 국가제도의 개선과 가해자 처벌 등의 '국가영역'에서만 작동하는 것은 아니다. 오히려 과거사 청산을 위한 본격적인 연구는 국가영역의 '이행(transition)'을 본격적으로 추동하고 있는 것은 어느 영역에서 이루어지고 있으며, 그 영역은 어떠한 과정과 절차를 거쳐 자신들의 '기억들'을 재조합하고 있는가에 관심을 가지고 있다. 이것은 곧 가해자 처벌과 피해자 배·보상 등 국가영역의 사법절차를 통해 실행되는 과거사 청산과는 달리 유족 혹은 시민사회와 같은 하부영역에서 창출되는 역동성이 과거사 청산의 이미지를 만들어내고 있으며, 또한 이렇게 만들어진 시민사회 영역의 과거사 청산은 국가영역의 그것과 비교하여 어떤 특징을 가지고 있는가에 대한 분석을 말한다. 위 문제는 상당히 넓은 범위에서 분석될 수 있으나, 이 책에서는 유족들이 유해발굴이라는 요소와 연관되어 피학살자의 죽음을 어떠한 경로를 통해 '사회적 문제'로 인지하는가에 국한해서 살펴보고자 한다.

사실 한국 사회에서 한국전쟁 전후 민간인 학살 문제는 단순히 잔혹한 학살 행위 혹은 피해자의 아픔 등으로만 설명할 수 없는 복잡한 구조를 가지고 있다. 이 사건은 피학살자 가족에게 씻을 수 없는 아픔을 주었지만, 그 아픔의 원인은 '학살 행위'에 있기보다는 '사회의 구조'에 근거하고 있다. 많은 피학살 희생자들은 예외적이고 특수한 상황에서 억울하게 희생되었기보다는 '반공주의'의 잣대 속에서 국가에 의해 체계적으로 학살되었고, 이후 조직적인 은폐과정을 겪었다. 그리고 그 피해자들의 가족들은 수십 년간 연좌제의 고통 속에서 숨죽여 살아야 하였고, 이들이 겪은 고통은 한국이라는 국가와 사회가 피지배자들을 어떻게 취급하여왔는지를 보여주는 하나의 현미경이라고 할 수 있다(김동춘 2013: 6).

하지만 한국 민간인 피학살자 유해발굴의 전체적 역사에서도 언급하였듯이, 유족들은 위와 같은 사회구조적이고 체계적인 국가폭력들을 너무나 '개인적인 아픔'으로 여기며 극복하고자 하였다. 이러한 현상은 1960년 4.19 이후 유족회에 의해 실시되었던 발굴에서 확인할 수 있는데, 유족들은 당시 발굴된 유해를 별다른 사회적 담론화 과정 없이 서둘러 재매장하고자 하였다. 물론 1960년대 4.19 이후 민간인 학살의 진상규명에 대한 많은 사회적 공론화와 진상규명 요구가 있었다고 하지만, 이러한 요구들은 대부분 '신원회복'[9]에 집중되어 있었으며, 무자비한 국가폭력의 과오를 비판하면서 '자명'하다고 여겨지는 인간의 인권과 권리가 어떤 경우에도 짓밟혀서는 안된다는 '사회적 기념' 과정이 생략된 것이었다. 이때 사회적 기념이라 함은 이전 시기 발생하였던 국가폭력의 과오를 후대에 다시금 발생하지 않도록 하는 일종의 '기념과 위령(commemoration and consolation)'의 과정이라 할 수 있는데, 대개는 국

---

9) 이 시기 유족들의 주요 신원회복 목표는 '빨갱이'라는 누명을 쓰고 희생된 많은 피학살자들을 '정상적인 위치'로 환원하는 것을 의미한다. 이때 정상적인 위치는 '빨갱이'가 아닌 '양민'이었다.

가폭력에 의한 죽음을 개인적인 영역에 국한하지 않고 좀 더 사회적으로 확장하여 역사의 '본보기'가 되게 하는 데 그 목표를 가지고 있다. 그렇다면 여기서 생기는 의문점은 언제부터 혹은 어떻게 피학살자 유족들에게 자명하다고 여겨지는 사회적 의례에 대한 인식이 생겨나게 되었을까라는 점이다.

린헌트는 자신의 저서 『인권의 발명(Inventing Human Rights)』에서, '인권'이라는 담론이 18세기 미국과 유럽 사회에서 어떻게 '자명한 논리'로 부상하게 되었는가를 설명하고 있다(Hunt, Lynn 2007 참조). 사실 18세기 미국의 '독립선언문'과 프랑스 대혁명의 '인간과 시민의 권리 선언' 등은 인권의 역사에서 중요한 부분을 차지하고 있지만, 이러한 선언들이 그 당시 사회에서 어떻게 자명한 논리로 인식되었는가에 대한 것은 반드시 설명이 필요한 부분이다. 누군가에게 인권은 인간이 가지고 있는 자연권적인 권리라고 생각할 수 있지만, 역사적으로 본다면 이것은 분명히 '발명'된 한 시기의 담론이기 때문이다. 린헌트는 18세기 서구 사회에서 '인권의 발명'이 이루어지게 된 계기를 찾기 위해 당시 민중들 사이에서 유행했던 '서한소설'의 경향을 분석하고, '고문의 폐지' 과정, '선언문'의 논리 형식 등을 분석하였다(Hunt, Lynn 2007 참조). 그는 분석을 통해, 인간의 권리에 대한 자명함은 당시 민중들 사이의 일상사 속에서 꾸준히 발견되고 있으며, 이와 같은 분위기가 '인간과 시민의 권리 선언'과 같은 표제를 만들 수 있었다고 말한다.

위와 같은 논리에서 볼 때, 우리에게 던져진 의문점은 인권의 개념이 민중들 사이에서 자연스럽게 발생하였듯이, 어떠한 상황에서 한국전쟁 전후 민간인 피학살자 유족들은 자신들의 고통이 '사회적인 구조'와 연결된 것이며, 이를 해결하기 위해서는 개인적 추넘이 아니라 사회적 기념이 필요하다는 것을 깨달았느냐 하는 것이다. 사실 한국전쟁 전후 민간인 학살 문제가 사회적인 구조와 연결되지 않은 채 개별적 아픔의 차원에서 머문다면, 한국의 과거사 청산은 커다란 맥락 없이 진행될 수밖에 없다. 즉 많은 유족들이 개인적 차원에서 '자신의 아버지'가 '빨갱이'가 아니었음에도 불구하고 학살되었다는 점을 강조하고, 그리하여 '빨갱이'로부터 탈출하는 것이 목표가 된다면, 이것은 단지 민간인 학살을 발생시킨 '반공주의'를 더욱 강화하고 사회의 근원적 구조를 변경할 수 없다는 것을 의미한다. 필자는 이러한 각성이나 인식의 변화가 거대한 담론 속에 존재하는 것이 아니라 일상적 생활이나 특수한 행동을 통해 각인될 수 있다고 본다. 특히 시민사회단체에 의해 실시된 유해발굴은 이 과정을 조사하는 데 상당히 유용한 시간이었으므로 이에 대해 설명하고자 한다.

공동조사단을 구성하는 데 외형적 공헌을 한 것은 시민사회단체의 노력이었으나, 무엇보다도 피학살자유족회의 의지가 가장 중요한 역할을 담당하였다. 과거사 청산 과정에서 유족들은 무엇보다 피학살자들의 유해를 발굴하고 싶어 한다. 이것은 죽은 자를 위한 산 자의 의무이기도 하며, 작게는 유족 개개인의 과거사 청산의 목적이기도 하다. 하지만 이 목표를 달성하기 위한 필수적인 항목은 발굴 후 신원확인이 가능해야 한다는 것이다. 발굴된 유해의 특성은 대체적으로 개별적 특성을 지니고 있지 않기에 DNA 검사와 같은 특수한 절차를 거치거나, 유해 주위에서 신원확인에 결정적인 유품 등이 발굴되어야 한다. 하지만 한국전쟁 전후 민간인 피학살자 유해발굴의 경우, 실제 유해발굴을 통해 신원을 확인하는 것은 상당히 어려운 것이 현실이다. 여기에는 다양한 이유들이 존재하고 있는데, 간략히 요약해보면 다음과 같다.

먼저, 첫 번째 이유는 추정 희생자 규모와 발굴된 유해 규모의 부조화로서, 이것은 현재까지 유해발굴이 활발히 이루어지지 않았기에 발생하는 문제이다. 공동조사단에 참여한 '한국전쟁전후민간인희생자진주유족회'(이하 진주유족회)는 2009년 '진주 국민보도연맹사건'과 '부산경남지역 형무소재소자 희생사건'의 진실규명 결정이 이루어진 후, 총 146명의 희생자 명단이 확인되었다.[10] 하지만 확인된 희생자 146명은 전체 진주 국민보도연맹 사건 추정 희생자 400여 명(진실화해위원회 2010a: 371)과 진주형무소 재소자 희생사건 추정 인원 1,200여 명(진실화해위원회 2009b: 328)에 비교하면 극히 일부분에 그치는 규모라 할 수 있다.[11] 이와 같은 상황은 타발굴지역 유족회에도 동일하게 적용할 수 있는 사안이다. '대전형무소재소자 희생사건'의 추정 희생규모는 약 3,000명에서 7,000여 명에 이르는데 비해, 진실화해위원회에서 결정된 희생자 수는 100여 명에 불과하며, 2007년 실시된 진실화해위원회 주도 유해발굴에서는 총 34구의 유해만을 발굴하였다. 이처럼 전체 희생자 수와 발굴된 유해의 수가 차이가 나는 것은 전체 피학살 매장지 중 극히 일부만이 발굴되었다는 것이 주요 원인이다. 예를 들어 진주지역의 경우 학살 매장지는 진주 전체지역을 아우르는 약 10여 곳에 이르지만, 이 중 발굴이 진행된 곳은 4개소에 불과하다. 결국 공동조사단에 의해 발굴

---

10) 희생자 중 진주지역 국민보도연맹 사건에 의한 진실규명 인원은 77명이며, 69명은 진주형무소재소자 사건에 의해 결정된 인원이다.

11) 이에 진주유족회는 사건의 총체적 진실을 규명하기 위해서는 추가조사가 반드시 필요하며, 또한 이와 더불어 2009년 111구 발굴에 그친 유해발굴도 계속적으로 이어져야 한다고 주장하였다.

된 유해 중 자신의 가족이 포함되어 있을 확률은 상당히 낮은 편인 것이다. 이러한 사정은 대전과 홍성지역에도 동일하게 적용될 수 있다.

이와 더불어 또 다른 문제점은 대부분의 한국전쟁 전후 민간인 피학살자 유족들은 자신들의 가족이 어느 위치에서 정확히 학살되었는지를 알고 있는 경우가 드물다는 점이다. 이것은 경찰과 군인 등 가해자들이 민간인 학살과 관련한 특징적인 서류를 거의 남기지 않았기에 정확한 학살지를 특정하는 것이 어렵고, 이에 유족들 대부분이 '소문'에 의해 알게 된 정보를 이용해 '유력' 학살지에서의 학살을 추정하고 있기 때문이다. 이러한 이유로 인해 한국전쟁 전후 민간인 피학살자유족회의 많은 수는 '꽤 잘 알려진' 주요 학살지를 중심으로 유족회가 결성되는 경향이 있다. 이 경우 대부분의 유족들은 자신들의 가족이 '추정되는 매장지'에서 학살되었을 것이라는 깊은 심증을 가지고 있을 뿐이며, 이와 같은 심증을 중심으로 유족회 조직을 운영하고 있다. 이러한 상황에서 신원확인을 반드시 해야 한다면, 특정 매장지에서 발굴된 모든 유해와 모든 유족의 DNA 샘플을 채취해 조사해야 하는 번거로움이 발생하며, 이 경우 현실적으로 상당한 예산이 소요될 수밖에 없다. 상황이 이러하다 보니, 2017년 현재까지 한국전쟁 전후 민간인 피학살자 유해발굴 중 유전자 검사나 유품의 검증 등을 통해 신원이 확인된 경우는 단 한 건도 없는 상황이다.[12]

---

12) 이 경우 제주 4.3사건 관련 유해발굴은 약 10여 구에 대한 신원확인 절차를 완료한 바 있으므로, 예외적인 경우로 둔다.

위에서 열거한 요소들은 유해발굴을 통한 개별 신원확인의 어려움을 지적한 것이며, 이로 인해 자연스럽게 유족들은 개인적으로 유해를 수습하기보다는 발굴된 모든 유해를 유족회 전체에서 공동으로 '모시는' 경향을 따르고 있다. 이것은 어차피 개별적으로 가족의 유해를 찾는 것이 불가능하므로, 발굴되는 모든 유해를 자신의 부모나 형제로 간주하여 합동으로 위령하는 방식이다.[13] 이러한 유족회의 위령 방식은 다소 수동적인 요소가 포함되어 있긴 하지만, 1960년 4.19 이후 초기 유해발굴의 상황과 비교해 볼 때 상당히 변모한 의례 구조를 보이고 있다. 즉 개별 장례에 초점을 맞춘 의례가 아닌 집단 봉안을 위한 방식으로의 전환이며, 이 방식은 희생자에 대한 위령을 '개별 장례식'이 아닌 사회적 기념을 위한 의례로 변모하게 하는 기초로 작용하고 있다. 이러한 위령 방식의 전환은 유족들에게 가장 기초적으로, 발굴된 유해의 상징성이 '개인적'이고 '가족적'인 것이 아니라 '사회적 이슈와 담론'을 포함해야 한다는 인식을 가지게 한다. 유족들은 초보적이지만 발굴된 모든 유해의 상징성이 개별적이지 않으며, 사회적인 견지에서 인식되어야 한다는 개념을 얻게 된 것이다.

하지만 위와 같은 수동적 요소들만이 유족들의 위령방식을 '사회적'으로 전환시킨 것은 아니다. 시민사회단체에 의한 유해발굴의 과정에는 유족들의 능동적인 참여가 적극적으로 보장되어 있었다. 발굴에 참여한 유족들은 '이장(移葬)'을 하듯이 유해를 발굴하는 것이 아니라 철저하게 고고학적이고 법의학적인 절차에 의한 유해발

---

13) 이 부분에 대해 진주유족회장 강병현은 "현실적으로 개별 신원을 확인하는 것이 어려운 상황이기에 위와 같은 방식을 추구하는 것이지, 모든 유족들의 마음에는 자신들의 부모 유해를 매장하고자 하는 욕구가 있다"라고 증언하고 있다.

대구 10월항쟁 유족회 회원들은 해마다 명절 및 기념일이 오면 대구 가창댐 인근
에서 희생자를 위한 제례를 지내고 있다. 1950년 7월, 수많은 대구형무소 재소자
및 국민보도연맹원들이 대구 가창골 인근에서 학살되었으나, 이후 가창댐 공사가
진행되어 현재 유해매장지는 찾을 수 없게 되었다. 유족들은 시신을 찾지 못하는
안타까움을 가창댐의 물을 보며 달래고 있다.(사진출처 다음카페, 10월항쟁 민간
인 희생자유족회)

굴을 경험하게 된다. 소위 '과학적 발굴'은 유해발굴의 방법을 현저
하게 '과학적'으로 만든 것이 아니라, 여기에 동참해 있는 피학살자
유족들의 인식을 과학적으로 만들게 한 요소가 되었다. 이 경험은
유족들에게 상당히 중요한 시사점을 던져주고 있는데, 그것은 유해
가 단순한 추념의 대상이 아니라, 현재까지 진행되고 있는 과거사
청산의 상징으로서, 항시 '과학적인 증거물' 혹은 '사회적 유산'으로
다루어져야 한다는 점을 상기시킨다.

　　이와 더불어 시민사회단체에 의해 조직되는 발굴 일정과 일반
발굴참여자와의 공동 작업 등은 유족들로 하여금 유해발굴의 목적
이 죽어간 피학살자들의 '시신'을 찾는 것이 아니라 한 시대의 기억

을 재구성해 현재에 투영하는 과정이라는 것을 어렴풋이나마 각인시키는 계기가 되었다. 특히 앞부분에서도 언급한 바 있지만, 2014년 이후 시민사회단체의 유해발굴은 발굴 기한이 철저하게 일주일로 제한되어 있었다. 물론 이러한 조치를 하게 된 것에는 재정과 인력 가용에 있어서의 효율성을 추구한 측면이 있지만, 계속해서 드러나는 유해를 확인하고도 다시 발굴지를 덮는 장면은 유족들에게 새로운 인식을 가져다주었는데, 그것은 현 상황에서 자신들의 손으로 깨끗하게 유해를 수습하는 것이 과연 민간인 학살 사건의 진실규명과 이후 연속되는 과정에 얼마나 이득을 가져다 줄 것인가에 대한 측면이다. 시민사회단체 회원들은 지속적으로 유족들에게 발굴의 기한이 제한된 궁극적인 이유를 설명했으며, 그 이유는 다름 아닌 국가폭력의 피해자들이 국가의례를 통해 본격적으로 수습되어야 한다는 것이었다.

이러한 연속된 공동작업을 통해 피학살자 유족들은 민간인 학살 진실규명의 문제가 유족과 국가의 문제가 아니라 사회 전체가 참여하는 사회적 문제임을 깨닫게 되고, 발굴된 유해를 좀 더 사회적인 시각에서 바라보는 인식을 시작하게 된 것이다.

제6장

위계화된 죽음과
사회적 기념의 국가주의화

유해발굴이 본격적으로 실시되기 전
경산코발트광산 제2수평갱도의 모습

지금까지 본 연구에서는 한국의 민간인 피학살자 유해발굴의 전반적 역사와 시기별 특징에 대하여 설명하였다. 대개 과거사 청산에 대한 연구는 국가 수준 단위에서 '청산의 노력'이 어떻게 이행되고 있는가에 초점이 맞추어져 있는데, 이 책에서는 주로 하부 영역인 시민사회단체와 유족들의 관점에서 연구를 진행하였다. 사실 이 과정에 대한 조사는 질문이나 명확한 의견 교환으로 달성한 것이 아니었으며, 상당히 오랜 기간 동안 유족 및 발굴팀들과 일상을 함께하면서 얻어낸 민족지적 연구(etnographic research)라 할 수 있다. 조사과정에서 피학살자 유족들은 시민사회단체와의 일상적인 협업과 유해발굴 경험을 통해 점차적으로 인식의 틀이 넓어지는 것을 확인할 수 있었다. 또한 시민사회단체의 활동도 마찬가지로 국가 영역의 범주와는 다르게, 자체적인 활동 속에서 담론을 생산하고 이를 통해 역사재구성의 흐름을 주도하는 측면이 있었다. 하지만 이 연구에서는 사회적 기념을 어떠한 방식으로 인식하는가의 문제를 중심으로 다루다 보니, 과거사 청산에서 시민사회단체의 본질적인 역할과 역동성에 대해 충분히 설명하지 못한 부분이 존재한다. 이 부분은 향후 연구를 통해 보완되어야 할 지점이라 생각한다.

1. 사회적 기념의 현실

필자는 과거사 청산의 사회적 기념 방향이 향후 어떻게 진행되는 것인가를 지속적으로 분석해야 한다고 본다. 현실적인 측면에서 볼 때, 과거사 청산에서 유해발굴에 대한 사회적 기념의 형성은 어떤 방식으로 유해를 안치하고, 어떻게 이것을 기념하는가의 문제로 귀결될 수 있다. 현재 한국전쟁 전후 민간인 학살 관련 발굴 유해는 모두 임시 안치 상태에 놓여 있다. 2007년부터 2009년까지 진실화해위원회에 의해 발굴된 유해 1,617구는 2016년까지 충북대학교에 임시 안치되어 있었으나, 2016년 9월 충북대 임시안치시설의 기한이 만기 됨에 따라 유해는 세종시에 설치된 '한국전쟁 민간인 희생자 추모관'[1]에 다시 임시 안치되었다.

약 60년간(1960~2018) 유해발굴이 지속되었음에도 불구하고, 민간인 학살 사건에 대한 국가 단위의 사회적 기념 과정에는 여러 가지 제약들이 존재하고 있다. 먼저 2018년 현재까지 민간인 피학살자에 대한 공식적인 위령 법률이 존재하지 않는다는 점이다. 현재 '국립묘지의 설치 및 운영에 관한 법률'(법률 15029호)에 의하면 국립묘지로 분류된 곳은 모두 7곳으로[2], 이 가운데 한국전쟁기 민간인 학살과 관련한 사건은 포함되지 않았다. 또한 2014년 이후 시민사회단체에 의해 발굴된 거의 모든 유해의 대부분은 어느 곳으로도 가지 못하고[3], 발굴지 주변에 유족회가 마련한 임시 컨테이너 등에 보관되어 있다. 이 모든 현상은 한국의 과거사 청산이 가지고 있는 현재 주소이며, 향후 모든 유해들이 어떠한 형식으로 안치되는가의 문제는 현대사의 비공식적 기억과 국가영역의 관계, 그리고 사회적 기념의 형성을 연구하는데 중요한 주제가 될 것으로 보인다.

그나마 다행인 것은 2018년 현재 정부의 행정안전부 산하 과거

---

1) 세종특별자치시 전동면 전동로 539(봉대리 산 30-2)번지에 위치해 있다.
2) 여기에 포함된 국립묘지는 국립서울현충원, 국립대전현충원, 국립4.19민주묘지, 국립3.15민주묘지, 국립5.18민주묘지, 국립호국원, 국립신암선열공원이다.
3) 2018년 충남 아산시 배방읍에서 발굴한 유해는 현재 정부에서 마련한 세종시의 '한국전쟁 민간인 희생자 추모관'에 안치되어 있다(2018년 현재).

사관련업무지원단에서 '한국전쟁전후 민간인희생자 전국 단위 위령시설 조성사업' 계획을 추진하고 있으며, 대전형무소재소자 학살지인 대전시 동구 낭월동 일대 부지 110,000m³(33,000평)에 사업비 295억 원을 투입해 2020년까지 완공하는 것을 목표로 하고 있다. 만약 이 시설이 완공된다면, 한국전쟁기 민간인 피학살자에 대한 사회적 기념사업이 본격화될 수 있을 것으로 보인다. 이러한 시대적 변화는 결코 자연스럽게 온 것이 아니며, 1960년 이후부터 2018년까지 유족과 시민사회단체의 부단한 노력이 있었기에 가능한 것이었다.

위령시설의 문제를 제외하더라도 산적한 문제는 아직 많이 남아있다. 그중 대표적인 것이 지속적인 유해발굴의 실행이다. 현재 전국적으로 한국전쟁기 민간인 학살과 관련하여 발굴이 실시된 곳은 총 30여 개소이다. 이것은 전체 민간인 학살의 피해 규모에 비해 상당히 적은 규모이고, 설령 발굴이 실시된 곳이라 하더라도 유해 수습을 완료하지 못한 곳이 많다(경산코발트광산, 대전형무소학살지 등). 2020년 완공을 목표로 하고 있는 '한국전쟁전후 민간인희생자 전국 단위 위령시설'에는 진실화해위원회와 각종 유해발굴을 통해 수습된 유해 2,100여 구와 향후 추가로 발굴되는 유해가 안치될 예정이지만, 정작 이후의 구체적인 발굴 계획은 수립되지 않았다. 수차례 언급하였지만 유해발굴은 단순히 죽은 자의 뼈를 지상으로 꺼내는 작업이 아니다. 이것은 개인과 가족, 공동체, 국가 모두에게 새로운 '기억정치'를 형성하게 하는 중요한 도구이므로, 향후 유해발굴의 계획 수립은 '기억의 민주화'라는 측면에서 반드시 이행되어야 할 것이다. 이를 행하는 데 있어서 국가의 참여는 반드시 필요하다.

이렇듯 사회적 기념을 완성하기 위해서 국가의 참여는 반드시 필요하다. 많은 유족과 시민사회단체들도 과거사 청산의 마무리를 국가가 해야 한다고 본다. 하지만 국가주도 기념이 만병통치약이 될 수는 없으며, 그렇게 되어서도 안 된다. 왜냐하면 국가주도의 사회적 기념은 자칫 또 다른 방식으로 개별적 기억을 억누르면서 국가주의를 강화할 수 있기 때문이다.

2. 사회적 기념의 국가주의화와 죽음의 위계화

베트남의 문학가 바오 닌은 1952년 베트남 중부 응에 안 성 지엔 쩌우 현에서 출생하였으며 1969년 고등학교를 졸업한 후 베트남인민군대에 자원입대하였다. 그는 베트남인민군 제10사단에 배치되어 전선으로 투입된 후 6년 동안 최전선에서 싸웠으며, 베트남전쟁의 마지막 전선이었던 떤 선 녓 공항 전투에 투입되기도 하였다. 떤 섯 녓 공항전투는 베트남 전쟁 중 가장 치열했던 격전 중의 하나였다. 공항전투가 끝난 후 살아남은 인원은 그를 포함해 단 두 명뿐이었다. 그는 전쟁이 끝난 후 베트남의 전사자 유해발굴단에 참여하여 8개월간 산하에 버려진 수많은 전우의 유해들을 수습하기도 하였다. 『전쟁의 슬픔』이라는 그의 소설은 이러한 그의 일생을 자서전적으로 기술한 것이다. 『전쟁의 슬픔』은 1991년 출간 이후 베트남 문학계를 비롯한 전 세계 많은 국가에서 상당한 호평을 받게 되었다. 그는 소설에서 1975년 종전 이후부터 1980년대 후반까지 지속되어오던, 이른바 '성전'으로서의 베트남 전쟁을 새롭게 바라보고 있다. 즉 수많은 열사들의 피와 땀으로 얼룩진 '민족해방투쟁'으로서의 전쟁을 상처와 슬픔으로 가득 찬 '피의 소모전'으로 해석하였으며, 전장에서 숨겨간 자신의 동료를 '열사'로 바라본 것이 아니라, 전쟁에서 희생된 한 명의 '안타까운 청년'으로 대하였다. 소설 속에 등장하는 '베트남 민족해방투쟁 전사'들은 항시 탈영을 고민하고 있었고, 당장 내일이라도 죽을지 모르는 자신들의 인생을 개탄하고 있었다. 결국 베트남 전쟁에서 승리한 것은 그 누구도 아니었으며, 단지 '국가'와 '민족'이라는 개념이 그 열매를 모두 따먹은 것이다. 이들은 죽음 후 당연히 전장에 끌려갈 수밖에 없었던 나약한 '개인'의 모습으로 위령되어야 했지만, 국가는 그들을 '열사'로 위령하고 있는 것이다.

바오 닌의 글은 사회주의 국민국가로서의 통일 베트남에 미약하나마 심대한 도전을 한 것이었다. 그의 소설은 다양한 계층에서 호평을 받기도 하였지만, 정작 자신의 사회주의 조국에서는 상당한 반발에 부딪쳐야만 했다. 베트남의 일부 문학계 인사들과 공산당은 그의 소설에 대해 베트남 민족의 명예를 심각하게 훼손하면서 제국주의 침략자들에게 면죄부를 주었다고 비난하였다. 그 이전까지 베트남의 소설 대부분이 민족해방투쟁의 영광과 그 과정에서 개인의 희생을 찬양했다는 측면에서, 그에게 쏟아진 비난은 오히려 자연스러운 것으로 보인다. 결국 그의 소설은 1994년 판금 조치되었으며, 2005년 규제가 풀릴 때까지 정작 베트남에서는 누구도 읽을 수 없는 책이 되어버렸다. 바오 닌의 사례는 20세기 국가적 기념과 위령의 방향이 어떠했는가를 말하고 있으며, 근대국민국가와 기념의 연관성을 보여주고 있다.

전 세계적으로 볼 때, 근대국민국가 성립 이후 국가의 위령방식은 베트남과 비슷한 형태로 만들어져온 것이 사실이다. 또한 이 범주에서 제외되는 다양한 사회적 죽음의 경우들은 그 죽음이 개인적 영역으로 치부되거나 사회 혹은 국가적 기념의 대상에서 제외되었던 것이 사실이다. 국가는 역사의 다양한 경로에서 발생하였던 사회적 죽음을 취사선택하여 인정하면서, 그들의 입맛에 맞는 사회적 기억만을 공식화하고 있는 것이다. 결국 근대국민국가는 다양한 사회적 기억의 존재를 부정하면서 일방적이고 획일화된 담론만을 강요하였던 것이다. 국가는 자신들의 범주에 들어오지 않는 기념 대상을 애써 외면하려 하고 있고, 반면 민중들은 국가 범주 하에 자신들의 사례를 어떻게든 포함시키려 하고 있다. 베트남의 경우에도 전쟁 이후 '전쟁영웅'에 대한 사회적 기념은 이루어졌으나 민간인 희생자 혹은 개별적 죽음에 대한 기념은 전혀 이루어지지 않았다. 이처럼 사회적 기념의 국가주의화는 국가정체성을 강화하지만 국가 이외 영역의 기억과 존재를 인정하지 않는다.

한국전쟁기 민간인 학살의 영역은 국가 이외 비공식적 기억에 속하였으며, 유족의 입장에서는 자신들의 사례가 국가 범주 하의 기념에 포함되어 65년 동안 '빨갱이 가족'으로 살아왔던 고통을 보상받을 수 있기를 바라고 있다. 이것은 유족의 당연한 바람이라 할 수 있다. 그러나 한국전쟁기 민간인 학살의 영역에서도 사회적 기념의 국가주의화 위험은 도사리고 있다. 그것은 과도한 '빨갱이주의'로부터의 탈피 인식에 기인하고 있다. 피학살자 유족들은 가족의 신원을 회복하기 위해 노력하였으며, 그들의 죽음을 '억울하고, 사회적으로 정당한' 죽음으로 바꾸기 위해 노력하였다. 이러한 노력은 인권의 강화와 국가폭력의 재발가능성을 종식으로 치환되어야 하지만, 자칫 유족별로 개인적 사례를 강조하다 보면 오히려 국가 내 '빨갱이주의'를 더욱 강화하는 방향으로 흐를 수 있고 종국적으로 피학살자에 대한 사회적 기념이 반공국가주의를 더욱 강화하는 방향으로 흘러갈 수 있다. 필자는 유족회의 위령제나 각종 행사에서 과도하게 노출된 태극기와 애국가의 열창을 들을 수 있었다. 이것은 본질적으로 피학살자 희생자들이 공산주의자가 아니었음을 강조하기 위한 하나의 퍼포먼스이다. 비공식적 영역의 기억을 공식적 역사로 기록하는 것은 의미가 있으나, 이것이 새로운 국가주의의 강화로 흘러서는 안 된다고 본다.

이와 같은 측면에서, 필자는 현재 한국에서 일부 이루어지고 있는 한국전쟁 전후 민간인 피학살자 기념 방식에 있어서도 변화가 필요하다고 본다. 현재 한국전쟁 전후 민간인 피학살자에 대한 기념은 '거창·함양양민학살사건'과 '노근리 학살사건', 그리고 '제주 4.3사건' 등 독자적인 특별법이 제정된 사건에 한하여 추모공원의 설립 등이 이루어져 진행되고 있다. 하지만 이것은 개별 사건에 한정되어 있을 뿐 다른 유사 사건을 포함하지 못할 뿐만 아니라, 더욱이 기억과 기념, 위령의 방식 역시 전쟁 중 '억울하게 희생된 양민'의 측면이 부각되어, 오히려 국가주의 속으로 통합되어버린다는 느낌을 가지게 한다. 즉 억울하게 누명을 쓰고 있던 '빨갱이'의 탈을 벗고 '선량한 국민의 영역'으로 이동한다는… 그렇다면 우리는 이들을 '빨갱이로 몰릴 뻔했으나 신원이 회복된 사람들'이라는 범주로 기억해야만 할 것인가? 전쟁의 참혹성과 비극이라는 기억은 사라지고 대한민국의 '선량한 국민'이었다는 것만 부각된 채… 이것은 엄격히 말해 대상과 사건의 성격은 다르다고 할 수 있지만, 큰 범주에서 볼 때 결과적으로 6.25전사자 혹은 베트남과 같은 국가주의 기념 방식과 동일한 구조를 취하는 것이다. 우리에게 필요한 기념과 위령은 거대한 위령탑과 추모공원을 동반한 '양민'성의 부각이 아니라 국가주의를 넘어서 '비공식적 역사' 속에 잠재되어 있던 수많은 기억들을 자유롭게 추념하는 것이다. 만약 한국전쟁 중 사망하였던 많은 영혼들을 국가가 주도하는 방식으로 얽매어 놓지 않았다면, 또한 많은 죽음들의 상대적 처지와 조건들을 광범위하게 포용할 수만 있다면, 민간인 피학살자들에 대한 유해발굴과 안장의 문제는 큰 문제 없이 소박한 방식으로 해결될 수 있으리라 짐작한다.

또한 일방적인 국가주도 사회적 기념을 경계하는 것은 향후 발생할 수 있는 죽음의 위계화를 막을 수 있게 한다. 많은 사람들이 공식적으로 언급하지는 않았지만, 현재 한국전쟁기 민간인 피학살자유족회 내부에도 상당한 죽음의 위계 요소들이 내재되어 있다. 즉 국가에서 법률로 지정된 사건의 피학살자 죽음과 그렇지 못한 죽음들, 실제 공산주의 활동을 했을 것으로 '짐작'되는 사람과 그렇지 않은 사람의 죽음, 외국 군대에 의한 죽음과 대한민국 군경에 의한 죽음들, 진실화해위원회에서 사건의 진실규명을 받은 죽음과 그렇지 못한 미신청 사건[4]의 죽음들 등 상당히 복잡한 죽음의 위계가 존재하고 있다. 동일한 조건에서 유해발굴이 실시되었다 할지라도 제주 4.3사건에 해당하는 유해와 전국형무소재소자 학살 사건에 해당하는 유해는 서로 다른 대우와 사회적 기념 절차를 밟게 되는 것이다. 현재 한국의 민간인 피학살자 기념사업은 많은 부분이 죽음의 위계화와 연관되어 있다. 이것은 이 책에서 자주 언급하였듯이

---

4) 앞선 장에서 언급하였지만, 진실화해위원회 신청 기간은 2005년 12월부터 2006년 11월까지 1년 기간이었다. 이 기간 동안 약 9,000여 건의 한국전쟁기 민간인 학살 피해자 신청이 있었지만, 여러 가지 이유로 인해 진실규명 신청을 하지 못한 유족들이 아직까지 많이 남아 있다. 2018년 현재 많은 미신청자들은 새로운 '과거사정리기본법'이 제정되어 진실화해위원회와 같은 국가 조사기구가 다시 운영되기를 바라고 있다.

피학살자의 죽음을 개별적 슬픔으로 간주하고, 이를 현실적으로 극복한다는 전제하에 국가이데올로기 속으로 다시 진입하기 때문에 발생한다. 이러한 현상은 유해발굴의 역사에서도 확인할 수 있었던 것이다. 장의 체계의 수립은 자연스러운 것이지만, 이것이 자신의 죽음만을 정당화하는 것이라면 또 다른 죽음의 마이너리티가 발생할 수밖에 없다. 사회적 기념은 이를 극복하기 위한 과정이며, 무조건적으로 국가의 참여를 반대하는 것이 아니라 '획일화된 국가주의' 기념 방식을 지양하는 것을 의미한다.

라틴아메리카 과거사 청산과
유해발굴

과테말라 네바흐(Nebaj) 주의 이실(Ixil)
마야원주민들이 내전 당시 학살된 가족의 유해를
발굴하여 의례를 준비하고 있는 모습

1. 라틴아메리카와 국가폭력

15세기 지리상의 발견은 인류의 총체적 생활방식에 급격한 변화를 가져왔다. 유럽의 각국가들은 민족국가(nation-state)의 틀을 구축해 나감과 동시에 자신들의 부와 정치적 세력을 확장하기 위해 다투어 식민지 개발에 몰두하였다. 특히 이 과정에서 신대륙은 유럽 식민지 개척의 중요한 대상이 되었으며, 라틴아메리카의 대부분은 순식간에 열강들의 지배하에 놓이게 되었다. 이러한 라틴아메리카의 식민지배 역사는 이후 원주민 사회의 문화적 정체성을 변동시키며 독특한 문화적 구조를 창출하는 계기가 되었다. 하지만 라틴아메리카의 진정한 문화적 정체성은 단순히 식민 지배를 통해서만 형성되었다고 언급할 수 없다. 오히려 라틴아메리카 근현대의 근본적인 사회정체성은 19세기 이후 근대국민국가 건설 과정에서 발생한 수많은 쿠데타와 혁명, 폭력, 학살 등으로 설명할 수 있다.

1804년 아이티(Haiti)가 라틴아메리카 최초로 독립 국가를 형성한 이후 20세기 초반까지 대부분의 라틴아메리카 지역은 근대국민국가 형성(nation-building)에 박차를 가하기 시작하였다. 하지만 19세기 초반 이후 독립을 이루어 근대국민국가를 형성한 대부분의 라틴아메리카 국가들은 독재정치와 군사쿠데타(military coups)에 의한 격동의 정치적 변화를 겪어야만 했다. 19세기 초반 이후부터 라틴아메리카 각국의 정치에 등장한 군사쿠데타는 무려 250여 차례에 달하였으며, 칠레(1973~1990)와 브라질(1964~1985)의 경우에는 약 20여 년 동안 군부에 의한 통치기간이 이어졌다(Vanden, H. E. & Prevost, G. 2009: 186). 또한 아르헨티나의 경우에는 1930년부터 1976년까지 모두 아홉 번의 군사정권과 민선정부의 정권교체가 이루어졌고(Feitlowitz 1998: 5), 이렇게 군사정권과 민선정권이 교체될 때마다 수많은 폭력과 테러, 암살 등이 발생하여 이 과정에서 유력 정치인을 포함한 수많은 민간인들이 학살되었다. 이외에도 라틴아메리카에서는 전 세계 냉전(cold war)의 영향하에 공산주의와 혁명세력을 제거하기 위한 다양한 활동 과정에서도 폭력이 발생하였다. 대표적으로 1970년대 라틴아메리카의 코노 수르(Cono Sur) 정부들에 의해 시작된 일명 '콘도르 작전(Operation Condor)'[1]은 약 80,000명의 민간인이 암살되거나 행방불명되는 결과를 낳았으며 감옥에 투옥된 인원만도 약 400,000명에 이르렀다.

이렇듯 독재와 폭력, 암살, 실종 등으로 얼룩진 라틴아메리카의 근현대사는 필연적으로 훗날 과거사 청산에 대한 요구를 불러일으켰고, 전 지구상에서 가장 많은 진실위원회 및 과거사 청산 관련법 등을 제정하게 되는 계기가 되었다. 라틴아메리카에서는 1982년 가장 먼저 진실위원회가 만들어진 볼리비아를 비롯하여 아르헨티나, 우루과이, 칠레, 엘살바도르, 페루 등에서 진실위원회가 설립되었고, 현재까지도 민주주의로 나가는 길목에서 과거를 어떻게 청산할 것인가의 문제가 중요한 이슈로 대두되고 있다.

이 글에서는 이와 같은 라틴아메리카의 과거사 청산 현황을 전반적으로 검토하는 가운데, 특히 청산과정에서 실시된 유해발굴의

---

1) 콘도르 작전은 1975년 11월 25일 아르헨티나, 볼리비아, 칠레, 파라과이, 우루과이의 군사 첩보 기관의 지도자들이 산티아고에서 DINA(Dirección de Inteligencia Nacional, 칠레의 비밀경찰)의 지휘관 마누엘 콘트레라스와 만나 공식적으로 시작되었으며, 군부에 반대하는 세력 및 공산주의자를 테러 암살하기 위한 국가 간 연계 작전이었다. 이 작전에는 칠레와 아르헨티나 첩보국(SIDE), 볼리비아, 브라질, 파라과이, 우루과이 등의 정보기관이 참여하였고 근래에는 미국 CIA가 깊은 연관을 가졌던 것으로 밝혀졌다.

주요 사례들을 소개하고자 한다. 이처럼 과거사 청산 가운데서도 유해발굴 사례만을 특화한 것은 라틴아메리카의 유해발굴이 전 세계에서 가장 광범위하게 진행된 경우이므로 이에 대한 일반적 현황을 기술하고, '비참한 죽음(tragic death)'의 상징인 유해가 발굴되어 어떤 문화적 특징을 형성하는가에 대한 보다 심도 깊은 고찰의 토대를 만들기 위함이다. 또 다른 이유로는 라틴아메리카 유해발굴 사례의 분석이 한국의 상황에 비교연구 사례가 되기 때문이다. 전술한 바와 같이, 한국에서도 2005년 진실화해위원회가 발족하여 과거사 청산을 실시하였고, 이 과정에서 국가 주도로 한국전쟁 전후 민간인 피학살자에 대한 유해발굴을 실시하였다. 하지만 한국의 국가 주도 유해발굴은 2010년 중단되었고, 시민사회단체에 의한 발굴이 간헐적으로 이루어지고 있지만 아직까지 장기적인 로드맵을 가지고 있지 못한 상황이다. 그러므로 이 장에서 소개할 라틴아메리카의 과거사 청산과 유해발굴 사례는 비교연구의 측면에서 서로 다른 대륙에서의 유해발굴이 각기 어떠한 특성을 가지는가에 대한 정보를 제공할 것이다.

2. 라틴아메리카 유해발굴의 사례들

1980년대부터 라틴아메리카에서는 과거사 청산이 활발해지면서 많은 국가에서 유해발굴이 실시되었다. 라틴아메리카의 유해발굴 사례 중 가장 대표적인 것은 아르헨티나와 엘살바도르, 과테말라의 사례라고 할 수 있다. 3개국은 라틴아메리카에서 전문 기관에 의한 유해발굴을 선도적으로 실시하였으며, 1980년대부터 과학적 유해발굴을 실시하기 위한 다양한 실험을 시도하였다. 특히 아르헨티나는 1980년 초반부터 민간에 의해 자발적으로 유해발굴 전문기관을 발족했으며, 이후 라틴아메리카 주변국의 유해발굴을 직간접적으로 지원해주고 있다. 이러한 관점에서 이 글에서는 아르헨티나 유해발굴 기관인 EAAF(Equipo Argentino de Antropología Forense)[2]의 창설과 활동에 대해 기술한 후 이들이 영향을 미친 대표적 국가인 엘살바도르와 과테말라의 유해발굴 현황을 소개하고자 한다. 또한 라틴아메리카에서는 민족국가 정체성을 재정립하기 위한 여러 형태의 유해발굴이 실시되기도 하였다. 이러한 유해발굴은 비교적 최근에 급증하였는데, 예를 들어 칠레의 살바도르 아옌데(Salvador Allende) 유해발굴과 브라질의 골라르트(João Belchior Marques Goulart) 유해발굴, 그리고 베네수엘라의 시몬 볼리바르(Simon Bolivar) 유해발굴은 대표적인 사례들이었다. 이러한 유해발굴에 대해서도 개요를 설명하겠다.

1) 아르헨티나의 '더러운 전쟁'과 유해발굴

아르헨티나는 라틴아메리카에서 최초로 민간인 학살 및 실종자 문제 해결을 위해 과학적 유해발굴을 도입한 국가이다. 1976년 3월, 호르헤 비델라 장군(General Jorge Videla)을 위시한 아르헨티나 군부는 쿠데타를 일으켜 정권을 장악하였다. 이후 아르헨티나 군사통치위원회(Junta Militar)는 이사벨 페론(Isabel Perón)을 대통령직에서 몰아내고 이른바 '국가 재건 과정(Proceso de Reorganización Nacional)'

---

2)　아르헨티나 '법의인류학 팀(Argentina Forensic Anthropology Team, Equipo Argentino de Antropología Forense)'의 스페인어 약칭이다.

이라는 미명하에 전 세계적으로 보기 드문 철권통치를 실시하였는데, 이를 일명 '더러운 전쟁(dirty war)'이라 일컫는다. '더러운 전쟁' 기간인 1976년부터 1983년까지 아르헨티나에서는 군부의 철권통치에 의해 약 10,000명 이상의 실종자(desaparecidos)[3]와 수천 명의 국외 망명자가 발생하였다(Dinah L. Shelton 2005: 65). 실종자들의 대부분은 소위 '아르헨티나식 생활양식'인 가톨릭 및 반공주의적 정의 기준에 벗어난 이들이거나 '마르크스주의자'로서, 군부는 이들이 '국가재건'에 걸림돌이 될 뿐만 아니라 '국가전복을 꾀하는 불순분자'였다는 이유로 처단하였다(박구병 2005: 61).[4]

그러나 1982년 말비나스 전쟁 이후 집권한 민선 알폰신(Raúl Alfonsín) 대통령은 1984년 '더러운 전쟁' 시기 자행된 범죄 행위를 밝히고 실종자들의 행방을 찾기 위해 '실종자 진상조사 국가위원회 (Comisión Nacional sobre la Desaparición de Personas: 이하 CONADEP)'를 대통령 직속으로 설치하였다. CONADEP는 9개월간의 조사활동 끝에 1984년 9월, '눈까 마스(Nunca Más)'라고 명명된 진상보고서를 대통령에게 제출하였다. 이 보고서에는 군사통치위원회 집권 동안 약 8,960명의 민간인이 불법적으로 구금된 후 행방불명되었고, 이들이 어떤 경로로 납치되어 희생되었는가를 수록하고 있다. '눈까

---

3) '눈까 마스(Nunca Más: never again)'에서는 실종자의 수를 약 8,960명으로 기재하고 있으나, 실제 실종자의 수는 이보다 더 많을 것이라고 전망하고 있다. 또한 여러 인권단체들의 보고서에는 실종자의 수가 약 30,000명에 이를 것이라고 예상하고 있다.

4) '눈까 마스'에 의하면, 실종되거나 구금된 후 풀려난 사람들의 직업은 노동자 (30.2%)와 학생(21%), 사무원(17.9%), 전문직(10.7%) 등으로서 빈민촌의 주민들을 도와주기 위해 활동한 청년, 봉급인상을 위해 투쟁한 기자, 학자들이 대부분이었다. 이들은 테러와 거리가 먼 사람들이었고, 더구나 게릴라와는 아무런 관련이 없는 사람들이었다(송기도 역 1988: 15-16, 285).

마스'에 의하면 실종자들이 죽음에 이르는 과정은 비슷한 양상을 보이고 있다. 먼저 실종자들은 군대 및 비밀경찰에 의해 특정장소에서 납치된 후 '비밀구치소(Clandestine Detention Centers)'[5]에 구금되었다. 이들은 비밀구치소에서 극심한 고문을 받은 후 다른 곳으로 옮겨지게 되었는데, 이 과정에서 일부는 석방되기도 하지만 많은 이들이 학살되거나 실종된 것으로 보인다. 조사된 바에 의하면, 대부분의 실종자들은 비행기에 태워진 후 아르헨티나 해상에 떨어져 사망하거나, 살해된 후 무연고자(Ningún Nombre; anonymous persons)로 둔갑해 전국 각지의 공동묘지에 매장되거나 혹은 특정지점에 암매장(clandestine grave)되었으며, 일부는 총살된 후 외딴 변두리에 방치된 것으로 보인다(EAAF 2009: 23).

아르헨티나에서는 군사통치위원회의 '더러운 전쟁' 기간부터 라울 알폰신, 까를로스 메넴(Carlos Saúl Menem), 네스또로 키르츠네르(Néstor Carlos Kirchner) 민선정권에 이르기까지 과거사 청산에 대한 수 없는 회의와 포기, 방해공작들이 등장하였다. 하지만 이때마다 수많은 인권단체 등이 이를 결사적으로 저지하면서 계속적인 과거사 청산을 독려하였다. 결국 이러한 고난한 투쟁의 결실이 키르츠네르 대통령의 과거사 청산 의지로 이어질 수 있었던 것이다. 이러한 투쟁의 역사 속에는 '오월광장어머니회(Asociación Madres de Plaza de Mayo)'와 같은 실종자들의 가족모임의 헌신적인 노력이 있었다. 오월광장어머니회는 '더러운 전쟁' 당시 실종된 자녀를 둔 부모들의 모임으로서, 1979년 8월 22일 발족하였다. 이들은 1977년부

---

5) '더러운 전쟁' 당시 아르헨티나 전역에는 약 340여 개의 비밀구치소가 존재했던 것으로 보인다(Dinah L. Shelton 2005: 379, 송기도 역 1988: 55).

터 개별적으로 아르헨티나 대통령 집무실과 인접한 오월광장에서 실종 자녀들을 찾기 위한 시위를 시작하였으나, 이후 조직적 연대가 필요하다는 결론 하에 모임을 결성하게 되었다. 어머니회의 요구는 '(자식을) 산 채로 돌려 달라'와 '죄를 범한 자 모두를 처벌하라'는 구호로 요약할 수 있다(박구병 2006: 77). 그러므로 어머니회는 알폰신 대통령이 집권하면서부터 실종 자녀를 찾겠다는 희망에서부터 사건의 진실규명, '더러운 전쟁'의 책임자들에 대한 처벌까지 광범위한 목표를 가지고 있었다.

아르헨티나의 유해발굴은 1984년 초 연방 법정 재판관의 명령에 의해 실종자들이 매장되어 있을 것으로 보이는 무연고 묘지에 대한 발굴로부터 시작되었다. 하지만 초기 유해발굴은 여러 가지 사정으로 인해 한계를 나타낼 수밖에 없었다. 당시 아르헨티나에는 유해발굴과 관련한 전문가 그룹이 부재하여 상당히 '거친'[6] 발굴이 진행될 수밖에 없었는데, 이러한 발굴은 학살 증거로 사용될 많은 유해가 손실되거나 증거로서의 효력을 잃게 할 가능성이 많았다. 또한 소수의 법의학자들[7]은 직간접적으로 과거 군사통치위원회의 범죄와 연관성을 가지고 있었으므로, 이들의 감식결과에 대해 어머니회와 시민사회단체들은 신뢰성을 가질 수 없는 상황이었다. 이러한 이유로 인해 CONADEP와 오월광장 할머니회는 1984년 초 AAAS(American Association for the Advancement of Science)에서 인권프

---

6) 당시 아르헨티나의 대다수 의사들은 유해발굴 및 분석에 관한 경험이 전혀 없었고, 이로 인해 발굴은 주로 중장비를 사용하는 일꾼들에 의해 진행되었다. 이러한 이유로 인해 유해들이 발굴과정에서 부러지거나 분실되었고, 개체가 서로 섞여버리는 등의 과오를 범하게 되었다(EAAF 2009: 9).

7) 라틴아메리카 대부분의 국가에서 법의학자들은 경찰 혹은 사법부에 소속되어 있어 독립성이 전혀 보장되어 있지 않은 것이 일반적이었다.

로그램 의장직을 맡고 있던 에릭 스토버(Eric Stover)에게 유해발굴과 관련한 도움을 요청하였고, 이에 스토버는 법의학 대표단을 구성하여 아르헨티나에 오게 되었다. 아르헨티나에 도착한 대표단은 먼지 쌓인 가방 속에 아무런 대책 없이 방치된 유해를 보면서, 유해발굴이 상당히 비과학적이고 비전문적으로 진행되는 것을 확인하였다. 이에 대표단은 즉각적인 발굴 중지를 요청하였고, 당시 대표단원이었던 스노우 박사(Clyde Snow)를 중심으로 고고학자와 인류학자, 체질인류학자들로 팀을 구성하여 체계적인 발굴을 시도하였다. EAAF는 이러한 과정에서 만들어졌다. 스노우는 1984년 이후에도 5년간 아르헨티나를 지속적으로 방문하면서 EAAF의 주요 구성원들을 교육함과 동시에 조직을 구성하는 데 중요한 역할을 하였다.

현재 EAAF는 순수 민간단체이자 비영리단체로서 아르헨티나 과거사 청산에 있어서 유해발굴이라는 중요한 부분을 담당하고 있다. 특히 이 단체는 유해를 발굴하여 과거 군사통치위원회 간부 등을 기소하는 데 필요한 물적 증거 등을 제출하고 있다. EAAF는 사면법이 통과되어 일체의 기소가 중지되었던 1987년부터 2005년 까지를 제외하면, 1984년부터 1,000여 건 이상의 재판에서 유해발굴의 결과들을 중요한 증거물로 제출해왔다(EAAF 2009: 23). 이렇듯 발굴의 결과가 재판 및 기소과정에서 효력을 발휘하기 위해서는 상당히 과학적인 조사가 필요하다.

EAAF는 과학적 분석을 위해 조사의 단계를 역사적 연구(historical research), 실종자의 예전 (체질적) 특징 수집(collection of antemortem data), 고고학적 발굴(archaeological recovery of evidence), 발굴된 유해의 감식(laboratory analysis)이라는 단계로 진행하는데, 이 단계들은 폭력이나 학살 현장에서 유해발굴을 진행할 때 반드시 지켜야 할 일반원칙이다.[8] EAAF는 1984년부터 현재까지 아르헨티나 전역에서 '더러운 전쟁' 시기 실종자들의 유해를 발굴하고 있는데, 초기에는 주로 부에노스아이레스 지역을 중심으로 발굴이 이루어졌다.[9] 이 시기 가장 대표적인 유해발굴 사례는 1988년부터 1992년까지 진행된 아베야네다 공동묘지(Avellaneda Cemetery), 일명 '134구역(sector 134)'에 대한 발굴을 꼽을 수 있다. 134구역은 1976년 군사통치위원회 당시 높은 벽과 철문이 만들어진 경찰 통제구역이었다. 이 구역은 1988년 가족의 요구 및 법원의 조사 허가를 바탕으로 총 432m²에 대한 발굴이 시작되어 1992년 마무리되었다.

EAAF는 134구역에 있는 19개의 대형무덤과 18개의 단일 무덤을 발굴 대상으로 설정하였다. 각 무덤당 매장된 유해는 10구에서 28구였으며, 거의 모든 유해는 옷이 벗겨진 채 발견되었다. 감식 결과, 발굴된 유해 중 252구는 남자였으며 71구는 여성이었고, 대부분의 여성 유해들은 어린 나이에 속했다. 또한 발견된 유해의 40%

---

8) 명문화된 발굴 원칙이 존재하지는 않지만, 과거사 청산 과정에서 실시하는 대부분의 유해발굴은 법의학적 측면에서 신중하게 진행하는 것을 원칙으로 삼고 있다. 스페인 유해발굴 주도 단체인 '기억을 위한 포럼 전국 연합(Federación Estatal de Foros por la Memoria)'은 다음과 같은 발굴 행동 지침을 수립하였으며, 2007년부터 진행된 한국의 유해발굴 역시 아래의 행동지침을 준수하면서 실시하였다. "a)유골의 발굴은 매우 정밀하고 세심한 주의가 요구되는 작업이다. 그러므로 살해당한 사람의 유해를 회수하는 것 외에도 (살해 당시의) 사건을 재구성하는 데 필요한 모든 자료는 기록으로 남겨져야 한다. 그러므로 유해발굴은 고고학자에 의해 수행되고 이끌어져야 한다. b)기록하지 않은 자료 혹은 잘못 분석된 자료 가운데 어떤 것이라도 유해의 신원 확인 혹은 소재 파악 등 발굴 결과에 직접적으로 악영향을 끼칠 수 있으므로 발굴 현장에서 수집한 모든 물건은 고고학자에 의해 정확하게 기록되어야 하고…(이하 생략)"(진실화해위원회·공주대, 2009: 39).

9) 이러한 이유는 아르헨티나의 실종자 중 2/3 가량이 부에노스아이레스 인근 지역에서 발생했기 때문이다.

인 135구가 21세부터 35세 사이로 가장 많았고, 50세 이상 유해는 32%인 108구였다. 이와 동시에 EAAF는 유해의 53%인 178구의 머리나 가슴에서 총상흔을 발견했고, 이들의 대부분은 사망 당시 50세 이하의 나이였다는 것을 확인하였다. 이와 반대로 50세 이상의 유해에서는 총상흔이 드물게 발견되었다. 유해와 더불어 소수의 유품도 함께 발견되었는데, 주요 유품으로는 두 사람의 손가락뼈에서 발굴된 결혼반지와 철제 십자가, 1958년과 1976년에 발행된 동전 세 개 등이 있다. 또한 매장지에서는 희생자들의 사살에 사용된 것으로 보이는 모양이 변형되거나 부서진 3백 개 이상의 탄환을 발견하였다(EAAF 2007: 23).

또한 아베야네다 묘지 발굴 당시 134구역의 묘지 대장에는 245명의 매장 대상이 기록되어 있었는데, 하지만 실제 발굴을 통해 확인한 유해의 수는 이보다 많은 336구였다. 이것은 비정상적 경로를 통해 상당수의 유해가 134구역의 무연고 분묘에 매장되었음을 말하는 것이고, 이 유해의 대부분이 군사통치위원회 기간 동안 살해된 실종자일 것으로 추정하고 있다. 아르헨티나에서 유해발굴을 수행한 스노우(Snow)와 비후리에트(Bihurriet)는 군사통치위원회가 지배하던 1976년부터 1983년까지 부에노스아이레스 인근의 134구역에서 무연고자의 시체가 급격하게 증가한 통계를 볼 수 있다고 말한다. 이들은 전형적인 무연고자 시체가 자연사한 고령의 남자인 것에 반해, 1976년부터 1983년까지의 무연고자 시체는 20세에서 35세 사이의 청년들이 많았고, 이들은 집단적으로 매장되었을 뿐만 아니라, 유해에서 의문사의 흔적을 발견할 수 있는 경우가 많았음을 분석하고 있다(Snow, C. C. & Bihurriet 1992). 또한 이와 같은 사실은 EAAF의 계속되는 DNA검사를 통해 확인되고 있는데, 2006년의 경우 신원이 확인된 5명 모두가 군사통치위원회 기간 동안 실종된 이들이었다(EAAF 2007: 24-26).[10]

EAAF는 부에노스아이레스 이외 지역에서도 유해발굴을 실시하였는데, 그중 대표적인 발굴이 꼬르도바에 위치한 산 비센테(San Vicente) 묘지였다. 꼬르도바는 부에노스아이레스에서 북서쪽으로 780km 떨어진 곳에 위치한 아르헨티나 제2의 도시로서, 군사통치위원회 당시 제3군단(the Third Army)에 의해 통제된 곳이었다. 당시 제3군단은 꼬르도바를 비롯해 산 루이스(San Luis), 멘도사(Mendoza), 산 후안(San Juan), 산티아고 에스테로(Santiago Estero) 등 800,000km² 에 이르는 지역을 통치하고 있었으며, 라 뻬를라(La Perla)[11]와 깜뽀 라 리베라(Campo La Ribera)와 같은 거대한 비밀구치소와도 관련을 가지고 있었다.

꼬르도바 유해발굴은 2002년부터 기획되었는데, 이 발굴에는 EAAF 이외에도 초기 조사부터 아르헨티나 역사복원협회 (ARHISTA; Association for the Historical Reconstruction of Argentina)[12]의 조사원들과 꼬르도바 인류학 박물관(Córodoba Museum of Anthropology) 구성원들이 함께 참여하였다. 산 비센테 묘지에 실종자들이 묻혀 있으리라는 정보는 과거 묘지 관리인들의 증언과 무연고자 시신 공

---

10) EAAF는 2006년까지 모두 22명의 실종자 신원을 유전자 검사를 통해 확인하였다(EAAF 2007: 24).

11) 라 뻬를라는 제4항공 정찰대가 활동하고 있는 까를로스 빠스(Carlos Paz)로 가는 국도 20번 상에 위치하고 있었으며, 군사 쿠데타 이후부터 1979년까지 약 2,200명 이상이 이곳을 거쳐간 것으로 추정하고 있다. 수백km 떨어진 곳에서의 석방도 이곳에서 계획된 후 지시되었고, 다른 지역의 비밀구치소와의 관계도 이곳에서 조정되었다(송기도 역 1988: 123).

12) 꼬르도바 지역의 인권 단체이다.

시장 등에 의해 알려지기 시작했다.[13] 이 가운데 일부 유해는 신원이 확인되어 가족에게 돌아갔지만, 1976년과 1977년 두 해에 걸쳐 수백 구의 유해들이 산 비센테 묘지에 매장된 것을 확인할 수 있었다. EAAF는 이러한 정황에 기반하여 2002년 말부터 산 비센테 묘지 C구역의 발굴을 시작하였다. 여기서 EAAF는 91구의 유해와 수많은 부분유해들을 서로 다른 두 개의 지층에서 발굴하였다. 유해들이 서로 다른 지층에서 발굴된 것으로 보아, 각각의 매장 시기는 상이한 것으로 보였다. 또한 C구역에서 남쪽으로 12m 떨어진 곳에서 두 번째 무덤을 발굴하였는데, 여기에서도 32구의 유해를 수습할 수 있었다. EAAF는 이곳에서 발굴된 유해 중 약 30%가량이 1975년 말과 1976년 군사통치위원회 시기 동안 발생한 실종자일 것이라고 추정하고 있다(EAAF 2003: 45-49, 2007: 41). 꼬르도바 유해발굴은 2002년부터 2004년까지 진행되었고, 모두 300구 이상의 유해를 발굴할 수 있었다. 발굴된 유해는 꼬르도바 법의학 센터에서 깨끗하게 세척된 후 감식에 들어갔으며, 2006년까지 모두 10구에 대한 신원확인을 종결하고 유해를 가족에게 돌려주었다.

이외에도 EAAF는 까따마르까 외곽 공동묘지(Catamarca, 2005년, 4구 발굴)와 짜코의 프란시스코 솔라노(Francisco Solano) 묘지(Chaco, 2005년: 2006년, 3구 발굴), 꼬리엔떼스의 엠페드라도(Empedrado) 묘지(Corrientes, 2006년, 4구 발굴), 엔트레 리오스 지방(Entre Ríos, 2006년, 유해 발견되지 않음), 포르모사 지방의 버진 오브 이탈리(Virgin of Itatí) 묘지(Formasa, 2007년), 산타페(Santa Fe) 의 로사리오 시 로렌조

---

13) 무연고자 시신 공시장에는 시체들이 길거리에서 발견된 무연고자이거나 군대와 맞서 싸우다 죽은 경우라고 기재되어 있었다.

(Lorenzo) 묘지(Rosario, 2004년, 3구 발굴), 투꾸만 지방(Tucumán, 2006
년, 약 25구 발굴) 등에서 발굴을 진행하였다(EAAF, 2007: 38-49). 또
한 EAAF는 아르헨티나 내 유해발굴만을 수행하는 것이 아니라 라
틴아메리카 전역에 걸친 국가폭력 사건의 유해발굴을 지원하기도
하였다. 예를 들어 EAAF는 2014년 9월 멕시코의 게레로에서 아요
치나빠(Ayotzinapa) 학생 43명의 실종사건이 발생했을 때도 유해발
굴과 감식을 위해 멕시코로 갔으며, 이외에도 페루와 볼리비아, 엘
살바도르 등지의 국가폭력 사건 관련 유해발굴에 적극적으로 도움
을 주었다. 이와 같은 EAAF의 활동은 시사하는 바가 상당히 크다.
라틴아메리카 대륙은 각각의 근대국민국가를 형성하고 있지만, 그
문화적 원형은 19세기 이전 스페인과 포르투갈의 식민지였다는 공
통성을 가지고 있다. 스페인어와 포르투갈어를 대부분 공용어로 사
용하고 있고, 각국가의 모든 문화는 공통성을 가지고 있다. 사실
EAAF의 유해발굴 원조는 라틴아메리카의 문화적 공통성과 역사

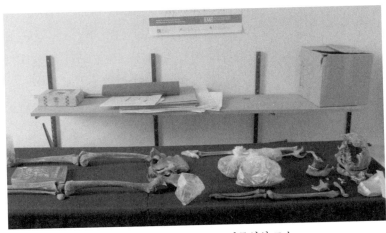

아르헨티나 부에노스아이레스에 위치한 EAAF 사무실의 모습

의 유사성을 대변할 수도 있다.

2) 엘살바도르의 과거사 청산과 유해발굴

중앙아메리카에 위치한 엘살바도르는 19세기 중반 스페인
으로부터 독립을 쟁취한 이후 잦은 군사쿠데타 등의 정치적 불
안을 겪어야 했다. 특히 1979년 10월에는 극우 쿠데타의 발생으
로 인한 좌익세력의 불안과 니카라과 산디니스타 민족해방전선
의 봉기에 따른 희망이 어우러져 FMLN(Frente Farabundo Martí para la
Liberación Nacional, 파라분도 마르티 민족해방전선)이 결성되기에 이르렀
다. FMLN은 결성된 후 즉각 정부 전복을 위한 반군으로 확장되어
1980년부터 1991년까지 수도 산살바도르를 공격하는 등 무장 반정
부 활동을 벌였다. 하지만 시간이 지나면서 FMLN의 기세도 누그
러졌으며, 결정적으로 1989년 내전 종식을 공약으로 내건 크리스티
아니가 엘살바도르의 새 대통령으로 선출되면서 내전은 새로운 국
면을 맞게 되었다. 결국 정부와 반군 FMLN은 1991년 4월 평화 협
정을 체결하였고, 협정 사항의 하나로 '엘살바도르 진실위원회(La
Comisión de la Verdad para El Salvador)'가 유엔의 후원으로 설립되었다.

엘살바도르 진실위원회는 1992년부터 1993년까지 1980년 이후
부터 시작된 내전 기간의 각종 인권침해 및 학살에 대해 조사를 시
작하였다. 위원들은 유엔 사무총장 코피 아난이 양측의 합의를 거
쳐 임명했으며, 국제적으로 신망받는 외국의 정치, 법조, 학계 인사
들로 구성되었다. 1993년 위원회는 인권침해의 진상을 드러내는 보
고서(광기로부터 희망으로: De la locura a la esperanza)를 작성하였는데,
여기에는 총 40여 명의 인권침해 책임자 신원이 공개되었다. 또한

조사 결과, 내전 기간 동안 5백만 명의 인구 중 약 7만여 명이 죽거나 실종되었고, 특히 마르티 민족해방전선과 연계된 농촌마을 주민들이 학살의 주요 대상이었다.

엘살바도르의 내전(1980~1992) 기간 동안 가장 큰 민간인 학살은 엘 모소떼(El Mozote)에서 일어난 사건이었다. 1981년 12월 6일부터 16일까지 엘살바도르 군대는 북동부 모라산(Morazan) 지역에서 게릴라 토벌을 위한 '초토화 작전(Operation Rescue)'을 실시하였는데, 이 작전의 목표는 FMLN 반군 게릴라 소탕과 게릴라 지지자들의 제거였다. 이 작전의 최선두에 섰던 것은 미국에서 폭동진압 훈련을 받은 아뜰라까뜰(Atlacatl) 대대였다. 이 부대는 1981년 12월 9일 엘 모소떼 마을에 도착해 마을주민들을 학살하고 집과 농토를 불태웠다. 그리고 이들은 며칠 후 인근 5개 마을에서도 동일한 작전을 수행하였다. 엘 모소떼 학살 소식을 들은 주변 마을의 주민들은 대부분 도망갔으며, 이들 중 일부는 야간에 마을로 들어와 피학살자들의 시체를 공동묘지에 매장하기도 하였다.[14]

엘 모소떼 학살은 즉각 엘살바도르와 미국의 정치권에서 논란의 대상이 되었으나, 1982년 1월 워싱턴 포스트와 뉴욕 타임스에 보도되기 전까지 대외에 거의 알려지지 않았다. 사건이 대외로 불거진 후 엘 모소떼 사건은 미국 의회에서 논란을 일으켰는데, 당시 의회에서는 엘살바도르에 대한 미국의 군사원조 재개가 논란이 되고 있는 중이었다. 미국과 엘살바도르 정부는 엘 모소떼에서의 군사

---

14) 피난민의 일부는 생존을 위해 온두라스 국경을 넘어 유엔 난민캠프로 갔으며, 일부는 FMLN에 합류하거나 엘살바도르의 다른 지역으로 도주하였다. 외지의 주민들은 생존자들이 온두라스로부터 귀향하기 시작한 1989년까지 고향으로 돌아오지 못했다. 엘 모소떼는 학살 당시의 모습 그대로 방치되어 있었다.

활동을 인지하고 있었으나, 대외적으로는 이 사건이 단순한 엘살바도르 군대와 FMLN 사이의 충돌일 뿐이지 '학살'에 대한 어떠한 증거도 없다고 발표하였으며, 이후로도 엘살바도르에 대한 미국의 군사원조는 계속되었다.

미국과 엘살바도르 정부의 학살 부인 발표 이후 이 사건은 점차 대중들의 인식에서 사라졌다. 하지만 1989년 산 살바드로의 인권기구인 투테라 레갈(Tutela Legal)에 의해 학살에 대한 조사가 시작되었고, 이 조사에서 약 8백여 명의 민간인이 학살되었으며 학살 인원 중 약 40%가 10세 이하의 어린이인 것을 확인하였다(Shelton, Dinah. L. 2005: 378). 1990년 10월, 투테라 레갈(Tutela Legal)은 학살에 대한 책임을 물어 군부를 대상으로 소송을 준비하였고, 이 과정에서 엘 모소떼의 유해발굴을 위해 EAAF에 법의학적인 도움을 요청하였다. 1991년 EAAF는 사전조사를 위해 엘살바도르로 갔으나 유해발굴 허가를 거부한 판사에 의해 조사는 이루어지지 못했다. 그러나 1992년 초 엘살바도르 정부와 FMLN사이에 평화협정이 체결된 후 투테라 레갈(Tutela Legal)은 다시 EAAF에 조사 의뢰를 하였고, EAAF는 3개월 동안 사전 역학 조사를 수행하거나 준비하였는데, 이때 EAAF는 일부 무덤의 위치와 희생자 명단을 확인할 수 있었다. 그리고 몇 차례의 대법원과 지방법원의 유해발굴 거부가 있었지만 1992년 가을 엘살바드로 유엔 진실위원회는 유해발굴을 결정하였고 EAAF를 기술 고문으로 선정하였다(ibid: 379).

엘 모소떼의 유해발굴은 1992년 10월 13일부터 11월 17일까지 진행되었다. 발굴은 주로 '제1구역(Site No. 1)'[15]에서 진행되었으며,

---

15) 제1구역은 흙벽으로 만든 작은 집(4.63×6.94m)으로서 마을 교회 옆에 세워져

유해는 3개의 지층 중 가장 아래 부분에서 발견되었다. 발굴팀은 이 구역에서 모두 143구의 유해를 수습하였으며, 이 중 136구는 평균 12세 이하의 어린이들이었다. 또한 성인 7인의 연령은 21세에서 40세로 추정되며 6명이 여성이었다.[16] 또한 현장에서는 학살에 사용된 257개의 탄두와 탄피 및 244개의 탄창 카트리지가 발굴되었고, 인형, 장난감 자동차, 십자가, 동전, 메달 등의 유품도 함께 수습되었다(Danner 1994: 235-256). 증거물들은 모두 미국으로 보내져 고고학자와 총기 전문가들의 정밀감식을 받았다. 총기 전문가들은 대부분의 탄창(탄약통)이 한 개를 제외하고 5.56구경 탄창이었고 미국에서 제작한 M16 자동소총이 발사된 것으로 결론을 내렸다. 또한 모든 탄창(탄약통) 케이스에는 'Lake City Arms Plant' 도장이 새겨져 있어서 미국으로부터 제공받은 것임을 증명하고 있었다. 이와 같은 다양한 증거로 볼 때, 당시 학살에 참여했던 부대는 위 형태의 무기를 소지한 엘살바도르 군대였다는 것을 말하고 있다. 유해발굴의 결과는 유엔 진실위원회가 내전 당시 엘 모소떼와 인근 마을들에서 약 5백 명 이상의 민간인이 학살되었음을 증명하는 가장 강력한 증거가 되었다. 유해발굴과 유엔 진실위원회의 결론으로 말미암아 빌 클린턴 미국 대통령은 이전까지 엘살바도르에서 학살이 없었다는

있었다. 발굴 당시 집의 벽은 무너져 있었고 잔해가 산더미처럼 쌓여 있는 상태였다.

16) 발굴된 유해는 산 살바도르의 조사실로 보다 세부적인 조사를 위해 옮겨졌는데, 이때 새로운 법의인류학자와 병리학자, 방사선학자 등이 미국으로부터 결합하였다. 골상학과 치아 검사를 통해 볼 때 어린이들의 연령대는 신생아로부터 12세까지였으며, 평균 나이는 6.8세였다. 또한 성인 7명을 포함하여 모든 사망자들은 매우 빠른 속도의 총상에 의한 트라우마를 보여주고 있었다(Shelton, Dinah. L. 2005: 379).

미국 정부의 공식적인 입장을 철회하였다.

1992년 EAAF가 엘 모소떼에서 발굴을 실시하였지만, 현재까지 엘 모소떼와 인근 5개 마을에는 발굴되지 않은 많은 곳들이 존재하고 있다. 유엔 진실위원회는 1993년 3월 이러한 조사를 마무리하기 위해 엘 모소떼를 포함한 전쟁기기 인권 침해에 대한 추가 조사를 강력하게 요구하였다. 하지만 유엔에서 이와 같은 성명이 발표되자, 엘살바도르 정부는 전쟁 시기 인권침해자에 대한 불기소권과 엘 모소떼 혹은 이와 유사한 사례에서의 어떠한 추가조사도 무효화할 수 있는 사면법을 통과시켰다. 그러나 사면법에도 불구하고 엘 모소떼 학살의 피학살자 유족들과 인권침해 피해자들은 계속적인 유해발굴을 요구하고 있다. 2000년 바뀐 정치 환경에 힘입어 사법부는 유해발굴 재개 탄원서를 허가하였다. 2004년 EAAF는 엘 모소떼와 인근 마을에서의 계속적인 발굴을 실시하였으며, 발굴을 위한 기초 조사는 2008년까지 이어졌다.

2018년 현재, 엘 모소떼 학살 현장은 마치 공원과 같은 느낌을 받을 수 있는 추모지로 탈바꿈하였다. 이곳에는 휴일에 많은 관광객들이 방문을 하고 있고, 학살 당시 어린이들이 집단 학살되었던 교회는 새롭게 단장되어 그날의 비극을 기념하고 있다. 또한 완전하지는 않지만 희생자들의 묘지도 들어서게 되면서 엘 모소떼 사건의 기념과 위령은 엘살바도르 과거사 청산의 가장 모범적 사례로 손꼽히고 있다. 하지만 거시적 측면에서 본다면 엘살바도르의 과거사 청산은 그렇게 성공한 사례라 할 수 없다. 냉전 시기 미국과 소련의 대리전장 역할을 하며 수많은 희생자들을 양산했던 엘살바도르는 본격적인 과거사 청산이 생략된 채 오늘에 이르고 있다. 현재 엘살바도르의 높아진 치안 불안과 사회구조적 문제는 과거사 청산의 불완료와 깊은 연관성을 가진 것이다. 하지만 엘 모소떼 사건은 학살 직후부터 미국을 비롯한 전 세계 언론에 대서특필된 사건으로서, 대외적 이미지 차원에서 그대로 방치하기에는 상당한 부담이 뒤따랐을 것이다. 마치 베트남 정부가 베트남 전쟁 종전 이후 많은 민간인 학살 사건의 기념에는 신경을 쓰지 않았지만, 유독 미라이 학살 사건에만 공을 기울인 것과 맥락을 같이한다. 미라이 학살 사건은 미국과 유럽에서 베트남 전쟁 반대 운동을 이끌어낸 중요한 원동력이었고, 이 사건에 대해 많은 외신들이 관심을 가지고 있었기 때문이다. 엘살바도르 정부 역시 내전 당시 미국의 군사지원에 대한 반대 여론을 확산시켰던 엘 모소떼 사건은 외형적으로 성공한 과거사 청산의 형태를 보이고 있지만, 실제 엘살바도르 사회는 현재까지도 청산하지 못한 과거의 폭력으로 인해 고통받고 있다.

3) 과테말라: 마야 원주민 학살과 유해발굴

과테말라는 1954년 쿠데타 이후 군부의 억압정치가 계속 이어졌으며, 이에 대항하기 이해 1960년대에 4개의 반정부 단체가 결성되었다. 이들은 1963년의 반정부 게릴라 활동을 시작으로 1982년에는 4개 반군단체가 연합하여 '과테말라 민족혁명연합(Union Revolucionaria Nacional Guatemalteca)'을 결성하였다. 이들은 이후부터 본격적인 반정부 게릴라 활동에 나섰으며 1990년대까지 과테말라를 내전의 도가니로 몰아갔다. 그러나 1991년 엘리아스가 대통령으로 선출되면서 반군과 정부 사이의 평화협상이 시작되었고, 마침내 1994년 인권문제, 난민문제, 원주민의 권리에 대한 합의가 도출되

었다.[17]

과테말라는 1994년 정부와 혁명연합군(URNG) 사이의 평화협정이 체결됨에 따라 '역사진실위원회(Comisión para de Esclarecimiento Histórico, 이하 CEH)'를 구성하여 34년 내전 기간 동안 정부군과 반군 사이에서 발생한 인권침해 및 학살 사건들을 조사하였다. 이 위원회는 18개월 동안 운영되었으며, 1997년 '침묵의 기억'이라는 최종보고서를 제출하였다. 현재까지 여러 보고서 등을 통해 볼 때 과테말라의 '라 비올렌시아(La Violencia)' 기간 동안 440개 마을이 과테말라 군에 의해 불태워 없어져 500,000명의 집이 소실되었다. 그리고 150,000명의 난민이 발생하였고, 100,000명에서 150,000명 사이의 인구가 죽거나 실종되었다. 또한 CEH는 626개 마을에서 약 200,000명의 이르는 인구가 학살되었는데 이 중 약 83%는 마야족이었고, 학살의 책임소재에 있어서 과테말라 정부군에게 93%의 책임이 있다고 기술하였다. 특히 보고서에서도 기술하고 있지만 과테말라 내전의 최대 피해자는 마야족이었다. 최종보고서가 제출 이후 화해를 위한 몇 가지 프로그램들이 실시되었지만 아직까지 법적, 제도적 조치 및 토착주민 보호를 위한 개혁조치들이 본격적으로 시도되고 있지 않다.

과테말라 국민들은 내전 기간 동안의 폭력적 기간을 '라 비올렌시아'라는 용어로 개념화하고 있다. 이 용어가 본격적으로 쓰이기 시작한 것은 1994년부터인데, 이전까지 과테말라에서는 국민들이 내전 기간의 폭력기간을 '라 시뚜아시온(La Situación)'이라고 부르고 있었다. 산포드(Sanford)에 의하면, 1994년에 이르러 '라 시뚜아시온'

---

17) 1996년 과테말라 정부와 URNG는 영구 평화협상을 체결하였다.

에서 '라 비올렌시아'로 용어가 바뀐 것은 과테말라에 있어서 중요한 의미를 가진다(Sanford 2003: 14-15). 1994년은 반군과 정부와의 평화협정이 체결된 시기로서, 과테말라 국민들이 참고 침묵 속에서 복종하며 살아오던 자신들의 내면을 1994년 이후 '라 비올렌시아'라는 적극적 단어로 바꾼 것이다. 이것은 곧 사회적 담론이 과거 폭력적 상황에 대해 침묵하지 않고 적극적인 사회 및 정치활동 참여로 청산의 길을 걷겠다는 뜻을 포함하고 있다.

과테말라에서의 유해발굴은 위의 정치적 상황과 맥을 같이하여 실시되었다. 1990년과 1991년에 이르러 1980년대 초 '초토화공세'에 따른 마야 부족민의 학살 소식이 알려지고 이들의 시신이 묻힌 비밀묘지의 위치를 알려주는 제보들이 잇따랐다. 이에 1991년, 생존자들은 아르헨티나 EAAF를 구성하는 데 결정적 기여를 하였던 스노우 박사를 면담하면서 유해발굴에 대한 협조를 요청하였고, 이후 과테말라에서 첫 발굴이 이루어지면서 자연스럽게 '과테말라 법의인류학팀'인 EAFG(Equipo de Anthropologia Forense de Guatemala)가 결성되었다. EAFG는 1992년 7월 엘 끼체(El Quiché) 지역의 산 호세 빠쵸 레모아(San Jose Pacho Lemoa)에서 첫 발굴을 실시하였다. 이후 1997년 EAFG는 재단(foundation)으로 전환하였고, CEH에서 사건을 조사하는 과정에서 요구한 네 개 지역의 발굴을 실시하는 등 1997년 중반에만 모두 29개의 비밀 매장지를 발굴하여 431구의 유해를 수습하였고 이 중 89명에 대해서는 신원확인을 완료하였다(Hoepker 1998: 40). 또한 EAFG는 과거 학살이 이루어졌던 군부대 내부에서 조사 중 실종된 이들을 찾기 위해 조사를 실시하기도 하였는데, 과거 인권 침해 및 고문이 이루어졌던 꼬말라빠(Comalapa), 치말떼낭고(Chimaltenango) 지역의 전(前) 군사기지에 대한 발굴을 실시하여 총 220구의 유해를 수습하였고, 라비날(Rabinal)과 바하 베라빠스(Baja Verapaz)에서도 74구의 유해를 발굴하였다. 이렇게 발굴된 유해는 과거사 청산에 있어서 상당히 중요한 역할을 하였는데, 특히 1997년까지 내전기간 동안의 민간인 학살을 전면 부인하던 과테말라 정부는 EAFG의 유해발굴이 실시된 이후 이를 공식적으로 인정하며 사과하였다. 결국 CEH의 최종보고서에서 민간인 학살에 있어서 정부의 책임이 93%라는 것을 입증시키는 데 유해발굴이 상당한 위력을 발휘했다고 볼 수 있다. 또한 유해발굴은 검찰의 요구에 의해서 이루어지기도 하였는데, 이러한 영향으로 2002년 2월 21일에는 발굴 관계자들에게 '발굴을 중지하지 않으면 가만두지 않겠다. 너희들은 우리를 심판할 수 없다'는 내용의 협박 편지가 배달되기도 하였다.[18] 한편 EAFG는 2004년 10월까지 총 349개소의 비밀 유해 매장지를 조사하여 2,982개체(set)의 유해를 발굴하였다.

재단으로 성격을 바꾼 FAFG(Fundación de Antropología Forense de Guatemala)는 시민운동 단체이기보다는 유해발굴을 전문적으로 수행하는 법의인류학 기관의 성격이 강하다. FAFG를 시민사회단체로 분류하는 것은 사업을 진행함에 있어서 정부로부터 어떠한 지원도 받지 않기 때문이다. FAFG는 대부분의 사업비를 EU 회원 국가 및 미국으로부터 지원받고 있다. FAFG는 현재 과테말라시티 내에 독자적인 실험실과 사무실을 두면서 DNA실험실, 재정총무실, 행정실 등의 조직체계를 가지고 있다. 여기에는 법의학자(12명)와 고고학자(12명), 사회인류학자(10명) 등 모두 34명의 연구진과 총 140여

---

18) 당시 EAFG 관계자들은 24시간 경찰의 신변 보호를 받고 있었다.

2017년 과테말라 네바호주 현지조사 시 필자가 이실(Ixil) 마야원주민 피학살자 유족 회장(오른쪽)과 인터뷰를 마치고 찍은 사진.

명의 일반 직원들이 근무하고 있다. 이들은 1992년부터 현재까지 치말떼낭고, 바하 베라빠스, 알따 베라빠스, 끼체 등지의 민간인 학살지에서 약 1,300여 건의 발굴을 진행하였다. 발굴은 대개 행정부 (Ministerio Publico)로 특정지역에 대한 발굴 요청이 들어오면서 시작된다. 그러면 행정부는 요청 건을 심사하여 발굴여부를 결정하고, 이후 FAFG에게 발굴을 요구하게 된다. 하지만 요청 건의 심사에 있어서도, 실제 이 업무를 담당하는 것은 행정부가 아니라 FAFG라고 관계자는 증언하고 있다.[19] 발굴된 유해 중 신원이 확인된 경우는 유족에게 인도하고 있지만, 신원이 불확실한 경우는 일단 FAFG

---

19) FAFG 연구원 Renaldo Acevedo의 증언(2012년 2월 10일, FAFG 사무실)

에서 보관한다. 하지만 보관을 위해서는 공간 등의 문제가 야기되므로, 일단 신원 미확인 유해는 유전자 샘플을 채취하여 넘버링한 후, 무연고자 묘지 등과 같은 특정 장소에 매장하게 된다. 2012년 2월 당시 FAFG가 보관하고 있던 유해는 총 5,810구(남성 2,972구, 여성 971, 미확인 1,874)에 달하고 있다(노용석 2012: 405-409).

4) 유해발굴을 통한 역사의 재해석

2000년을 넘어서면서 라틴아메리카에서는 국가폭력 당시 민간인 집단 학살에 대한 유해발굴 이외에도 국가의 역사를 재해석하거나 정체성을 강화하기 위한 유해발굴들이 시작되었다. 이러한 흐름이 발생한 원인은 먼저 라틴아메리카의 근대국민국가 특성에 기인하고 있다. 앞선 절에서 언급한 바와 같이 라틴아메리카의 국가형성은 스페인 식민지배와 끄리오요(criollo), 독립전쟁 이후의 유력 까우디요(caudillo)의 특성에 의해 '창조'된 바가 없지 않다. 베네딕트 앤더슨(윤형숙 역 2002)이 언급하였듯이. 라틴아메리카는 스페인 식민시기부터 '백인 이주민들'이 그들의 이해와 조건에 따라 독자적인 행정단위로 발전하였고, 이러한 동력을 바탕으로 독립전쟁을 거쳐 근대국민국가로 변모하였다. 이 과정에서 라틴아메리카는 국가의 정체성을 강화하기 위한 다양한 '전통'이 필요했을 것이며, 국민국가가 완성된 이후에도 이러한 신화의 창조를 갈구하였다. 2000년 이후 계속된 유해발굴 중의 일부는 근대국민국가의 정체성을 더욱 강화하기 위한 움직임과 연관성이 있다. 또 다른 이유는 불안정한 라틴아메리카 국가의 정치상황과 연관이 있다. 라틴아메리카는 제2차 세계대전 이후 다른 어떤 대륙보다 정치적 갈등과 변화가 심하였다. 모든 국가의 정권은 수시로 바뀌었고, 새롭게 들어선 정부는 자기 권력의 정당성을 확보하기 위해 항상 역사의 정통성을 확립하여야만 했다. 아래에서 소개할 유해발굴 중 두 가지 사례는 바로 이러한 역사의 정통성 확립과 연결된 것이다. 결국 허약하고 불안정한 라틴아메리카의 역사는 유해발굴이라는 요소를 통해 더욱 강화될 필요성이 있었던 것이다.

살바도르 아옌데의 귀환: 칠레 유해발굴[20]

1973년 9월 11일 오전, 칠레의 대통령궁인 라모네다(La Moneda)는 오전부터 화염에 휩싸였다. 칠레 공군기는 오전부터 대통령궁을 향해 폭격을 실시하고 있었으며, 세계 최초로 평화적 정권교체를 통해 사회주의 정권을 수립하였던 살바도르 아옌데 대통령은 라모네다에서 최후의 항전을 펼치고 있었다. 하지만 오후 2시경, 피노체트가 이끄는 쿠데타 군이 라모네다 내부로 진입하는 데 성공하였으며, 이내 쿠데타군과 아옌데 정부군 간의 교전은 막을 내렸다. 아옌데 대통령은 쿠데타군의 끈질긴 항복 및 망명 권유에도 불구하고 라모네다를 끝까지 지켰으며, 쿠데타군이 라모네다에 진입했을 때 이미 자신의 AK-47 소총으로 자살하였다고 목격자들은 말한다.[21]

상황이 종료된 이후 피노체트 군부는 아옌데 시신에 대해 부

---

20) 살바도르 아옌데와 이후 소개되는 우고 차베스, 브라질 골라르트의 사례는 필자의 논문(2017) 「라틴아메리카 유해(遺骸)정치의 특징과 의미」, 『폭력과 소통-트랜스내셔널한 정의를 위하여』(세창출판사)를 토대로 재구성된 것임을 밝힌다.

21) 당시 아옌데 대통령의 주치의였던 파트리시오 구이혼(Patricio Guijón)은 자신이 라모네다의 2층에서 1층으로 내려왔을 때, 아옌데 대통령이 AK-47을 다리 사이에 고정한 채 자신의 턱 부근에 총격을 가해 자살하였다고 증언하였다(New York Times, 2011. 5. 24일 보도).

검을 실시하여 자살로 판명한 후, 아옌데의 시신을 산티아고로부터 75마일 떨어진 곳에 위치한 비냐 델 마르(Viña del Mar)의 묘지에 묘비명도 없이 서둘러 매장하였다. 이렇듯 아옌데의 시신을 비밀리에 처리한 이유는 아옌데의 매장지가 '또 다른 항거'의 출발점이 되는 것을 막기 위함이었다. 이후 군사쿠데타로 정권을 장악한 피노체트는 1990년까지 역사상 길이 남을 철권통치를 실시하였으나, 1990년 민선 아일윈 대통령이 들어선 이후부터 자신의 과거 활동은 과거사 청산의 대상이 되었다. 하지만 칠레의 정치 상황이 갑자기 1973년 이전 시기로 완전 복귀한 것은 아니었다. 그 당시만 해도 피노체트는 최고 통치권에서 물러나기는 하였지만, 여전히 국방장관과 국회의장 등을 역임하며 칠레 정국에 큰 영향을 미치고 있었다. 하지만 이때부터 칠레의 정치 상황이 이전과는 달리 변화하기 시작한 것은 분명한 사실이다. 이 변화의 출발점은 무엇보다도 1973년 군사쿠데타 이후 대충 매장되어 있던 아옌데의 시신이 다시 재매장된 것에서 찾을 수 있다. 1990년 피노체트 이후 민선 정부가 들어오자마자 아옌데의 시신은 발굴되어 새롭게 만든 산티아고의 기념관(mausoleum)에 안장되었다.

아옌데 시신의 두 번째 유해발굴은 이보다 좀 더 극적인 요소가 포함되어 있었다. 그것은 첫 번째 유해발굴이 보다 안정적인 안장을 위한 상징적 요소가 있었다면, 두 번째는 보다 세부적인 과거사 청산과 연관된 것이었기 때문이다. 법의학자인 루이스 라바날(Luis Ravanal)은 아옌데의 두개골에서 모두 두 개의 총상흔을 발견하였는데, 그중 하나는 권총과 같은 작은 무기에 의한 총상이었고, 나머지 하나는 AK-47 등과 같은 좀 더 큰 화기의 것이라고 주장하였다. 이것은 아옌데의 죽음과 관련하여 중요한 새로운 해석을 암시하는 것이었다. 즉 본디 아옌데는 쿠데타군이 라모네다로 진입할 즈음 스스로 목숨을 끊었다는 것이 정설이었으나, 위와 같은 법의학적 근거는 아옌데의 죽음이 쿠데타 군에 의한 타살이었을 가능성을 제기하는 것이다. 실제 쿠바의 피델 카스트로는 아옌데가 라모네다 내부에서 교전 중 피살되었음을 계속 강조해왔다. 만약 아옌데의 죽음이 타살이었다면, 이것은 아옌데의 죽음에 좀 더 많은 상징적 의미를 선사할 수 있다. 가령 예를 들어 '불의(군사쿠데타 세력)에 맞선 불굴의 투쟁정신' 혹은 '잔혹한 독재정권(피노체트 정권)의 실상' 등이 그러한 상징으로 떠오를 수 있을 것이다.

많은 칠레 국민들은 아옌데 유해의 발굴과 재부검에 대해 다양한 의견을 내놓았다. 어떤 이는 세월이 흐른 뒤에 행해지는 유해의 재부검이 무슨 소용이 있냐는 의견을 내놓았고, 또한 과거 피노체트 쿠데타 정권하에서 구금과 고문을 경험한 이는 어떠한 부검결과가 나오던 아옌데의 '숭고한' 정신을 훼손할 수 없다고 주장하였다. 마침내 2011년 5월 24일, 법원의 명령에 의해 아옌데의 유해는 발굴되었고, 전문적인 법의학팀에 의해 재부검되었다. 이후 2011년 7월, 재부검을 담당했던 법의학팀은 아옌데의 죽음에 다른 사람의 개입이 없었음을 공식적으로 발표하였다.

이와 같이 아옌데 유해에 대한 재부검 결과는 자살로 판명되었다. 하지만 아옌데 부검과 관련해 벌어진 일련의 과정들은 상당히 많은 점들을 시사해주고 있다. 먼저 아옌데 유해의 재부검은 표면적으로 드러난 사회적 이슈 이외에 과거사 청산을 더욱 공고히 하겠다는 칠레 사회의 의지가 표현된 것이었다. 아옌데 유해의 재부검이 이루어지던 2011년은 피노체트 군부독재를 종식시킨 좌파연립 정권 콘세르타시온(Concertación)의 20년 집권이 끝나고 우파정부인 세바스티안 피녜라 정부가 들어선 시기였다. 이 시기는 좌파 혹은 진보세력에게 자칫 칠레 사회에 불완전한 과거사 청산이 영구적으로 공고화될 수 있다는 불안감이 극대화된 시기일 수 있다. 이러한 상황을 돌파라도 하기 위함이었는지, 2011년 칠레에서는 대학가를 중심으로 국가에 의한 무상교육을 요구하는 대규모 학생시위가 발생하였다. 사실 칠레의 학생시위는 단순한 교육적 문제라기보다는 피노체트 군사독재정권으로부터 시작된 잘못된 제도의 개혁을 촉구하는 과거사 청산의 성격이 매우 짙었다. 이러한 시기적 상황에서 시작된 아옌데의 재부검은 단순히 과거의 궁금증을 해소하기 위한 일회성 이벤트였다기보다 좀 더 큰 맥락에서 과거사 청산을 완결하고자 하는 의지의 표현이었다고 볼 수 있다. 즉 아옌데 유해에 대한 재부검은 별다른 결론을 도출하지는 않았으나 유해발굴 자체만으로도 칠레 사회에서 과거사 청산의 지속을 알리는 중요한 상징이 된 것이다.

우고 차베스의 야심−하나의 라틴아메리카
: 시몬 볼리바르 유해발굴

진정한 라틴아메리카의 근대는 스페인 식민정부와의 독립전쟁을 기점으로 발전했다고 볼 수 있다. 특히 시몬 볼리바르는 스페인 식민통치시기로부터 베네수엘라, 콜롬비아, 볼리비아, 에콰도르, 중미연방공화국, 페루를 독립시킨 '라틴아메리카의 해방자'로 불리우고 있다. 그는 1800년대 초반부터 라틴아메리카 독립운동을 전개하여 '그란 콜롬비아(Gran Colombia)'를 결성하는 등 눈부신 활동을 전개하였으나, 결국 라틴아메리카 통합을 완성하지 못한 채 1830년 콜롬비아의 산타마르타 근처에서 폐결핵으로 사망하였다.

이후 시몬 볼리바르의 죽음이 다시 사회 전면에 등장한 것은 약 177년이 지난 시점이었다. 그 핵심은 바로 라틴아메리카 '좌파' 정부의 핵심 인물로 손꼽히던 우고 차베스였다. 차베스는 평소 자신의 정치적 여정을 시몬 볼리바르에 빗대어 서술하곤 하였지만, 시몬 볼리바르의 무덤을 발굴하여 유해를 조사하겠다는 최초의 생각은 2007년경부터 시작되었다. 당시 차베스는 연설에서 시몬 볼리바르가 폐결핵이 아니라 콜롬비아의 과두제 집권층(caudillo)에 의해 살해되었으리라는 이야기를 하였다. 이를 통해 시몬 볼리바르 죽음의 미스터리를 풀기 위한 여러 계획들이 수립되었으며, 이 중 하나가 시몬 볼리바르 유해에 대한 재부검이었다. 마침내 2010년 7월 16일, 차베스 정부는 카라카스 국립묘지에 안장되어 있던 시몬 볼리바르의 관을 열고 유해에 대한 법의학적 조사를 실시하기에 이른다. 하지만 당시 유해를 조사하였던 한 조사관은 시몬 볼리바르의 유해에서 독성물질이 발견되긴 하였으나, 이것이 시몬 볼리바르가 평소 복용한 약의 성분일 수 있기에 살해되었다고 단정하기 어렵다는 의견을 표명하였다. 결국 차베스가 추진했던 시몬 볼리바르 유해에 대한 조사는 큰 성과 없이 종료되었다.

하지만 중요한 것은 조사의 결론이 아니었다. 시몬 볼리바르의 유해발굴이 진행되는 동안 베네수엘라의 모든 언론은 차베스와 시몬 볼리바르의 연계성을 선전했으며, 차베스 역시 자신이 라틴아메리카 '해방자'의 '적장자'임을 공언하였다. 즉 시몬 볼리바르 유해발굴은 라틴아메리카에서 새로운 '좌파정부'의 리더로 부상했던 차베스의 입지를 시몬 볼리바르라는 '상징성'을 빌려 라틴아메리카 전체의 이미지로 형상화한 것이며, 베네수엘라 정권에 옹호적이지 않았던 콜롬비아를 과거로 소환하여 상징적으로 청산하고자 한 것이다. 결국 시몬 볼리바르 유해발굴은 새로운 라틴아메리카의 상징을 찾는 작업과 초국가적 과거사 청산이 동시에 진행된 것이라 할 수 있다. 사실 콜롬비아는 차베스 집권 이후 베네수엘라의 좌파 정권에 대해 상당히 악의적 태도를 지속해왔으며 이에 대해 차베스는 시몬 볼리바르를 통한 과거사 청산이라는 형식을 빌려 라틴아메리카 혁명의 '정당성'에서 콜롬비아를 배제한 것이다.

초국가적 폭력의 상징적 청산: 브라질 골라르트 유해발굴

브라질은 과거사 청산을 위해 2012년 5월 국가진실위원회(Comissão Nacional da Verdade)를 설립하였다. 이 위원회는 1944년부터 1988년까지 국가에 의해 자행된 인권침해 사례를 조사하였으며, 특히 1964년부터 1985년까지 군부독재정권 하에서 자행되었던 학살과 고문피해, 실종자 문제 등을 집중적으로 조사하였다.[22] 브라질 국가진실위원회는 일명 '장고'로 불리던 골라르트(João Belchior Marques Goulart) 전 대통령의 죽음에 대해서도 조사를 실시하였다. 골라르트는 1961년부터 1964년까지 브라질의 대통령을 역임하였으나 재임기간 중 군사쿠데타가 발생하여 우루과이로 망명하였다. 이후 1973년 골라르트는 아르헨티나의 부에노스아이레스로 거처를 옮겨 망명을 지속하던 중, 1976년 12월 6일 아르헨티나의 메르세데스에 있는 자택에서 심장병으로 사망하였다. 이때는 아르헨티나 군부가 이사벨 페론 정부를 몰아내고 그 유명한 '더러운 전쟁(dirty war)' 시기를 시작한 군부독재 정권 시절이었다.

---

22) 브라질 국가진실위원회는 2014년 12월 최종보고서를 발간하여 군사정권 당시 총 434명의 민간인이 국가폭력에 의해 사망하거나 실종되었으며, 이러한 행위는 브라질 군부와 경찰, 비밀정보기관에 의해 실행되었음을 밝혔다.

그러나 2000년, 전 리오데자네이로 주지사였던 브리솔라(Leonel Brizola)는 '장고'의 죽음이 심장병에 의한 것이 아니라 '콘도르 작전(Operation Condor)'의 거대한 틀 속에서 이루어진 타살이라고 주장하였다. 이와 같은 타살 주장은 2008년 우루과이 정보기관 요원이었던 마리오 네이라(Mario Neira Barreiro)가 골라르트의 독살설을 주장함으로써 더욱 신빙성을 갖게 되었다. 마리오 네이라에 의하면, 골라르트에 대한 암살 명령은 당시 브라질 대통령이었던 헤이세이(Ernesto Geisei)[23]로부터 내려왔고, 직접적인 암살은 우루과이 비밀정보 기관에 의해 실행되었다. 결국 2013년 3월 브라질 국가진실위원회는 골라르트의 죽음을 조사하기 위해 유해발굴을 결정하였으며, 법의학팀은 유해에 독성 실험 등을 하여 타살 여부를 밝힐 예정이었다. 조사 결과 골라르트의 유해에서는 기존의 해석을 뒤집을 만한 뚜렷한 증거가 발견되지는 않았다.

하지만 위에서 언급한 타사례와 같이, 골라르트 재부검 사례는 그 결과가 중요한 것이 아니라 과거사 청산을 진행하고 있는 브라질 정부의 의지를 확인한 것이라 볼 수 있다. 특히 브라질 정부는 골라르트 살해 의혹에 있어서 현실적으로 직접적 조사를 수행할 수 없는 우루과이를 겨냥해 과거사 청산을 위한 일종의 '액션'을 취했다고 볼 수 있다. 이것은 콘도르 작전 속에 포함된 초국가적 폭력을 골라르트의 유해라는 '상징'을 통해 폭로하고자 한 것이다.

---

23) 1974년부터 1979년까지 브라질 대통령

3. 라틴아메리카 유해발굴의 특징

라틴아메리카의 유해발굴은 여러 가지 측면에서 중요한 시사점을 던져주고 있다. 먼저 라틴아메리카의 유해발굴은 전 세계적으로 볼 때 과거사 청산 과정에서 가장 광범위하고 선도적인 유해발굴을 최초로 시도하였다는 점에서 큰 의의를 갖는다. 이렇듯 선도적인 유해발굴이 라틴아메리카에서 진행될 수 있었던 이유는 라틴아메리카의 정치 경제에 있어서 무엇보다도 과거사 청산이 절실했고, 이러한 청산 작업이 학살 및 실종이 발생한 지 비교적 짧은 시간 내에 이루어졌기 때문이다.[24] 한국의 경우에도 한국전쟁 전후 민간인 집단학살과 같은 사례는 과거사 청산이 절실하였으나, 과거사 청산의 구체적 실행은 2005년 진실화해위원회가 출범한 이후 시작되었다. 이것은 한국전쟁이 발발한 지 60여 년이 지난 뒤였다. 이러한 시기상의 과거사 청산 지연은 결국 유해발굴에 있어서도 매장지의 훼손 및 주요 증언자의 사망 등을 초래하여 본격적인 발굴 작업을 이루지 못하게 하는 원인이 되었다. 이러한 사례와 비교해 볼 때 라틴아메리카의 경우는 비교적 명확한 정보 및 문서 등을 토대로 발굴을 진행하였으며, 이러한 이유로 인해 발굴의 사회적 파장이 다른 어느 곳보다 강하게 느껴질 수 있었다.

라틴아메리카 유해발굴이 선도적인 또 다른 이유는 발굴의 대부분이 전문적인 유해발굴 기관에 의해 과학적으로 실시되고 있음

---

24) 과거사 청산의 대표적 사례로 꼽히는 남아프리카공화국과 르완다, 우간다 등의 아프리카 국가들이 1990년대 들어와서야 본격적인 과거사 청산을 시도하였다고 볼 때, 라틴아메리카의 과거사 청산은 상대적으로 이른 시기에 시작되었음을 알 수 있다.

에서도 나타난다. 본문에서 언급한 바와 같이 아르헨티나와 과테말라, 페루는 자국 내 전문적인 유해발굴 기구를 두고 있으며, 이들은 국가의 경계를 넘어 라틴아메리카 전역에서 유해발굴을 수행하고 있다. 결국 이러한 유해발굴 기관의 초국가적 활동은 LIID(The Latin American Initiative for the Identification of the Disappeared)와 같은 '라틴아메리카 유해발굴 협력 기구'를 탄생시켰다. 아르헨티나의 EAAF와 과테말라의 FAFG(the Guatemalan Forensic Anthropology Foundation), 그리고 페루의 EPAF는 2007년 과거사 청산 과정에서 실시되는 유해발굴을 공동으로 협력하기 위하여 LIID를 발족하였다. LIID는 비영리 민간단체로서 유해발굴을 비롯해 신원확인을 위한 유족 기초탐문 조사, DNA샘플 채취, 유전자 검사, 연구 인력 교육 등에 대해 기관 간 정보교류 및 공동연구를 실시하고 있다(LIID 2009: 18-21).[25] 라틴아메리카의 많은 국가에서 과거사 청산이 실시되었지만, 유해발굴과 같이 국가 간 협력체제가 강력하게 나타난 분야는 드물었다. 이러한 협력의 근본적 원인은 라틴아메리카 국가들이 식민지로부터 시작해 독립, 내전, 군사정권, 권위주의 정부의 폭압 정치 등 일련의 사회정치적 변화들을 거의 비슷하게 겪었으며, 이로 인해 문화적인 동질성이 다른 어떤 대륙보다 강하게 형성되었고 언어적 측면에서 강한 일체감을 느낀다는 측면에서 이유를 찾을 수 있다. 또한 유해를 발굴하고 신원을 확인하는 일이 다소 특정한 사회정치적 상황에 얽매이지 않아도 되는 '과학적' 분야라는 인식 역시 협력의 중요한 요인이 되었다.

---

25) 유해발굴의 협력기구로는 2003년 2월 아르헨티나, 칠레, 과테말라, 페루, 콜롬비아, 멕시코, 베네수엘라 등이 참여하여 만든 ALAF(Latin American Forensic Anthropologists)이라는 단체도 존재한다.

하지만 한국의 경우만 하더라도 한국전쟁이 발발한 지 10년이 지난 4.19혁명 이후부터 유해발굴이 시작되었지만 발굴의 형태는 과학적 분석과는 거리가 멀었다. 대부분의 발굴은 유족과 장의사들에 의해 실시되었고, 발굴된 유해는 과학적으로 분석되기보다는 단지 참혹한 학살의 상징으로만 활용되었다. 다만 한국 역시 2000년대 이후부터 실시된 유해발굴에서는 라틴아메리카와 같은 과학적 유해발굴을 실시하고 있으나 아직까지 상설적인 유해발굴 전문기관이 존재하는 것은 아니다.[26] 한국에서 상설적 유해발굴 기관이 부재하다는 사실은 2009년 진실화해위원회의 발굴이 종료되자 모든 유해발굴이 중단되었다는 사실과 맥을 같이하고 있다. 이것은 유해발굴에 대한 정부의 의지가 사라진다면 더 이상 어떠한 발굴 작업도 실시될 수 없음을 보여주는 것이다. 이러한 상황에서 국가의 유해발굴 실행만을 바라보는 것이 아니라 발굴 전문 민간기관을 창설한 라틴아메리카의 사례는 중요한 교훈이 될 수 있다. 특히 라틴아메리카의 민간 주도 독자적 유해발굴 사례는 향후 한국의 유해발굴 장기 로드맵 형성에 중요한 본보기가 될 수 있다.

라틴아메리카 유해발굴의 또 다른 특징은 발굴된 유해가 과거사 청산 과정에서 법원의 증거물로 채택되는 등의 핵심적 역할을 담당하고 있다는 것이다. 유해발굴은 과거사 청산이 이루어지고 있는 전 세계 다양한 국가에서 실시되었지만, 발굴된 유해가 라틴아메리카처럼 결정적 증거물로 기능하는 경우는 드물었다. 예를 들어 한국의 경우에도 2005년 진실화해위원회 출범 이후 2007년부터

---

26) 2000년 이후 한국의 유해발굴은 일부 대학의 박물관 및 고고학 팀들에 의해 실시되는 경우가 많다.

유해발굴이 실시되었으나, 이 발굴은 라틴아메리카처럼 과거사 청산에 있어서 결정적 증거물로 작용하고 있지는 않다. 한국의 유해발굴은 주로 민간인 피학살자 유족의 해원(解冤) 차원에서 이루어지는 경우가 많았고, 진상규명 차원의 사건조사에서 결정적 단서로 활용되지 않았다. 한국의 경우 진상규명 사건조사의 결정적 단서는 주로 공문서의 기록이나 참고인의 증언이었고, 발굴된 유해는 이러한 정황을 설명하는 보조 자료로 활용될 뿐이었다. 이와 같은 이유로는 한국의 민간인 학살 과거사 청산이 60년의 세월이 지나간 시점에 이루어지다 보니 발굴된 유해의 신원을 확인할 수 없었고[27], 유족 역시 피학살된 자신의 가족을 찾기보다는 전체적인 희생자들의 위령사업에 신경을 쓰고 있기 때문이다.[28] 이외에도 프랑코 독재정권 당시 실종자에 대한 유해발굴을 실시하고 있는 스페인 역시 발굴의 결과물이 사법부의 증거물이나 기소를 하는 데 결정적 역할을 하고 있는 것은 아니다(Ferrándiz 2006, 진실화해위원회·공주대 산학협력단 2009: 36-39).[29] 이에 반해 라틴아메리카의 유해발굴은 집

---

27) 2007년부터 2009년까지 진행된 한국의 진실화해위원회 유해발굴에서는 모두 1,617구의 유해가 발굴되었으나, 이 중 신원이 확인된 유해는 한 구도 없었다.

28) 실제로 한국의 많은 피학살자 유족들은 모든 유해의 신원확인이 불가능하다면 집단적인 위령 방법을 선호하고 있다. 하지만 이와 동시에 또 다른 유족들은 기회가 된다면 가족의 유해라도 찾을 수 있기를 간절히 열망하고 있다. 한편 2007년부터 제주4.3위원회에서 실시한 '제주 4.3사건 유해발굴'은 진실화해위원회 발굴과는 달리 신원확인에 중점을 두었고, 그 결과 13구의 신원을 확인할 수 있었다(제주대 등 2010).

29) 스페인에도 유해발굴에 대해서는 여러 가지 의견이 있는데, 그중 하나는 유해발굴이 '제2의 학살'이므로 암매장지를 어떠한 이유가 있어도 훼손해서도 안 된다는 것이다. 이러한 주장을 하는 이들은 암매장지가 '역사적 증거물'로 보존되어야 하며, 유해발굴 대신 암매장지 위에 위령시설(표식이나 기념비 등)을 해야 한다고 주장한다(Ferrándiz 2006: 9).

단적 위령체계를 구축하기 위한 모색들이 전혀 없는 것은 아니지만 분명히 개별 신원확인을 최고의 목적으로 삼고 있으며, 발굴된 유해들은 과거 권위주의 시기 가해자들을 기소하고 처벌하는 데 중요한 증거 역할을 하고 있다. 이와 같은 유해발굴의 역할은 우수하고 정교한 발굴기관을 확보함과 동시에 발굴에 대한 사회적 공감대가 널리 확산되었을 때만 가능한 것으로서, 라틴아메리카의 전체적인 과거사 청산 열기를 가늠할 수 있게 한다.

라틴아메리카의 유해발굴이 과거사 청산에 있어서 중요한 역할을 한 것은 분명하지만, 이에 대해 평가가 항상 긍정적인 것만은 아니었다. 예를 들어 아르헨티나에서는 어머니회를 중심으로 1980년대 초반부터 유해발굴에 대한 강한 요구가 있었으나, 막상 발굴이 시작되자마자 어머니회는 유해발굴에 대해 거부의사를 표현하기 시작했다. 이렇듯 어머니회가 유해발굴을 거부한 이유는 발굴된 유해를 통해 실종자의 신원을 밝히기가 어렵다는 이유도 있지만, 보다 근본적인 원인은 유해발굴을 통해 충분한 증거가 드러났음에도 불구하고 정부가 군부 가해자의 처벌에 미온적인 태도를 취했기 때문이다. 또한 어머니회는 유해발굴이 자칫 국민들에게 과거사 청산이 종료되었다는 이미지를 줄 수 있고, 발굴로 인한 애도의 분위기가 자칫 과거사 청산 투쟁을 지속하는 데 걸림돌로 작용할 수 있다고 판단하였다. 어머니회의 주장은 자신들의 자식이 어떻게 죽었는가를 아는 것이지, 유해를 발굴하여 다른 곳으로 옮기는 것은 중요하지 않다고 말한다(Bouvard 1994: 142, 박구병 2006: 81).

유해발굴은 정부의 또 다른 전략이다. 이것은 자식의 유해를 수습한 어머니들에게 투쟁 의지를 약화시키기 위한 것이다. (…) 우리는 뼈에 관심이 없다. (…) 유해발굴은 정의와 아무런 관련이 없다(Beatriz de Rubinstein 증언, Fisher, J. 1989: 129).

유해발굴에 대한 아르헨티나 어머니회의 입장이 라틴아메리카 전체를 대변한다고 볼 수는 없지만, 상당히 중요한 의미를 내포하고 있는 것은 사실이다. 실종되었던 자식의 유해를 찾아 다시 재매장하는 것이 비록 헛된 일은 아니지만, 이러한 과정이 자칫 과거사 청산의 큰 흐름에 지장을 주어서는 안 된다는 것이 어머니회의 입장인 것이다. 이 문제는 유해발굴을 실종되었던 가족의 시체를 찾아 재매장하는 의례과정의 일부분으로 특화해 볼 것인가, 아니면 발굴의 의미를 좀 더 확장된 과거사 청산의 본질 문제로 해석할 것인가와 연관되어 있다. 이러한 두 가지 관점은 한국의 유해발굴에 있어서도 중요한 관점 중의 하나였다. 완전한 과거사 청산을 위해 유해발굴을 거부한 채 투쟁하고 있는 어머니회의 결정은 유해발굴이 단순히 죽은 자의 시체를 땅속에서 끄집어내는 작업이 아니라 보다 복합적인 사회현상의 일부여야 함을 시사하고 있다. 즉 어머니회는 유해발굴이라는 요소를 통해 아르헨티나 사회에 내재해 있는 정치경제적 모순을 이야기하고, 이를 극복하고자 한 것이다. 하지만 어머니회의 주장과 동시에 일부에서는 전문기관에 의해 유해발굴이 계속 진행되고 있다. 향후 이러한 라틴아메리카 유해발굴의 다양성에 대해서는 좀 더 심층적인 연구가 필요할 것으로 보이며, 이 연구들은 결국 유해발굴이라는 소재를 통해 라틴아메리카 사회적 정치경제적 특징을 설명하는 데 중요한 자료가 될 것이다.

전 세계 어느 문화권이든 죽은 자의 몸을 처리하는 방식은 그 문화권의 총체적 특징을 파악할 수 있게 하는 중요한 부분이다. 왜

국가	발굴 추동 집단	유해발굴 기관	발굴의 법적 근거
엘살바도르	유족회 비정부 인권단체	독립적인 국제기 관/EAAF	진실위원회 권고
콜롬비아	유족회	국제기관 국내기관(신뢰도 의 문제 발생)	법률 975호의 포 괄적 적용
과테말라	유족회	독립적인 국제기 관/FAFG/EAAF	진실위원회 권고, 개별 사건에 대한 법원의 수사
페루	유족회 비정부 인권단체 진실위원회	국가기구(하지 만 신뢰도에 있어 서 문제가 있음)/ EPAF	진실위원회 권고
칠레	법원	부정기적으로 국 가가 지정한 발굴 팀이 동원/EAAF	법원의 수사
아르헨티나	법원	EAAF 등	진실위원회 권고, 법원의 수사
우루과이	유족회	독립적인 국제기 관/EAAF	
브라질	유족회	국내 혹은 국제기 관(신뢰도에 있어 서 문제가 있음)	
파라과이	진실위원회	EAAF	진실위원회

표13. 라틴아메리카 각국의 유해발굴 현황(노용석 2017a: 92)

냐하면 죽은 자는 단순히 소멸된 존재가 아니라 기념의 대상으로 상징되고, 이러한 상징을 통해 문화가 지속되기 때문이다. 이러한 관점에서 볼 때 소위 학살 및 실종과 같은 비참한 죽음의 대상을 발굴한다는 것은 정상적 문화질서가 파괴된 구조를 회복한다는 상징성을 내포하고 있다. 다시 말해 라틴아메리카 유해발굴 연구가 독재정권 및 군사쿠데타로 대표되는 라틴아메리카의 '문화적 암흑기'를 치유하기 위한 상징 및 의례적 행동에 대한 고찰임을 말하는 것이다. 그러므로 유해발굴 연구는 향후 좀 더 확장된 분석을 위해 라틴아메리카의 전반적인 문화체계 및 종교관, 죽음관 등에 대한 보다 심도 깊은 논의와 결합해야 하며, 이를 통해 유해발굴이라는 코드를 통해 라틴아메리카의 과거사 청산이 실제 민중의 문화적 체계에서는 어떠한 코드로 작동하는가를 알 수 있을 것이다.

참고문헌

Almeida, Paul D.(2008), *Waves of Protest: Popular Struggle in El Salvador*, 1925-2005, Minneapolis: University of Minnesota Press.

Arnold van Gennep(1961), *The Rites of Passage*, University of Chicago Press.

Azpuru, Dinorah(2010), "The salience of Ideology: Fifteen Years of Presidential Elections in El Salvador", *Latin American Politics & Society*, Vol.52, No.2, pp.103-138.

Binford, Leigh(1996), *The El Mozote Massacre: Anthropology and Human Rights*, The University of Arizona Press.

Bouvard, M. G.(1994), *Revolutionizing Motherhood: The Mothers of the Plaza De Mayo*, Wilmington: Scholarly Resources Inc.

Carlos Chen Osorio(2009), *Historias de Lucha y de Esperanza*, ADIVIMA(Asociación para el Desarrollo Integral de las Víctimas de la Violencia en las Verapaces Maya Achí).

Castaneda, R. G.(2003), "El Salvador's Democratic Transition 10 Years after the Peace Accord", Woodrow Wilson International Center for Scholars, www.wilsoncenter.org(2011.6.2).

Center for Justice and International Law & Human Rights Watch/Americas(1994), "The Facts Speak for Themselves", Human Rights Watch.

Ching, Erik and Tilley, Virginia(1998), "Indians, the Military and the Rebellion of 1932 in El Salvador", *Journal of Latin American Studies*, vol.30, No.1, pp.121-156, Cambridge University Press.

Colburn, Forrest D.(2009), "The Turnover in El Salvador", *Journal of Democracy* 20, 3: 143-52.

Collins, Cath(2010), *Post-Transitional Justice: Human Rights Trials in Chile and El Salvador*, Pennsylvania: The Pennsylvania State University Press.

Danner, Mark(1994), *The Massacre at El Mozote*, New York: Vintage Books.

Dinah L. Shelton(2005), *Encyclopedia of Genocide and Crimes against Humanity* 1, Thompson Gale.

Durkheim, Émile, Fields, Karen E.(tr.)(1995), *The Elementary Forms of Religious Life*, New York: Free Press;노치준, 민혜숙 역(1992), 『종교 생활의 원초적 형태』, 민영사.

Elster, J.(2004), *Closing the books : Transitional Justice in Historical Perspective*, Cambridge: Cambridge University Press.

Equipo Argentino de Antropología Forense(EAAF)(2003), *Informe Mini Annual 2002*.

Equipo Argentino de Antropología Forense(EAAF)(2005), *Informe Mini Annual 2004*.

Equipo Argentino de Antropología Forense(EAAF)(2006), *Informe Mini Annual 2005*.

Equipo Argentino de Antropología Forense(EAAF)(2007), *2007 Annual Report- Covering the Period January to December 2006*.

Equipo de Antropología Forense de Guatemala(EAFG)(1997), *Las Masacres en Rabinal*.

Equipo de Estudios Comunitarios y Ación Psicosocial(ECAP)(2009), *Working for International Consensus on Minimum Standards for Psychosocial Work in Exhumation Processes for The Search for Disappeared Persons*. Guatemala City: F&G Editores.

Feitlowitz, Marguerite(1998), *A Lexicon of Terror*, New York: Oxford University Press.

Ferrándiz, Francisco(2006), "The Return of Civil War Ghosts: The Ethnography of Exhumations in Contemporary Spain", *Anthropology Today*, Vol.22, No.3.

Fisher, J.(1989), *Mothers of the Disappeared*, Cambridge: South End Press.

Foster, Lynn V.(2007), *A Brief History of Central America*, New York: Checkmark Books.

Fundación de Antropología Forense de Guatemala(FAFG)(2000), *Informe De La Fundación de Antropología Forense de Guatemala: Cuatro Casos Paradigmaticos Solicitados por La Comisión Para El Esclarecimiento Histórico De Guatemala*.

Fundación de Antropología Forense de Guatemala(FAFG)(2004), *A La Memoria de las Victimas*.

García-Godos, Jemima and Andreas O. Lid, Knut(2010), "Transitional Justice and Victims' Rights before the End of a Conflict: The Unusual Case of Colombia", *Journal of Latin American Studies*, Vol.42, No.3, pp.487-516.

Gat, Azar(2006), *War In Human Civilization*, Oxford: Oxford University Press.

Gillingham, Paul(2011), *Cuauhtémoc's Bones: Forging National Identity in Morden Mexico*, University of New Mexico Press.

Grandin, Greg(2004), *The Last Colonial Massacre*. Chicago: The University of Chicago Press.

Greene, Samuel R, and Keogh, Stacy(2009), "The Parliamentary and Presidential Elections in El Salvador", *Electoral Studies*, Vol.28, pp.666-669.

Grupo de Apoyo Mutuo(2000), *Masacres en Guatemala*.

Hayner, Priscilla B.(1994). Fifteen Truth Commission-1974 to 1994: A Comparative study, *Human Rights Quarterly* 16: 4(November), pp.597-655.

Hayner, Priscilla B.(2002), *Unspeakable Truths: Confronting State Terror and Atrocity*, New York: Routledge.

Hayner, Priscilla B.(2006), "Truth Commissions: a Schematic Overview", *International Review of the Red Cross*, Vol.88, No.862.

Hertz, R.(1960), "A contribution to the study of the collective representation of death", *Death and The Right Hand*(authored by R. Hertz and translated by C. Needham), New York: Routledge.

Hoepker, Thomas(1998), *Return of the Maya: Guatemala-A Tale of Survival*, Henry Holt and Company Inc.

Holden, Robert H. and Zolov, Eric(2000), *Latin America and The United States:*

A *Documentary History*, New York: Oxford University Press.

Hunt, Lynn(2007), *Inventing Human Rights*. New York: W. W. Norton & Company;김진성 역(2009), 『인권의 발명』, 돌베개.

Informe de la Comisión Nacional sobre la Desaparición de Personas(1984), *Nunca Más*, Buenos Aires: Editorial Universidad de Buenos Aires;실종자 진 사조사 국가위원회, 송기도 역(1988), 『눈까 마스: 아르헨티나 군부독재의 실상』, 서당.

Kalyvas, Stathis N. and Balcells, Laia(2010), "International System and Technologies of Rebellion: How the End of the Cold War Shaped Internal Conflict", *American Political Science Review*, Vol.104, No.3, pp.415-429.

Kaye, Mike(1997), "The Role of Truth Commission in the Search for Justice, Reconciliation and Democratisation: the Salvadoran and Honduran Cases", *Journal of Latin American Studies*, Vol.29, No.3, pp.693-716.

Kim, Seong-nae(2001), "'Race' Panic and the Memory of Migration", *A Multicultural Series of Cultural Theory and Translation*, Hong Kong University Press.

Kim, Seong-nae(2013), "The Work of Memory: Ritual Laments of the Dead and Korea's Cheju Massacre", *A Companion to the Anthropology of Religion*, John Wiley and Sons, Inc.

Kincaid, A. Douglas(1987), "Peasants into Rebels: Community and Class in Rural El Salvador", *Comparative Studies in Society and History* Vol.29, No.3, pp.466-494.

Kown, Heonik(2006), *After Massacre: Commemoration and Consolation in Ha My and My Lai*, London: University of California Press.

Kuper, Leo(1981), *Genocide: Its Political Use in the Twentieth Century*, New Heaven and London: Yale University Press.

Kuper, Leo(1985), *The Prevention of Genocide*, New Heaven and London: Yale University Press.

Latin American Initiative for the Identification of the Disappeared(2009), *Genetics and Human Rights* (Argentina Section).

López Vigil, José Ignacio, Mark Fried(tr.)(1994), *Rebel Radio: The Story of El Salvador's Radio Venceremos*, Willimantic, CT: Curbstone Press.

Martina Will de Chaparro, Miruna Achim.(2011), *Death & Dying: In Colonial Spanish America*, The University of Arizona Press.

Metcalf, Peter, Huntington, Richard(1991), *Celebrations of Death: The Anthropology of Mortuary Ritual*, New York: Cambridge University Press.

Miller, F. P., Vandome, A. F., McBrewster, J.(Ed)(2010), *El Mozote Massacre*, Alphascript Publishing.

Modrano, Juan Ramón and Raudales, Walter(1994), *Ni militar ni sacerdote* (de seudónimo), San Salvador: Arcoiris.

Montgomery, T. S., 이희건 역(1987), 『엘살바도르 혁명운동사』, 이성과현실사.

Munck, Gerardo L. and Kumar, Chetan(1995), "Civil Conflicts and the Conditions for Successful international intervention: A Comparative Study of Cambodia and El Salvador", *Review of International Studies*, Vol.21, pp.159-181.

Oficina de Derechos Humanos del Arzobispado de Guatemala(ODHAG)(1998), *Nunca más* Ⅲ : *El Entorno Histórico*. Guatemala City.

Olson, James. S., Roberts, Randy(1998), *My Lai: A Brief History with Documents*. Boston: Bedford Books.

Paul Sant Cassia(2007), *Bodies of Evidence: Burial, Memory and the Recovery of Missing Persons in Cyprus*, New York: Berghahn Books.

Payne, L.(2009), "The Justice Balance: when Transitional Justice Improves Human Rights and Democracy", 『세계 과거사청산의 흐름과 한국의 과거사정리 후속 조치 방안 모색 심포지엄 자료집』, 진실화해위원회.

Pearcy, Thomas L.(2006), *The History of Central America*. New York: Palgrave Macmillan.

Pérez-sales, P.(2009a), "Estudios Sociológicos sobre Verdad, Justicia y Reparación en El Contexto de Violencia Politica. Circunstancia Cociopoliticas, Iniciativas y Resultados", in *ECAP/GAC. Exhumaciones, Verdad, Justica y Reparación en*

Guatemala, Estudio de Opinión, Guatemala City: F&G Editores.

Pérez-sales, P.(2009b), "The Pain of Impunity", *Operation Sofía*, http://www. ccoo.es/comunes/recursos/1/doc83735_Operation_Sofia_(Taking_the_fishs_ water_away).pdf.

Popkin, Margaret(2004), "The Salvadoran Truth Commission and the Search for Justice", *Criminal Law Forum* 15: 105-124.

Radcliffe-Brown. A. R.(2018), *The Andaman Islanders: A Study in Social Anthropology*(*Anthony Wilkin Studentship Research*, 1906), Forgotten Books.

Robben, A. C. G. M(et al)(2004a), "Death and Anthropology: An Introduction", *Death, Mourning, and Burial*(*A Cross-Cultural Reader*), Blackwell Publishing.

Robben, A. C. G. M.(2004b), "State Terror in the Netherworld: Disappearance and Reburial in Argentina", *Death, Mourning, and Burial*(*A Cross-Cultural Reader*), Blackwell Publishing.

Roht-Arriaza, N.(2006), "The new landscape of transitional justice" *Transitional Justice in the Twenty-First Century: Beyond Truth versus Justice*, New York: Cambridge University Press.

Rojas-Perez, Isaias(2017), *Mourning Remains: State Atrocity, Exhumations, and Governing the Disappeared in Peru's Postwar Andes*, California: Stanford University Press.

Rothenberg, Daniel(2012), *Memory of Silence: The Guatemalan Truth Commission Report*, New York: Palgrave Macmillan.

Salvesen, Hilde(2002), *Guatemala: Five Years After The Peace Accords. The Challenges of Implementing Peace*, Oslo: International Peace Research Institute.

Sanford, V.(2003), *Buried Secrets: Truth and Human Rights in Guatemala*, New York: Palgrave Macmillan.

Santiago Otero Diez(2008), *Gerardi -Memoria Viva-*, Guatemala: ODHAG.

Schneider, Nina, Esparza, Marcia(2015), *Legacies of State Violence and Transitional Justice in Latin America: A Janus-Faced Paradigm?*, New York: Lexington Books.

Segovia, Alexander(2009), *Transitional Justice and DDR: The Case of El Salvador*, International Center for Transitional Justice, www.ictj.org(2011.5.20).

Shaw, M.(2003), *War & Genocide*, Cambridge: Polity Press.

Shelton, Dinah L.(2005), *Encyclopedia of Genocide and Crimes against Humanity* 1, Thompson Gale.

Simons, Marlise(1986), "Protestant Challenge in El Salvador. collected in Gettleman" et al.(eds), *El Salvador: Central American in the New World*, New York: Grove Press.

Smith, Peter H.(2000), *Talons of the Eagle: Latin America, the United States, and the World*, New York: Oxford University Press.

Snow, C.C. and Bihurriet, M. J.(1992), "An Epidemiology of Homicide: Ningún Nombre Burials in the Province of Buenos Aires from 1970 to 1984", in T.B. Jabine and R.P. Claude(Eds.) *Human Rights and Statistics: Getting the Record Straight*, University of Pennsylvania.

Skaar, Elin, García-Godos, Jemima, Collins, Cath(2016), *Transitional Justice in Latin America: The uneven road from impunity towards accountability*, New York: Routledge.(Kindle version)

Studemeister, Margarita S.(ed)(2001), *El Salvador: Implementation of the Peace Accords*, United States Institute of Peace, www.usip.org(2011.4.28).

Teitel, Ruti G(2000), *Transitional Justice*, New York: Oxford University Press.

Truth and Reconciliation Commission, Republic of Korea(2009), *Truth and Reconciliation: Activities of the Past Three Years*.

United Nations(1993), *From Madness to Hope: the 12-year war in El Salvador: Report of the Commission on the Truth for El salvador*(English Version).

Vanden, H. E. & Prevost, G.(2009), *Politics of Latin America*, New York: Oxford University Press.

Verdery, Katherine(1999), *The Political Lives of Dead Bodies: Reburial and Postsocialist Change*, New York: Colombia University Press.

Whitehead, Laurence(1983), "Explaining Washington's Central American Policies",

Journal of Latin American Studies 15, pp.321-363.

Wolf, Sonja(2009), "Subverting Democracy: Elite Rule and the Limits to Political Participation in Post-War El Salvador", *Journal of Latin American Studies* 41, pp.429-465.

강성현 역(2008), 『제노사이드와 기억의 정치-삶을 위한 죽음의 연구』, 책세상.

강정구(2003), 「한국전쟁 전후 민간인 학살 개관」, 『다 죽여라, 다 쓸어버려라』, 한국전쟁 전후 민간인학살 진상규명 범국민위원회.

거창사건관리사업소(2008), 『거창사건추모공원조성사업자료집』.

경남대학교박물관(2012), 『한국전쟁 전후 민간인집단희생사건 유해매장지 현황조사용역보고』.

고양 금정굴 양민학살사건 진상규명명예회복을 위한 범국민추진위원회(범국민추진위원회)(1999), 『고양 금정굴 양민학살사건 진상보고서』.

곽재성(2007), 「과거청산의 국제화와 보편적 관할권의 효과」, 『라틴아메리카연구』 Vol.20, No.2.

국방부과거사진상규명위원회(2006), 『실미도사건 진상조사보고서』, 국방부.

권헌익(2003), 「전쟁과 민간신앙: 탈냉전시대의 월남 조상신과 잡신」, 『민족과 문화』 12, 한양대학교 민족문화연구소.

권헌익(2004), 「전사자 유해와 현대사회」, 『2004년 6.25전사자 유해발굴 보고서』, 육군본부 외.

김경학(2008), 「죽음의 인류학적 이해」, 『한국 노년학연구』 Vol.17, pp.11-25, 한국노년학회.

김기진(2002), 『끝나지 않은 전쟁 - 국민보도연맹』, 역사비평사.

김동춘(2003), 『전쟁과 사회』, 돌베개.

김동춘(2013), 『이것은 기억과의 전쟁이다』, 사계절.

김성례(1991), 「제주무속: 폭력의 역사적 담론」, 『종교연구』 4-1, 서강대학교 비교사상연구원.

김성일(2004), 「6.25 전사자 유해 발굴 과정과 상징성 분석」, 한양대학교 석사학위논문.

노용석(2005a), 「민간인학살을 통해 본 지역민의 국가인식과 국가권력의 형성」,

영남대학교 문화인류학과 박사학위논문.

노용석(2005b), 「경산시 평산동 대원골 이개 민간인 학살 유해 발굴 보고서」, 경산코발트광산유족회, 영남대학교 문화인류학과.

노용석(2007), 「민간인피학살자 유족회의 결성과정과 유족의 역사인식에 대한 연구」, 『제노사이드연구』 창간호, pp.73-103, 한국제노사이드학회.

노용석(2010a), 「라틴아메리카 과거청산과 유해 발굴-아르헨티나, 엘살바도르, 과테말라 사례를 중심으로」, 『이베로아메리카』 12-2, 부산외국어대학교 중남미지역원.

노용석(2010b), 「죽은 자의 몸과 근대성-한국의 전사자/민간인 피학살자 유해 발굴 연구」, 『기억과 전망』 23호, 민주화운동기념사업회.

노용석(2011), 「발전전략으로서의 과거청산-엘살바도르 이행기정의의 특수성 사례 분석」, 『이베로아메리카』 13-1, 부산외국어대학교 중남미지역원.

노용석(2012), 「과테말라 시민사회의 과거청산 활동과 민주주의 발전」, 『스페인어문학』 63, pp.391-418, 한국스페인어문학회.

노용석(2015), 「'장의'에서 '사회적 기념'으로의 전환-한국전쟁 전후 민간인피학살자 유해 발굴의 역사와 특징」, 『역사와 경계』 95, pp.207-242, 부산경남사학회.

노용석(2017a), 「라틴아메리카 유해(遺骸)정치의 특징과 의미」, 『폭력과 소통-트랜스내셔널한 정의를 위하여』, pp.79-100, 세창출판사.

노용석(2017b), 「과거사청산에서 사회적 의례의 인식」, 『민족문화논총』 제67집, pp.309-333, 영남대학교 민족문화연구소.

동아시아 공동워크샵추진위원회(2006), 「동아시아의 평화로운 미래를 위한 공동워크샵-야스쿠니 반대 공동행동, 아사지노 구 일본육군비행장 건설 강제연행 희생자 유골발굴」, 동아시아 평화마을, 한양대학교 문화인류학과, 광운대학교 중국학과.

리햐르트 반 될멘, 최용찬 역(2001), 『역사인류학이란 무엇인가』, 푸른역사.

민주화운동기념사업회(2006), 『세계의 역사기념시설』.

민주화운동기념사업회(2008), 「한국전쟁 전후 민간인학살과 김구암살사건 진상규명 운동」, 『한국민주화운동사 1』, 돌베개.

바오 닌, 하재홍 역(2012),『전쟁의 슬픔』, 아시아.

박구병(2005),「'눈까 마스'와 '침묵협정' 사이-심판대에 선 아르헨티나 군부의 '더러운 전쟁'」,『라틴아메리카 연구』18권 2호, 한국라틴아메리카학회.

박구병(2006),「'추악한 전쟁'의 상흔-실종자 문제와 아르헨티나 〈오월광장어머니회〉의 투쟁」,『라틴아메리카 연구』19권 2호, 한국라틴아메리카학회.

박만순(2018),『기억전쟁』, 기획출판 예당.

박선주(2005),「6.25 전사자유해발굴의 성과와 과제」,『2005년 6.25전사자 유해발굴 보고서』, 육군본부 외.

박선주(2010),「우리는 왜 유해를 발굴하는가?」,『화해 상생 평화-유해발굴로 본 60년 전의 기억』, 충북대학교박물관.

박찬승(2000),「한국전쟁과 진도 동족마을 세등리의 비극」,『역사와 현실』제38집, 한국역사연구회.

박희춘(1990),『실록 보도연맹 – 안제의 한의 노래』, 도서출판 삼화.

백조일손유족회(2010),『섯알오름의 恨』.

베네딕트 앤더슨, 윤형숙 역(2002),『상상의 공동체』, 나남출판.

(사)탐라사진가협의회(2008),『뼈와 굿-다랑쉬에서 정뜨르까지 4.3 유해발굴의 기록』, 도서출판 각.

(사)제주 4.3 연구소(2008),『4.3 희생자 유해발굴사업-1단계(2006-2007) 최종보고서』.

서영선(2007),『한과 슬픔은 세월의 두께만큼-강화 민간인학살의 진실과 과거 사법 투쟁사』, 도서출판 작가들.

손호철(1999),「한국전쟁과 이데올로기 지형」,『한국과 국제정치』6호, 한길사.

송현동(2005),「한국의 죽음의례 연구」, 한국학중앙연구원 박사학위논문.

송현동(2010),「현대 한국 원혼의례의 양상과 특징」,『종교연구』제61집, pp.131-151.

영동군 · 충북대학교박물관(2008),『노근리사건 희생자 유해발굴 보고서』.

윤택림(2003),『인류학자의 과거여행-한 빨갱이 마을의 역사를 찾아서』, 역사비평사.

윤형숙 역(2002),『상상의 공동체-민족주의의 기원과 전파에 대한 성찰』, 나남

출판.

이상길(2011), 「증거로 본 민간인 집단학살문제 접근」, 『加羅文化』 제23권, 경 남대학교 加羅文化研究所.

이용기(2001), 「마을에서의 한국전쟁 경험과 그 기억」, 『역사문제연구』 6, 역사 문제연구소.

이재승(2002), 「이행기의 정의」, 『법과 사회』 제22호, 동성출판사.

임상혁(2009), 「국내 배·보상 사례와 시사점」, 『한국전쟁 시기 민간인 희생자 에 대한 배·보상 방안』, 과거사정리 후속조치 연구를 위한 심포지엄 자료집, 진실화해위원회·포럼 〈진실과 정의〉.

정근식(2009), 「한국 화해 위령사업의 현황과 과제」, 『진실규명 이후 화해·위 령 및 재단설립방안』, 과거사정리 후속조치 연구를 위한 심포지엄 자료집.

정병호(1998), 「한국 체질인류학의 역사적 과제: 일본 북해도 강제징용 희생자 유골발굴의 인류학적 의미」, 『대한체질인류학』 11(2), pp.213-221.

정병호(2002), 「강제징용 희생자 유골발굴과 한일대학생 평화워크숍」, 『인문학 교수의 삶과 길』, pp.290-300, 한양대학교 출판부.

정병호(2017), 「기억과 추모의 공공인류학: 일제 강제노동 희생자 발굴과 귀 환」, 『한국문화인류학』 50-1, 한국문화인류학회.

정호기(2005), 「국민국가의 신성성과 '죽은자 모시기'」, 『호남문화연구』 36, pp.209-244, 호남문화연구소.

정호기(2007), 『한국의 역사기념시설』, 민주화운동기념사업회.

제주대학교·(사)제주4.3연구소(2010), 『4.3 희생자 유해발굴사업 2단계 1차 감식보고서』.

지영임(2004), 「한국 국립묘지의 전사자 제사에 관한 일고찰」, 『비교민속학』 vol. 24, 비교민속학회.

진실화해위원회(2007), 『유해 매장추정지 조사용역 최종보고서』.

진실화해위원회(2009a), 『피해 명예회복 및 화해 위령사업, 재단 해외사례 조사 연구용역 최종보고서』.

진실화해위원회(2009b), 『2009년 상반기 조사보고서-03』.

진실화해위원회(2009c), 『세계 과거사청산의 흐름과 한국의 과거사정리 후속

조치 방안 모색』, 국제심포지엄 자료집.

진실화해위원회(2009d), 「5.16쿠데타 직후의 인권침해사건(한국교원노동조합 총연합회사건, 피학살자유족회사건, 경북사회당사건 등) 진실규명결정서」.

진실화해위원회(2010a), 『2009년 하반기 조사보고서-05』.

진실화해위원회(2010b), 『진실화해위원회 종합보고서 I -위원회의 연혁과 활동 종합권고』.

진실화해위원회(2010c), 『진실화해위원회 종합보고서Ⅲ-민간인 집단희생 사 건』.

진실화해위원회, 공주대학교 산학협력단(2009), 『피해·명예회복 및 화해·위 령사업, 재단 해외사례 조사 연구용역 최종보고서』.

진실화해위원회, 충북대학교 박물관(2008a), 『한국전쟁 전후 민간인 집단희생 관련 2007년 유해발굴 보고서-제1권 유해발굴 및 체질인류학적 조사』.

진실화해위원회, 충북대학교 박물관(2008b), 『한국전쟁 전후 민간인 집단희생 관련 2007년 유해발굴 보고서-제2권 인문사회조사(상)』.

진실화해위원회, 충북대학교 박물관(2008c), 『한국전쟁 전후 민간인 집단희생 관련 2007년 유해발굴 보고서-제3권 인문사회조사(하)』.

진실화해위원회, 충북대학교 박물관(2008d), 『한국전쟁 전후 민간인 집단희생 관련 2007년 유해발굴 보고서-제4권 인문사회조사 보완편』.

진실화해위원회, 충북대학교 박물관(2009a), 『한국전쟁 전후 민간인집단희생 관련 2008년 유해발굴 보고서-제1권 유해발굴 및 인류학적 조사』.

진실화해위원회, 충북대학교 박물관(2009b), 『한국전쟁 전후 민간인집단희생 관련 2009년 유해발굴 보고서-제1권 유해발굴 및 인류학적 조사』.

진실화해위원회·포럼 〈진실과 정의〉(2009), 『진실규명 이후 화해·위령 및 재 단설립 방안』, 과거사정리 후속조치 연구를 위한 심포지엄(Ⅱ) 자료집.

최정기(2006), 「과거청산에서의 기억전쟁과 이행기정의의 난점들」, 『지역사회 연구』 14, 한국지역사회학회.

최홍이(2016), 『아버지, 어디에 잠들어 계십니까』, 문예바다.

충북대학교박물관(2010), 『유해발굴로 본 60년 전의 기억, 화해, 상생, 평화』, 한국전쟁 60주년 특별전 자료집.

표인주 외(2003), 『전쟁과 사람들-아래로부터의 한국전쟁 연구』, 한울아카데미.

필립 아리에스, 고선일 역(2004), 『죽음 앞의 인간』, 새물결.

한국전쟁기민간인학살유해발굴공동조사단(2014), 「한국전쟁기 민간인희생 1차 유해발굴 조사보고서-경상남도 진주시 명석면 용산리」.

한국전쟁기민간인학살유해발굴공동조사단(2015), 「대전 동구 낭월동(구산내면 골령골) 유해발굴 보고서」.

한국전쟁기민간인학살유해발굴공동조사단(2016), 「홍성군 광천읍 담산리 93 폐광 유해발굴 보고서」.

한국전쟁기민간인학살유해발굴공동조사단(2017), 「아버지, 어머니: 60년의 어둠 거두어내고 이제 밝은 곳으로 모시겠습니다-제4차 유해발굴 공동조사 자료집」.

한국전쟁기민간인학살유해발굴공동조사단, 아산시(2018), 「한국전쟁기 민간인학살 제5차 유해발굴 충남 아산시 배방읍(설화산) 폐금광 유해발굴 조사보고서」.

한국전쟁전후민간인희생자창원유족회(2015), 『그질로 가가 안온다아이요』, 한국전쟁 전후 민간인희생자 창원유족회 증언자료집.

한국혁명재판사 편찬위원회(1962), 『한국혁명재판사』 4집.

한일대학생공동워크샵추진위원회(1997), 「홋카이도 슈마리나이 강제노동 희생자 유골발굴 '97 한일 대학생 공동워크샵 중간보고서」.

현혜경(2008), 「제주4.3사건 기념의례의 형성과 구조」, 전남대학교 박사학위논문.

찾아보기

국가폭력과 유해발굴의 사회문화사

초판 1쇄 발행 2018년 7월 31일
    2쇄 발행 2019년 12월 16일

지은이 노용석
펴낸이 강수걸
편집장 권경옥
편집 박정은 이은주 윤은미 강나래
디자인 권문경 조은비
펴낸곳 산지니
등록 2005년 2월 7일 제333-3370000251002005000001호
주소 부산시 해운대구 수영강변대로 140 BCC 613호
전화 051-504-7070 | 팩스 051-507-7543
홈페이지 www.sanzinibook.com
전자우편 sanzini@sanzinibook.com
블로그 http://sanzinibook.tistory.com

ISBN 978-89-6545-541-7 93300

*책값은 뒤표지에 있습니다.
*이 도서의 국립중앙도서관 출판예정도서목록(CIP)은 서지정보유통지원시스템
홈페이지(http://seoji.nl.go.kr)와 국가자료공동목록시스템(http://www.nl.go.kr/
kolisnet)에서 이용하실 수 있습니다.(CIP제어번호: CIP2018023821)